Marcellinus Ammianus

Ammian Marcellin mit erläuternden Anmerkungen

3. und letzter Band

Marcellinus Ammianus

Ammian Marcellin mit erläuternden Anmerkungen
3. und letzter Band

ISBN/EAN: 9783744676663

Hergestellt in Europa, USA, Kanada, Australien, Japan

Cover: Foto ©ninafisch / pixelio.de

Weitere Bücher finden Sie auf **www.hansebooks.com**

Ammian Marcellin

aus dem Lateinischen übersetzt

und

mit erläuternden Anmerkungen

begleitet

von

Johann Augustin Wagner

Conrector am Gymnasium zu Merseburg

Dritter und letzter Band.

Frankfurt am Main
in der Hermannischen Buchhandlung.
1794.

Meinem Versprechen gemäß gebe ich, außer dem Reste des Ammianischen Textes, auch zwey Register; das eine unter dem Titel: Hof=, Civil= und Militäretat, das andere über die eigenen Namen von Personen, über Geographie, und die merkwürdigsten Sachen. Wenn das letztere vielleicht nur für gesunde Finger beweist, so soll es doch, hoffe ich, vollständiger als alle bisherigen seyn; und wenn der Hof=, Civil= und Militäretat bey dem Schulmann μετάβασις εἰς ἄλλο γένος scheinen sollte, so habe ich doch von jüngern Jahren Alterthümer, unter ihnen auch Griechische und Römische Gerichtsverfassung und Rechtsgeschichte, für den Philologen für zu nützliche Kenntnisse gehalten, als daß ich sie nicht in meinen Studierplan hätte aufnehmen sollen. Vielleicht hätte ich in Nachweisungen mehr oder weniger freygebig seyn können: aber ich wollte weder

Bü=

Bücher anführen, die ich nicht selbst vor mir hatte, noch auch diejenigen verschweigen, denen ich Belehrung verdankte. Es sind dies überhaupt die besten Register, die ich in meinem Leben machte, und so mühsam ich auch dergleichen Arbeit finde, so sind doch die Stunden meiner Muße zunächst einem, ich weiß selbst nicht, durch welchen Zufall, zurückgebliebenen Register über Dio Cassius gewidmet, in das ich, um dem Bändchen eine schickliche Korpulenz zu geben, kleine zweckmäßige Anmerkungen zu verarbeiten gedenke, die wenigstens dem Geschichtsdilettanten nicht unangenehm seyn werden. Merseburg am 17ten September 1793.

Wagner.

Ammian Marcellin.
Neun und zwanzigstes Buch.

Inhalt.

Kap. 1. Theodor, ein Notar, strebt nach dem Kaiserthrone, wird bey Valens in Antiochien des Hochverraths beschuldigt, überwiesen und nebst vielen seiner Anhänger hingerichtet. — Kap. 2. Auch werden im Orient mehrere strenge Untersuchungen über Zauberer, und andere Verbrecher angestellt, die Vielen, zum Theil auch Unschuldigen das Leben kosten. — Kap. 3. In den Abendländern tyrannisirt Valentinian. — Kap. 4. setzt dann über den Rhein, wo ihm Makrian, der Alamannen König blos durch Schuld seiner Soldaten entgeht. — Kap. 5. Theodos, Feldherr der Reiterey in Gallien, geht nach Mauritanien, wo er Firmus, des Königs Nubet Sohn, der sich Valentinians Oberherrschaft entzogen hatte, nach vielen Gefechten sich selbst zu entleiben zwingt, und Afrika den Frieden wiedergiebt. — Kap. 6 Die Quaden, über die treulose Ermordung ihres Königes, Gabinius, aufgebracht, verwüsten, in Verbindung mit den Sarmaten, Pannonien und Valerien, machen auch fast zwey ganze Legionen der Römer nieder. Claudius Stadtpräfect in Rom.

Kap. 1.

J. n. Chr. Geb. 371. Kaum war der Winter vorüber, als Sapor, König der Perser, auf ehemalige Siege übermenschlich stolz, seine Heere wieder vollzählig machte, und verstärkte, und dann Schaaren geharnischter Reiter und Bogenschützen und gedungener Söldner in unsere Grenzen herübergehen ließ. Ihm zog der General (Comes) Trajan und der ehemalige König der Alamannen, Badomar mit einem starken Heer entgegen, doch hatten sie gemessene Befehle vom Kaiser, mehr vertheidigungsweise zu gehen, als die Perser selbst anzugreifen. Nachdem sie bey Vagabanta einen schicklichen Ort zu einem Lager gefunden, die hitzigsten Angriffe der feindlichen Reiterey mehr als einmal muthig ausgehalten, sich sogar blos in der Absicht zurückgezogen hatten, um nicht der angreifende Theil zu scheinen, und sich den Vorwurf des zuerst gebrochenen Bundes machen zu lassen, sahen sie sich doch endlich zu einem förmlichen Gefecht gezwungen, bey dem, nach Erlegung vieler Feinde, der Sieg auf ihrer Seite blieb. Beyden Theilen schien es kein rechter Ernst zu seyn, die kleinen Gefechte, die zuweilen vorfielen, waren nicht entscheidend, man verglich sich zu Ende des Sommers über einen Waffenstillstand, und beyde Fürsten gingen, den Groll im Herzen, in die Winterquartiere, der König der Parther nach Ktesiphon, der Römische Kaiser nach Antiochien, wo der letztere, vor auswärtigen Feinden gesichert, beynahe einer innern Empörung Opfer geworden wäre, wie sich aus folgender Reihe von Begebenheiten ergeben wird.

Ein gewisser Prokop, ein unruhiger Kopf, von jeher auf jede Gelegenheit, Unheil zu stiften begierig, hatte zwey Hofkassirer, Anatolius und Spudasius, welche zu Erstattung unterschlagener Gelder angehalten worden, angegeben, daß sie auf das Leben des Comes *) Fortunatian, der vor andern streng von ihnen Ersatz verlangte, einen gefährlichen Anschlag im Sinne hätten. Dieser, von Natur heftig, ward durch diese Nachricht bis zur Wut aufgebracht, und vermöge des Ansehens, das ihm seine Würde gab, ließ er einen gewissen Palladius von niedrigster Abkunft, als von jenen Männern gedungenen Giftmischer, und den Heliodor, einen Nativitätsteller, den Gerichten des prätorischen Präfectes übergeben, um sie zur Aussage dessen, was sie von jenem Plane wüßten, anzuhalten. Während daß man über diese Thatsache, oder Attentat schärfer in sie drang, schrie Palladius unverschämt auf, die ganze Sache sey eine wahre Kleinigkeit, die gar nicht in Betrachtung kommen sollte; wenn er nur reden dürfe, so wolle er ganz andere, weit wichtigere und schrecklichere Dinge angeben, zu denen schon alle Triebs-

federn

---

*) Nämlich rei privatæ, also Kaiserlichen Kammerdirectors, wie der ganze Zusammenhang lehrt, verglichen Zosimus B. 5. K. 14.

federn in Bereitschaft gesetzt wären — Dinge, die, wenn man ihnen nicht vorbeugte, dem ganzen Staate Zerrüttung drohten. Auf erhaltene Erlaubniß, freimüthig sich näher zu erklären, spann er nun einen Faden her, von dem sich kein Ende absehen ließ, *) und versicherte, daß der Expräsident **) Fibustius, nebst Jrenäus und Pergamius, den abscheulichen Frevel begangen hätten, den Namen des künftigen Thronfolgers nach Valens Tode in geheim erkundet zu haben. Fibustius, der von ungefähr in der Nähe war, ward sogleich festgenommen, und unbemerkt vor die Richter geführt; und sobald er seinen Angeber erblickte, wagte er es nicht, über sein bereits entdecktes Vergehen durch Läugnen einen Schleier zu ziehen, entdeckte vielmehr den unglücklichen Zusammenhang der ganzen Sache, und gestand offenherzig, daß er mit zweien Wahrsagern, dem Hilarius, der ehemals unter den Hoftruppen gedient, und dem Patricius allerdings den Namen des künftigen Regenten zu erforschen gesucht, und daß die durch geheime Künste den Göttern abgefragten Orakel zwar die Ernennung eines vortrefflichen Fürsten, aber auch den Rathfragern ein trauriges Ende prophezeiet hätten. Nach langem Herumsinnen, wer wohl unter den jetzt lebenden

der

*) Rudentem explicuit immensum. Eben diese Metapher braucht Cicero von der Divination B. 1. K. 56. Est quasi rudentis explicatio, sic traductio temporis nihil novi efficientis, et primum quique replicantis.
**) Präsidialis Oben B. 22. Kap. 14. Präsidalis.

der Mann von so hervorstechender Geisteskraft seyn möchte, glaubte man, Theodor, damals bereits Staatssekretair der zweiten Ordnung *), könne wohl in dieser Hinsicht vor andern den Vorzug verdienen. Dies war auch allerdings mehr als Vermuthung. Von einem alten berühmten Geschlecht in Gallien entsprungen, und von Jugend auf standesmäßig erzogen, besaß er Bescheidenheit, Einsicht, feine Lebensart, einschmeichelnde Sitten und Gelehrsamkeit in hohem Grade: immer hielt man jedes Amt und jeden ihm im Staate angewiesenen Posten für seine Verdienste nicht belohnend genug, und alle — über ihm und unter ihm schätzten ihn gleich sehr. Auch war er fast unter allen der Einzige, der es nicht nöthig hatte, die Folgen einer zügellosen Zunge zu fürchten, weil er bey aller Freymüthigkeit mit der bedachtesten Ueberlegung sprach. Noch setzte Fidustius, durch Martern dem Tode nahe gebracht, hinzu, daß er die vorher angegebene Prophezeiung dem Theodor durch Eukärius habe zukommen lassen, einen Mann, der den Ruhm eines vorzüglichen Gelehrten besaß, und den man vor kurzem noch würdig befunden hatte, die Stelle eines Vicepräfects in Asien zu bekleiden. Auch dieser ward gefangen gesetzt, man legte dann sämmtliche Acten, wie gewöhnlich, dem Kaiser vor und lodernden Flammen gleich ergriff sein Herz unbeschreiblich wilde Wut.

noch

---

*) S. am Ende das Verzeichniß der im Ammian vorkommenden Aemternamen, unter Notar.

noch mehr erhöht durch die schändliche Schmeicheley einiger Höflinge, vor allen doch des prätorischen Präfects Modestus. Dieser Mann, mit jedem Tage gewärtig, sich in seinem Amte abgelöset zu sehen, war ungemein erfinderisch, durch geschraubte, in dunkeln Ausdruck gehüllte, im Grunde doch nur höhnende Schmeicheleyen den Schwachkopf Valens für sich einzunehmen, nannte jeden plumpen geschmacklosen Einfall desselben Ciceronianische Floskel, und stellte ihm, um seine Eitelkeit noch höher zu spannen, als sehr möglich vor, daß selbst die Gestirne, sobald er befehle, ihm zu Gebot stehen müßten. *)

Theodor sollte demnach auf des Kaisers Befehl von Constantinopel aus, wohin er in Familienangelegenheiten gereist war, in möglichster Eile herbeygeschafft werden: aber auch in der Zwischenzeit wurden auf bloße Vermuthungen mancher Art, über denen man Tag und Nacht brütete, mehrere Männer, durch Würde und edle Geburt ausgezeichnet, aus den entlegensten Gegenden zusammengeschleppt. Weil dann weder die öffentlichen Gefängnisse, noch Privathäuser die beynahe zum Ersticken zusammengepreßten Schaaren von Verhafteten zu fassen vermochten, so blieb den unglücklichen Leuten, die größtentheils mit Fesseln belastet waren, nichts übrig, als

---

*) Sidera, si iussisset, exhiberi posse promittens. Ich hoffe, den Sinn, oder den Unsinn so in seiner ganzen Stärke gefaßt zu haben. Seine Majestät war treuherzig genug, so etwas mit hohem Wohlgefallen hinzunehmen.

als vor ihrem und ihrer Gefährten Schickſal im Voraus zu zittern. Endlich kam auch Theodor, ſchon halbtodt und in Trauerkleidern an: man ſchaffte ihn in einen entlegenen Winkel der Stadt, bis man alles, was zu der kommenden Unterſuchung nöthig ſchien, in Bereitſchaft geſetzt hatte, und nun gab die Trompete das Signal zu Bürgermord.

Weil der Geſchichtſchreiber, der eine Thatſache wiſſentlich übergeht, eben ſo wenig zuverläſſig ſcheinen muß, als der, der nie geſchehene Begebenheiten erzählt; ſo läugnen wir nicht, (denn es war allgemein bekannt,) daß des Kaiſers Valens Leben ſowohl vorher oft durch geheime Verſchwörungen, als jetzt vorzüglich in der äußerſten Gefahr war, und wenn das ihm von ſeinen Soldaten an die Kehle geſetzte Schwert von dem wehrenden Schickſal abgehalten ward, es nur geſchah, um ihn zu deſto traurigern Gefahren in Thracien aufzuſparen. Allerdings hatte nicht nur der damalige Gardiſt, Salluſt, einmal in einer waldichten Gegend zwiſchen Antiochien und Seleucien ihn beym Genuß ſanfter Mittagsruhe zu überfallen verſucht, und nach ihm viele andere, deren frevelhafte Unternehmungen doch durch das ihm bey ſeiner Geburt beſtimmte Lebensziel nie gelingen konnten. Die Kaiſer Commodus und Sever hatten ſich vor ihm in einem ähnlichen Falle befunden, denn auch auf ihr Leben hatte man mehr als einmal die gefährlichſten Plane angelegt, und nach vielen an ihrem Hoflager selbst gegen sie versuchten Angriffen ward der eine wirklich in einem Gange des Amphitheaters, wo er einem Schauspiele beywohnen wollte, von dem Senator Quintian, einem Manne von übertriebener Ehrsucht, mit einem Dolche fast bis zur Entkräftung verwundet: *) und der andere würde in sehr hohen Jahren bey einem unvermutheten Ueberfalle von einem Officier, Saturnin, auf Anstiften des Präfecten Plautians auf seinem Ruhebette durchbohrt worden seyn, **) wenn ihm nicht sein erwachsener Sohn eiligst zu Hülfe gekommen wäre. In der That konnte man es also mehr als verzeihlich finden, wenn Valens sein Leben, das Treulose ihm zu nehmen so geschäftigt waren, so viel möglich, gesichert zu sehen wünschte. Nur dies war unverantwortlich, daß er mit despotischem Uebermuthe, ohne einen Unterschied zwischen Personen der Verdiensten zu machen, Schuldige und Unschuldige gleich hämisch und in so hitziger Eil verfolgte, daß, während die Richter über Straffälligkeit noch nicht einig waren, der

Kais

---

*) Ammian folgt auch hier, wie gewöhnlich, dem Herodian B. 1. K. 8. Dio Cassius, Lampridius und Zonaras nennen ihn Claud. Pompejanus. Reimar zu Dio Cass. B. 72. K. 4. hebt das Misverständniß so, daß er, nach der Römer Sitte, zwey Zunamen zu führen, annimmt, der Mann habe Quintianus Pompejanus geheißen, und daß man, um die anscheinenden Widersprüche zu heben, drey Pompejane unterscheiden müsse.

**) Auch hier weicht Ammian von Dio B. 76. K. 2. ff. ab. Saturnin sollte auf Plautians Anstiften den Kaiser umbringen, gab es aber selbst an.

Kaiser schon über die Bestrafung entschieden hatte, und viele ihr Todesurtheil eher als den gegen sie geschöpften Verdacht erfuhren. Diese Härte ward noch mehr durch den Reiz seiner eigenen Habsucht, sowohl als seiner damaligen Höflinge verstärkt. Diese schnappten gierig nach jeder Gelegenheit sich zu bereichern, nannten jede, doch gewiß nur seltene Aufwallung des Menschlichkeitsgefühles beym Kaiser nur Geistesschwäche, wußten durch blutgierige Schmeicheleyen dem Charakter eines Mannes, der als Regent ohnedem Leben und Tod auf seiner Zunge trug, die schädlichste Richtung zu geben, und brausten wie stürmische Orkane einher, um die reichsten Häuser so bald als möglich zu Boden zu trümmern. Der Kaiser stand ganz offen gegen jeden Versuch listiger Verläumder da, mit zweyen gleich verderblichen Fehlern behaftet: dem einen, daß sein Zorn am meisten aufbrauste, wenn er sich über seinen Zorn am meisten beschämt fühlte; dem andern, daß er, was er mit der Gleichgültigkeit eines Privatmannes als blos dunkle Sage hörte, näher zu untersuchen unter der Würde des Fürsten hielt, und also für wahr und zuverläßig annahm. Daher kam es, daß viele Unschuldige unter dem Scheine gemilderter Strafe, von Haus und Hof vertrieben, in die weite Welt hinausgestoßen wurden, und, weil der Kaiser von ihrem der Schatzkammer zugefallenen Vermögen auch selbst einen Theil in seine Kasse zog, von der fürchterlichsten Armuth gedrückt Fremde um um Brod ansprechen mußten, — ein Schicksal, dem zu entgehen man sich lieber, wie der alte und weise Dichter Theognis *) sagt, ins Meer stürzen sollte. Und gesetzt, daß die Unglücklichen ein solches Schicksal verdient gehabt hätten, so mußte doch die Uebertreibung gar sehr anstößig bleiben, und es bestätigte sich auch hier die Wahrheit des Ausspruches, daß kein Urtheilsspruch grausamer sey, als der gerade bey ans scheinender Schonung am meisten streng erscheint.

Nun setzten sich die zur Untersuchung verordneten angesehnsten Männer unter Vorsitz des prätorischen Präfects zusammen, die Folterbänke wurden gespannt, und schwere Bleykugeln (B. 28. Kap. 1.) und Schnüre und Geißeln zur Hand gelegt: alles ertönte von fürchterlichen Stimmen, und der Ketten Geklirr wechselte mit gegenseitigem Zuruf ihren traurigen Beruf erfüllender Henkersknechte: Fasse ihn — presse — schnüre — verhülle ihn. **) Nun habe ich zwar damals vielen nach kläglicher Marter das Todesurtheil zusprechen gesehen: weil aber bey dergleichen wildem Gewirr sich vieles dem Blick entzieht, und ich die damaligen Auftritte im Ganzen so ganz genau nicht mehr anzugeben vermag, so will ich wenigstens das, wessen ich mich noch deutlich erinnere, kürzlich erzählen.

Dem

*) Vers 177. 178. nach Brunks Ausgabe.
**) Abde. — Doch wohl, was sonst gewöhnlicher: Obnubito caput heißt.

Dem erſten, der vortreten mußte, dem Pergamius, von Palladius, wie ich vorher erzählte, angegeben, durch unerlaubte Gebetsformeln die Zukunft erforſcht zu haben, legte man einige unbedeutende Fragen vor: aber dieſer Mann, niederträchtig genug, die ungemeine Fertigkeit, die er im Sprechen beſaß, zu anderer Schaden zu mißbrauchen, trat nun, während die Richter ſelbſt verlegen waren, welche Frage ſie zuerſt oder zuletzt an ihn thun ſollten, frech hin, Namen von Mitſchuldigen ſtrömten zu Tauſenden ihm aus dem Munde, und ſeinem Vorgeben zufolge hätte man faſt von den äußerſten Gränzen der Welt ſchwere Verbrecher zuſammen bringen müſſen. Doch, weil er alles boshaft zu übertreiben ſchien, ward er hingerichtet, und nach ihm mehrere zu ganzen Schaaren, worauf man dann zu Theodors Vernehmung ſo eilig vorſchritt, als gelte es einen Sieg bey den Spielen Olympiens. An demſelben Tage begab ſich unter andern traurigen Vorfällen auch dieſer: Salia, vor kurzem noch Comes Theſaurorum in Thracien *), ſollte aus dem Gefängniß zum Verhör geführt werden, aber indem er den Fuß in den

Schuh

---

*) Dieſe Beamten wan doppelter Art: Comitatenſes, die ſich am Hoflager befanden, und die Garderobe, das Tafelgeräthe, Schmuck, purpurne Decken u. ſ. w. (Saumaiſe über die Hiſt. Aug. B. 1. S. 970.) — und provinciarum et urbium, die auſſer der Einnahme einiger kaiſerlichen Gefälle auch die Montirungskammern zu beſorgen hatten.

Schuh setzte, überfiel ihn auf einmal ein so gewaltiges Schrecken, daß er in den Armen der Umstehenden auf der Stelle starb.

Weil die zur Untersuchung niedergesetzten Richter zwar die Vorschrift des Gesetzes vorspiegelten, im Grunde aber aus dem Willen des Regenten ihre Entscheidungsgründe hernahmen, so ward Furcht und Schrecken allgemein: denn in der That war der Kaiser jetzt schon von der Bahn billiger Denkart völlig abgewichen, und bey vermehrter Fertigkeit, Menschen unglücklich zu machen, brach er, wie ein zum Kampf aufbewahrtes wildes Thier, das einen dem Behälter sich nähernden Menschen seinen Klauen entrinnen sieht, in die äußerste Wuth aus.

Nun wurden Patricius und Hilar in Verhör genommen, und sollte den ganzen Verlauf der Sache in der Ordnung erzählen. Weil sie sich anfangs in ihrer Aussage nicht gleich blieben, so thaten doch einige Zangenrisse auf der Folterbank gar bald ihre Wirkung, besonders sahen sie sich durch den bey ihnen gefundenen Dreyfuß in die Enge getrieben, und gaben dann die aufrichtigste Nachricht von ihrem ganzen Verfahren. Hilar nahm zuerst das Wort: „Allerdings, sagte er, haben wir, hochansehnliche „Richter! das gegenwärtige unglückliche Tischchen „nach dem Muster des Delphischen Dreyfußes zu „einer unglücklichen Stunde aus Lorbeerzweigen „zusammengeflochten, — haben es dann durch „geheime magische Formeln und durch viele und
„lange

„lange fortgesetzte Versuche von Vorrichtungen
„zu feierlichem Gebrauche in zweckmäßigen Gang
„zu bringen gesucht, — und die Art, wie wir bey
„vorfallender Gelegenheit zu Erforschung der Zu=
„kunft Gebrauch davon machten, war diese. Wir
„stellten diesen Dreyfuß in einem durchaus mit
„Arabischen Spezereyen durchräucherten Hause
„auf, und setzten nichts weiter darüber, als eine
„runde aus gemischtem Metall gegossene Schale,
„auf deren äußerstem Rande rund umher die vier
„und zwanzig Buchstaben des Alphabets, doch in
„genau abgemessenen Zwischenräumen zierlich auf=
„gelegt *) waren. Dann trat einer von uns, mit
„einem linnenen Gewand bekleidet, mit dergleichen
„Sohlen an den Füßen, eine Binde um den Kopf
„gewunden, und ein Büschel Blätter eines gehei=
„ligten Baumes in der Hand haltend, wenn er
„der Erhörung seiner an die Gottheit, welche
„Menschen der Gabe zu prophezeien fähig macht,
„in gewissen Formeln gerichteten Gebete gewiß
„zu seyn glaubte, mit Beobachtung des gewöhn=
„lichen Cerimoniels über den Dreyfuß: brachte
„dann einen an einer dünnen aus feinem Flachs
„gedrehten Schnur befestigten und mit mystischen
„Formeln geweihten Ring in Schwingung **):

B 2 „und

*) Incisis steht im Texte.
Eingeschnitten können
sie aber doch unmöglich ge=
wesen seyn, wenn der Ring,
wie in der Folge erzählt
wird, daran hängen blei=
ben sollte.

**) Cortinulis pensilem
anulum librans sartum ex
Carpathio filo perquam
levi. Dies sind unstreitig
die unverständlichsten Wor=
te der überhaupt dunkeln,
viel=

„und wann nun dieser Ring in den Zwischenräu-
„men an die vorstehenden Buchstaben anspielend
„hangen blieb, so gab er nach und nach einen sechs-
„füßigen Vers, der eine Antwort auf die im Sinne
„gehabte Frage enthielt, und seine gehörige Sylben-
„zahl und Maaß gerade so hatte, wie die Verse der
„Delphischen Priesterin, oder die Orakel der Bran-
„chiden. *) Indem wir nun über den Nachfol-
„ger des jetzigen Regenten unsere Maschine be-
„fragten, der, wie die Sage gieng, ein in jeder
„Rücksicht vortreflicher Mann seyn sollte, und
„der Ring auf die zwey Silben THEO, und
„dann den Endbuchstaben S nach und nach an-
„spielte, so rufte einer der Umstehenden, daß
„nach dem Rathschlusse des Schicksals kein ande-
„rer

vielleicht verdorbenen oder unvollständigen Stelle. Für Carpathio habe ich Valois Vorschlag Carbasio mit Vergnügen angenommen, aber von seinen Gardinen, wie er cortinulæ versteht, wußte ich keinen Gebrauch zu machen, um mir den ganzen Vorgang deutlich zu denken. Gibbon Th. 6. S. 142. nimmt eine in der Mitte angebrachte bewegliche Spindel an. Für meine Schnur bin ich freylich auch nicht im Stande, den Beweis aus dem Sprachgebrauche zu führen, habe auch sonst noch einige kleine Zweifel bey der ganzen Stelle über den Standort des Mannes, um der Schnur freyen Spielraum zu lassen, über die Art der Schwingung und dergleichen. Aber ohne Handschrift läßt sich unmöglich die wahre Lesart herstellen, oder das etwa herausgefallene ersetzen.

*) Von Branchus, einem Liebling Apolls, und ersten Vorsteher des Didymäischen Orakels in Jonien. Man hat mehr dergleichen von ihren Stammvätern benannte Wahrsagerfamilien, bey denen die Besorgung der Orakel, als ganz einträglich, wie billig, forterbte.

"rer als Theodorus angedeutet sey. Weiter "setzten wir dann unsere Forschung nicht fort, "überzeugt, daß wir den rechten Mann gefun= "den hätten."

Dieser den Richtern so deutlich gemachten Erzählung des ganzen Herganges fügte doch Hilar am Ende die gutmüthige Erklärung bey, daß Theodor von dem allen keine Sylbe wisse. Auf die weitere Frage, ob sie denn durch ihr so zuverläßiges Orakel nicht auch ihre gegenwärtigen Leiden erfahren hätten, beruften sie sich auf jene seitdem so berüchtigten Verse, die zwar ihnen ganz deutlich prophezeiten, daß sie ihre Bemü= hung, Dinge, die über ihren Gesichtskreis erha= ben wären, zu erspähen, gar bald mit dem Leben büßen würden, daß aber auch den Fürsten sammt seinen Inquisitoren Mord und Brand schnauben= de *) Furien auf dem Fuße verfolgten. Ich setze von diesen Versen nur die drey letzten her:

 Aber ungerächt bleibt nicht deines Blutes
    Vergießung:
 Furien werden erzürnt mit treffender Geisel
    sie stäupen,
 Ihnen auf Mimas Gebirgen die Schedel zu
    Pulver verbrennen.

Nach Vorlesung dieser prophetischen Verse wur= den beyde vom neuen gemartert, und dann ent=

---

*) Nach Valesius (Vor= rede S. 27.) aus der Col= bertinischen Handschrift: flatantes. Die Ernesti= sche Ausgabe hat flagitan= tes — durch einen Druck= fehler, wie man aus dem Glossar sieht.

seelt auf die Seite geschafft. Um aber die Werkstatt des vorgehabten Hochverrathes in noch helleres Licht zu setzen, ward nun ein ganzer Trupp angesehener Männer vorgeführt, welche die Haupttriebfeder bey der ganzen Sache gewesen seyn sollten. Weil jeder von ihnen nur auf sich selbst Bedacht nahm, und das ihm drohende Unglück auf andere abzuleiten suchte, so nahm endlich Theodor auf Erlaubniß der Richter das Wort, bat erst demüthig um schonende Verzeihung, und auf schärferes Andringen erklärte er sich dann so, daß er die ihm durch Eukärius zugekommene Nachricht dem Kaiser mehr als einmal entdecken wollen, immer aber von jenem durch die Vorstellung abgehalten worden sey, daß die ganze Sache keine unerlaubte Herrschbegierde zum Grunde habe, vielmehr die gehoffte Regierungsveränderung durch unvermeidliche Leitung des Schicksals von selbst herbeygeführt werden würde. Ob nun gleich Eukärius bey strenger Folter eben dies aussagte, so sah sich Theodor durch einen eigenhändigen in dunkelem Ausdruck an Hilar geschriebenen Brief überwiesen, in dem er zwar in fester Hoffnung auf die Prophezeiung der Wahrsager bey der Sache im Ganzen kein Bedenken gefunden, nur aber den günstigen Zeitpunkt zu Befriedigung seiner Herrschlust abwarten zu wollen, geäußert hatte.

Nachdem man diese Untersuchung abgethan hatte, ward zwar Eutrop,*) den man aus Asien, wo er damals Proconsul war, als Theilnehmer an dem Komplot entboten hatte, vernommen, aber schuldlos befunden, und sein Retter war der Philosoph Pasiphilus, der auch bey der grausamsten Folter durch eine ungegründete Aussage den Mann unglücklich zu machen sich nicht verleiten ließ, vielmehr bey seiner philosophischen Fassung fest und unerschüttert blieb. — Ein neuer Beklagter war der Philosoph S i m o n i d e s, zwar noch jung, aber vor allen andern unsers Zeitalters der strengsten Tugend Verehrer. Man hatte auch ihn angegeben, den Plan von Fidustius erfahren zu haben: weil er bey dem ganzen Gange der Untersuchung bemerkte, daß man nicht unparteiische Wahrheitsliebe, vielmehr nur den Wink des Einzigen entscheiden ließ, so gestand er es ein, um jene Prophezeiung gewußt zu haben, nur habe er es seiner Seelenstärke für unwürdig gehalten, ein ihm vertrautes Geheimniß bey der Behörde anzugeben.

Auf den nach völlig beendigter strenger Untersuchung eingesandten Bericht erschien nun des Kaisers Rescript, welches allen ohne Ausnahme und Einschränkung das Todesurtheil sprach: und so wurden dann im Angesicht einer unzähligen Menge Menschen, die ein so trauriges Schauspiel

---

*) Ist wahrscheinlich mit dem Verfasser des Auszuges der Römischen Geschichte Eine Person.

spiel nicht ohne Schaudern mit ansahen, und, weil man in den Leiden der Einzelnen die Leiden aller fand, tiefe Seufzer zum Himmel sandten, sämmtliche Beklagte zum Tode hingeführt und erdrosselt, den einzigen Simonides ausgenommen, den der grausame Urtheilssprecher, über des Mannes standhaften Muth entrüstet, lebendig zu verbrennen befohlen hatte. Aber — froh, dem Menschenleben als grausamen Tyrannen entfliehen zu können, hohnlächelnd über den schnellen Wechsel irdischer Dinge stand er an seinem Brandpfahle unbeweglich da — Nachahmer jenes berühmten Philosophen Peregrin, auch Proteus *) genannt, der, des festen Entschlusses, diese Welt zu verlassen, bey den mit jedem fünften Jahre in Olympien gefeierten Spielen, im Angesicht von ganz Griechenland, auf einem von ihm selbst errichteten Holzstoße sich zu Asche verbrennen ließ.

Doch auch Simonides war nicht das letzte Schlachtopfer: noch in den folgenden Tagen gab eine Schaar Menschen aller Stände, deren Namen genau anzugeben schwer fallen dürfte, in die Netze falscher Angabe verstrickt, durch Folter und Schläge und mit Bley beschwerte Geißeln entkräftet, den vollends hinmordenden Händen der Nachrichter volle Arbeit: oft war die Frage, ob Strafe Statt finde, noch nicht entschieden, als die Richter, ohne zu Athem zu kommen, schon die

---

*) Eben derselbe, den Wieland neuerlich auch in die deutsche Lesewelt eingeführt hat.

die Hinrichtung vollziehen ließen, und — überall sah man Menschen wie Vieh hinschlachten. Dann brachte man noch eine unzählige Menge Schriften zusammen, und verbrannte in Beyseyn der Richter ganze Stöße von Bücherrollen, die man in verschiedenen Häusern, blos um den grausamen Hinrichtungen einen scheinbaren Anstrich zu geben, als verbotene Waare aufgespürt hatte, da sie doch größtentheils nur aus Collectaneen zu schönen Wissenschaften oder zur Rechtskunde bestanden.

Nicht lange nachher ward der Philosoph Maximus *) ein Mann, der in dem Rufe ausgebreiteter Gelehrsamkeit stand, durch dessen fruchtbare Unterredungen Kaiser Julian seinen Kenntnissen einen so weiten Umfang zu geben Gelegenheit gehabt hatte, auch von den angeführten prophetischen Versen Notiz gehabt zu haben beschuldigt. Er gestand es, davon gehört zu haben; nun habe er zwar als Philosoph keinen Beruf gefühlt, ein solches Geheimniß weiter zu bringen, doch habe er es auch geradehin vorsausgesagt, daß die Erforscher der Zukunft eine gewaltsame Hinrichtung zu erwarten hätten. Er ward also in seine eigentliche Geburtsstadt Ephesus hingeführt, und enthauptet, und durch seinen Tod überzeugt, daß Ungerechtigkeit der Richter unter allen Verbrechen das größte sey. —

Auch

―――――

*) S. oben B. 22. K. 7. und B. 25. K. 3. auch Eunapius im Maximus und Chrysantius.

Auch einen Diogenes verwickelte man in die Schlingen hämischer Verläumdung, einen Mann von edler Geburt, als Genie, als gerichtlicher Redner, und angenehmer Gesellschafter vor andern geschätzt, vor kurzem noch Statthalter in Bithynien, den man blos ums Leben brachte, um sein ansehnliches Vermögen einziehen zu können. — Noch ward Alypius, vorher Vicestatthalter in Britannien, (B. 23. K. 1) ein Mann des sanftesten Charakters, der aus seiner Ruhe, in die er sich zurückgezogen hatte, (denn auch dahin reichte die Hand der Ungerechtigkeit) in die traurigste Lage versetzt, und nebst seinem Sohne Hierokles, einem hoffnungsvollen Jüngling, als der Zauberey schuldig vorgefordert ward. Sein Ankläger und zwar der einzige, war Diogenes, ein Mann vom niedrigen Pöbel, dem man auf der Folter jedes Gebein zermalmte, um ihm eine Aussage, wie sie dem Fürsten, oder vielmehr dem Anstifter der Klage gefiel, abzubringen. Weil endlich keine Marter an den einzelnen Gliedern mehr haften wollte, verbrannte man den armen Menschen lebendig. Alypius selbst ward nach Einziehung seiner Güter des Landes verwiesen, sah seinen Sohn dem kläglichsten Tode nah, den er doch, durch einen glücklichen Zufall *) gerettet, bald wieder in seine Arme schloß.

Kap.

---

*) Das ganze Volk lief in die Rennbahn zusammen, um ihn mit wildem Geschrey loszubitten.

Kap. 2.

Dies war nun einmal der Zeitpunkt, in dem Palladius, ein Mann, selbst durch die Niedrigkeit seiner Geburt zu jedem Frevel fähiger, den Fortunatian, wie ich oben (Kap. 1.) erzählte, zuerst festnehmen ließ, ein Unglück nach dem andern knätete, Leiden über Leiden herbeyführte, und ganze Seen von Thränen schuf. Weil man ihm einmal die Freyheit gegeben hatte, ohne Rücksicht auf Stand oder Glück jeden, den er wollte, als verbotener Künste Kenner anzugeben: so mußte er, wie der Jäger, der das Wild auch im geheimsten Lager aufzuspüren versteht, viele Personen, einige als Zauberer, andere als mitwissende Theilnehmer an dem Verbrechen beleidigter Majestät mit gefährlichen Netzen zu umstellen. Um selbst Weibern nicht Zeit zu lassen, ihrer Männer Unglück zu beweinen, ließ man sogleich die Häuser versiegeln, und stiftete dann Leute an, die bey der Inventur-Recepte zu altweibischen Zaubermitteln oder Liebestränken und andere dergleichen Possen heimlich unter Geräthe und Briefschaften hineinpracticiren mußten, um auf die Unschuldigen nur etwas bringen zu können: und wenn man dann diese Zettel vor Richtern ablas, die weder durch Gesetze, noch Richterseid, noch Billigkeit die Wahrheit von den Lügen zu sondern sich gedrungen fühlten, so wurden die Verhafteten ungehört ihres Vermögens beraubt, und

ganz

ganz unschuldig, junge und alte ohne Unterschied durch Zermalmung aller Glieder auf die Füße zu treten außer Stand gesetzt, auf Tragsesseln zur Richtstatt hingebracht. Daher kam es, daß im ganzen Orient aus Furcht eines ähnlichen Schicksales jedermann seine Büchersammlung verbrannte:*) so allgemein war das Schrecken: und kurz, wir tappten insgesammt zu jener Zeit wie in Cimmerischer Finsterniß umher, lebten nicht minder als jene Gäste des Dionys in Sicilien, die mit Gerichten, trauriger als der äußerste Hunger, gemästet, von der schön getäfelten Decke, unter der sie saßen, Schwerter an Pferdehaaren ganz nah über ihrem Scheitel hangend zu ihrem Entsetzen erblickten.

Auch ward Bassian, aus einem der vornehmsten Häuser, einer der ersten bey der Armee angestellten Staatssekretäre **) beschuldigt, seine Neugierde über den künftigen Regenten bey Wahrsagern befriedigt zu haben: und so heilig er auch betheuerte, daß seine Neugierde sich blos darauf eingeschränkt, ob seine Gemahlin einen Sohn oder eine Tochter gebähren würde, so entgieng er zwar durch die eifrigste Verwendung seiner

Fa-

---

*) Herr Hofrath Heyne bemerkt zu Zosimus B. 4. K. 14. daß Gibbon, ein sonst so aufmerksamer Beobachter, sich die Bemerkung habe entgehen lassen, daß die damalige Wuth gegen Philosophen und philosophische Schriften, dem Heydenthum den Rest gegeben, und seitdem, besonders im Orient, die christliche Philosophie und Religion die herrschende geworden sey.

**) Notarius militans inter primos. vergl. B. 29. K. 5.

Familie dem Tode, büßte aber sein ansehnliches Vermögen ein.

Noch stürzten die Trümmern unglücklicher Häuser krachend durch einander, als Heliodor, mit Palladius, furialischer Stifter aller dieser Leiden, ein sogenannter Nativitätsteller, durch geheime Unterredungen an das Interesse des Hofes geknüpft, und von demselben durch alle Arten von Gnadenbezeugungen zu Angabe alles dessen, was er wüßte, oder selbst erfände, aufgereizt, wie ein giftiges Insect seinen tödtenden Stachel in Bewegung setzte. Immer ward er bey Hofe mit den leckersten Speisen bedient, oder man sammlete für ihn nicht unbeträchtliche Collecten zu Unterhaltung seiner Buhlerinnen: und wenn er dann ausgieng, warf er, von allen gefürchtet, den wilden grausamen Blick weit um sich her. Noch ward er in seinem frechen Uebermuthe dadurch bestärkt, daß er in das Hofserail, dessen Zwange er sich doch nicht weiter, als ihm selbst gefiel, unterwarf, als eine Art von Kammerherr stets freyen Zutritt hatte, wo er dann auch oft die mehreren Menschen Leben und Güter absprechenden Urtheile des Vaters des Vaterlandes mit Wohlgefallen erzählte. Weil der Mann zugleich Sachwalter war, so gab er immer dem Valens an, welche Entscheidungsgründe er, um seinen Endzweck desto sicherer zu erreichen, in seinen Vorträgen vorzüglich gebrauchen, oder durch welche gesuchte Redefiguren er seinen Edicten Glanz geben könnte.

Alle

Alle die Ränke, die dieser mörderische Mann schmiedete, aufzuzählen würde zu weitläufig seyn, ich will also nur noch angeben, mit welcher unüberlegten Unverschämtheit er sich selbst an die vornehmsten Patricier machte. In dem Wahne, durch die vorher erwähnten geheimen Unterredungen mit Höflingen sich jede Anmaßung erlauben zu dürfen, und durch eigene Niederträchtigkeit zu jedem Frevel feil, erfrechte er sich, selbst die Gebrüder Eusebius und Hypatius *) ehemals so vortreflliche Collegen im Consulat, und durch die Verwandtschaft mit Kaiser Constantius zu höheren Hoffnungen berechtigt, anzugeben, als ob sie den Plan, künftig Regenten zu werden, wirklich in Thätigkeit zu setzen angefangen hätten, — daß sie deßhalb eine Reise, an die sie doch gar nicht gedacht, unternommen, und Eusebius sogar ein kaiserliches Gewand bereit liegen hätte. So eine Nachricht faßte freylich ein so wütender und grausamer Monarch, dem, weil er sich alles, selbst Ungerechtigkeiten erlaubte, gar nichts hätte erlaubt seyn sollten, begierig auf, ließ sogleich aus den entlegensten Gegenden des Römischen Reiches alle diejenigen, die der Ankläger, ohne sich an Gesetze zu binden, mit der unbesonnensten Zuverläßigkeit als Schuldige angegeben hatte, entbieten, und mit der Criminaluntersuchung gegen sie verfahren. Lange hatte man durch Zwang und Fesseln die Wahrheit aus-

zu-

---

*) Vergl. B. 18. K. 1. und B. 21. K. 6. Consuln waren sie gemeinschaftlich im Jahr 359.

zumitteln gesucht: weil aber der ruchlose Mann hartnäckig bey seinem Gewebe von Lügen blieb, gleichwohl auch die strengste Folter kein Geständniß herauszupressen vermochte, und alle Umstände dafür sprachen, daß so angesehene Männer von einem solchen Plane nicht das Mindeste wüßten; so verlohr der Verläumder doch immer an seiner bisher am Hofe genossenen Achtung nichts, nur jene unschuldigen Männer wurden zu Verbannung und Geldstrafen verurtheilt, kurz nachher doch zurückberufen, und nach Zurückerhaltung ihres Geldes in Ehre und Würden wieder eingesetzt.

So sehr man auch sich eines solchen Verfahrens zu schämen Ursache hatte, so ward man doch in der Folge nicht zurückhaltender oder bescheidener, und unser großmächtiger Gewalthaber bedachte nicht, daß der vernünftige Mann, selbst wenn er an Feinden Rache nehmen zu können glaubt, sich selbst kein Verbrechen erlauben dürfe, und daß sich nichts entehrenderes denken lasse, als grausame Denkart mit Regentenstolze verbunden. Nun starb Heliodor, ungewiß, ob eines natürlichen oder gewaltsamen Todes, und (gern verschwiege ich es, wenn die Sache nicht selbst spräche,) an mehrere angesehene Männer, unter ihnen, auch jene consularischen Brüder, erging die schändliche Zumuthung, daß sie vor seiner von den gewöhnlichen Todtengräbern getragenen Leiche in Trauerkleidern einherziehen sollten. Bey dieser Gelegenheit zeigte sichs vorzüglich, wie tief sich in seinem Gehirn die Tollheit festgesetzt haben
müs

müsse: man bat ihn, sich in seiner Untröstlichkeit zu mäßigen, aber er blieb mit unbeweglicher Hartnäckigkeit auf seinem Sinne; und sein Ohr schien mit Wachs verstopft zu seyn, als sähe er eine gefährliche Sirenenklippe vor sich.*) Endlich gab er zwar hierin anhaltenden Bitten nach, befahl aber, daß einige mit bloßem Kopf und Füßen, einige auch mit über einander gelegten Händen vor der unglücklichen Bahre des Mordbrenners bis zur Grabstätte hergehen sollten. Noch denke ich mit Entsetzen zurück, wie so viele vornehme Männer, besonders Consularen, ehemals mit Commandostab und Purpur geschmückt, Männer, deren Namen unsere Annalen der weiten Welt bekannt gemacht hatten, jetzt sich zu einem solchen Leichenzug mit Zurücksetzung wichtigerer Geschäfte herabgewürdigt sehen mußten. Vor allen zog doch Hypatius, durch ausgezeichnetes Verdienst von Jugend auf beliebt,**) jetzt aller Augen als ein Mann auf sich, der bey allem, was er that, immer den mildern Weg einschlug, und jede seiner Handlungen aufs genaueste nach den Regeln lobenswürdiger Sanftheit abmaß, — ein Mann, der eben sowohl

sei-

---

*) Ist wieder einmal eine sehr zur Unzeit angebrachte Belesenheit.

**) Ich gestehe, eine kleine Aenderung mit den Worten des Originals vorgenommen zu haben: anstatt adolescentia et virtutum pulcritudine, das auf einen Mann, der Consul und zweimal Präfect gewesen, nicht recht zu passen schien, erlaubte ich mir die Vermuthung, Ammian könne wohl ex adolescentia geschrieben haben.

seinen Ahnen, als durch die rühmlichsten Thaten seiner zweymal verwalteten Präfectur dem Staate selbst bey der Nachwelt Ehre macht.

Noch zeigte unser theurer Valens um eben diese Zeit seine Talente in einem neuen Glanze: er, der mit solcher Erbitterung gegen andere wütete, daß seiner Strafen Strenge nur mit dem Tode ein Ende nahm, ließ dennoch einen Tribun, Pollentian, einen äußerst hämischen Mann, eben damals überwiesen und selbstgeständig, einer lebenden Frau den Leib aufgeschnitten, und den unreifen Embryo herausgenommen zu haben, um durch Beschwörung unterirdischer Geister die Zukunft über den künftigen Thronfolger zu erforschen, blos in Rücksicht auf die bisher mit ihm unterhaltene Vertraulichkeit, so sehr auch alle Volksstände darüber murrten, ganz ungestraft — ließ ihm Leben, und beträchtliches Vermögen und Amt und Würden.

O göttliche Philosophie, ein Geschenk des Himmels an die Sterblichen, die du so oft selbst lasterhafte Charaktere umbildetest, wie viel Gutes hättest du in jenen trüben Tagen stiften können, wenn ein Valens durch dich sich hätte belehren lassen, daß ein Regent, wie deine Verehrer behaupten, keine andere Pflicht habe, als das Glück anderer zu befördern — daß der gute Fürst selbst nicht immer von seiner Macht Gebrauch mache, seine leidenschaftlichen Begierden, und die Aufwallungen seines Zornes bekämpfe — daß er mit einem Dictator Cäsar überzeugt sey, die Zurückerinnerung an Grausamkeiten könne nur ein trauriges Hülfsmittel für die Beschwerden des Alters seyn, — daß er demnach, wenn er über das Leben eines Menschen, der doch auch ein Weltbürger, ein Theil der beseelten Welt ist, absprechen soll, alles lange und reiflich bedenken, und nie sich in einer Handlung, die er nachher nicht ungeschehen machen kann, übereilen dürfe, worüber ihm ein aus der ältern Geschichte bekanntes Beyspiel Belehrung geben kann. Man weiß nämlich, daß eine Frau zu Smyrna vor dem Proconsul Asiens Dolabella selbst eingestand, ihren leiblichen Sohn und ihren Mann mit Gift vergeben zu haben, weil sie ihren Sohn erster Ehe umgebracht hätten. Weil beym zweyten Termin die Richter, an die nun die Sache gediehen war, nicht einig werden konnten, ob im vorliegenden Falle des Weibes gerechte Rache, oder der doppelte Mord Entscheidung geben müsse, so ward die Beklagte an die Areopagiten, jene strengen Richter in Athen verwiesen, deren Gerechtigkeitsliebe selbst Streitigkeiten unter Göttern geschlichtet haben sollte. Nach reifer Ueberlegung erkannten dann diese zu Recht: daß Kläger mit der Beklagten in hundert Jahren sich wieder stellen sollten; — ein Urtheil, wodurch sie die Giftmischerin eben so wenig lossprachen, als die Rächerin eines ermordeten Sohnes strafwürdig fanden. So wahr ist es, daß man von je her mit einem Todesurtheil, das doch immer das äußerste seyn muß, nie zu spät zu kommen geglaubt hat.

Bey allen bisher erzählten Ungerechtigkeiten aller Art, bey den traurigen Spuren der Folter, die mit dem Tode verschonte freye Menschen mit sich umhertrugen, blieb die Göttin Gerechtigkeit, die ihr Auge nie zudrückt, immer als Richterin menschlicher Handlungen sich zeigt, nicht gleichgültig. Die letzten Flüche der Ermordeten, verbunden mit den gerechtesten Klagen, rührten die ewige Gottheit selbst, und entzündeten Bellonens Fackel, um den Ausspruch des Orakels wahr zu machen, das allen bisherigen Frevelthaten gewisse Strafe verkündigt hatte.

Während daß bey schweigender Persischer Kriegstrompete alle diese innern Leiden des Staats in Antiochien immer weiter um sich griffen, gieng der Furien fürchterliche Schaar nach vielfachen ganz ohne Scheu veranlaßten Mordthaten aus dieser Stadt hinweg, um ihre Geißeln über den Nacken von ganz Asien zu schwingen. Dies thaten sie auf folgende Art: Ein gewisser Festus *) aus Trident, ganz unbekannter Eltern vom niedrigsten Pöbel Sohn, ward vom Maximin, der ihn fast brüderlich liebte, zum Gesellschafter und Amtsgehülfen gewählt. Dies war für ihn die erste Veranlassung, in den

---

*) Valesius hält ihn für den Verfasser des Breviarium de victoriis ac provinciis populi Romani, das wir noch unter dem Namen eines Sextus Rufus übrig haben.

Orient zu kommen, wo er nachher Statthalter in Syrien, und expedirender Staatsrath *) ward, die besten Beweise seiner billigen Denkart und Achtung für die Gesetze **) gab, und endlich bey erhaltener Proconsulwürde über ganz Asien mit sanftem Winde höherem Ruhme entgegen segelte. Weil er hörte, daß Maximin jedes rechtschaffenen Mannes Feind sey, sprach er oft selbst mit Unwillen von den Anordnungen desselben, nannte sie schädlich und entehrend. Aber, sobald er erfuhr, daß lieblose Hinrichtungen unschuldiger Menschen dem Manne zu unverdienter Ehre der Präfectur verholfen hätten, so fühlte Er auch sich zu gleichen Thaten und gleicher Hoffnung belebt, nahm, wie der Schauspieler, eine ganz andere Maske vor, sein spähender, starrer Blick war Beweis seiner Neigung, andere unglücklich zu machen, und in dem Wahne, daß die Präfectur ihm nächstens zu Theil werden müsse, befleckte auch Er sich mit Blute der Schuldlosen. Zahlreich und mannichfaltig sind die Beweise, die sich, um den gelindesten Ausdruck zu brauchen, für seine Strenge beybringen ließen: ich begnüge mich aber, nur einige wenige anzuführen, die allgemein bekannt sind, und bey denen er sich die Vorgänge in Rom zu Mustern nahm: doch gute und schlechte

Hand-

---

*) Magister memoriæ. S. Note zu B. 15. K. 5.

**) Reverentia exempla, hat freylich den Colbertinischen Codex für sich, und wer es durch reverenda erklären will, der thue es: wenigstens ist doch die Leseart reverentiæ, der ältern Ausgaben, nicht so ganz verwerflich, wie Hadr. Valesius Vorr. S. 28. meint.

Handlungen bleiben, wo sie auch vorfallen, immer was sie sind, wenn auch die einen etwa dem Grade nach unter den andern stehen. Einen gewissen Koeranius, einen Mann von nicht geringem Verdienste, ließ er bloß deßwegen unmenschlich foltern und hinrichten, weil er in einem vertraulichen Briefe an seine Gattin in Griechischer Sprache noch die gute Lehre beygefügt hatte: Vergiß mir auch nicht, den Kranz an der Hausthüre aufzuhängen, — eine sprichwörtliche Redensart, durch die man einen andern auf ein wichtiges Geschäft aufmerksam zu machen pflegt. — Ein altes einfältiges Weib, das durch eine ganz unschuldige Formel Wechselfieber zu vertreiben pflegte, ließ er als gefährliche Missethäterin hinrichten, ob sie gleich an seiner eigenen Tochter mit seinem Vorwissen ihre Kunst glücklich versucht hatte. — Unter den Briefschaften eines angesehenen Bürgers einer Municipalstadt, die man seiner Handelsgeschäfte wegen zu untersuchen für nöthig hielt, fand man auch eine Berechnung der Constellation bey Kaiser Valens Geburt: der Mann protestirte wider jeden Gebrauch, den man davon zu seinem Schaden machen könnte, und auf die Frage, wie er sich habe beygehen lassen können, die Nativität des Fürsten zu berechnen, sagte er, er habe einen Bruder gehabt, der auch Valens geheissen, aber schon längst, wie er durch die gültigsten Dokumente darzuthun verspreche, verstorben sey: aber ohne diese Beweise seiner Unschuld abzuwarten, zerfleischte man

man den armen Mann auf der Folterbank, und mordete ihn dann vollends hin. — In einem Bade sah man einen jungen Mann, der mit den Fingern beyder Hände bald die marmorne Bekleidung des Bades, bald seine Brust berührte, und dabey die sieben (Griechischen) Vokale *) hersagte, weil er dadurch seinen Magenkrampf zu heben glaubte: man zog ihn deshalb vor Gericht, marterte, enthauptete ihn.

Kap. 3.

Wenn ich von den bisher aufgeführten Mordscenen mich nun nach Gallien wende, so unterbreche ich noch immer den Gang der übrigen Geschichte, weil ich auch da unter nicht weniger grausamen Auftritten den Maximin als Präfect antreffe, der bey weit ausgebreiteter Macht unglücklicher Verhetzer eines Kaisers ward, den das Glück zur Regentenwürde nur erhoben zu haben schien, um sie zum Verderben anderer zu mißbrauchen. Wer die von mir beyzubringenden Beyspiele betrachtet, der wird auf diejenigen, die ich übergehe, leicht schließen können, und
seine

---

*) Zu Ammian selbst hat Valesius bey dieser Stelle keine Note gemacht, wohl aber zu Sokrates Kirchengesch. B 5. K. 17. von dem mit den Vokalen getriebenen Aberglauben Nachricht gegeben. Auch in den Amst. 1740 herausgegebenen Emendationen desselben findet man diese Note wieder abgedruckt, und Peter Burman hat in einer andern noch mehr hieher Gehöriges beygebracht.

seine Einsicht wird es sehr verzeihlich finden, wenn ich nicht alle Uebelthaten aufzähle, wlche man, von falschen Grundsätzen geleitet, durch absichtliche Vergrößerung der Schuld in Klagefällen beging. Valentinian war von Natur zur Härte geneigt, Menschenhaß, ruhiger Ueberlegung Feind, nahm immer mehr bey ihm zu, und nun nach Maximins Ankunft, wo niemand mehr ihn zurückhielte, oder auf bessere Wege leitete, schritt er von einer Grausamkeit zu der andern fort, tobte wie brausende Flut und wüthender Sturm einher, und wenn er zornig ward, dann veränderte sich Stimme und Miene und Gang und Farbe mit jedem Augenblicke. Von mehreren zuverläßigen Beweisen dafür begnüge ich mich nur einige wenige anzuführen.

Ein schon ziemlich erwachsener Edelknabe, der einen Spartanischen Hund, mit dem man ihn bey einem Treibjagen auf den Anstand gestellt hatte, deswegen, weil der Hund, um loszukommen, beißend nach ihm gesprungen war, vor der Zeit losgelassen hatte, ward durch Stockschläge getödtet, und noch denselben Tag begraben. — Den Vorsteher einer Gewehrfabrik, der einen sehr schön gearbeiteten Küraß überreichte, und einer Belohnung dafür entgegensah, ließ der Kaiser deswegen hinrichten, weil dieses Stück etwas weniger am Gewicht hielt, als es seiner Idee nach halten sollte. — Einen christlichen Presbyter aus Epirus ließ er, weil er den ehemaligen Proconful [in Afrika] *) Octavian [bey sich verborgen gehalten hatte, enthaupten,] und der Angeber ward, obgleich auch etwas spät, nach seiner Heimat entlassen. **) — — Constantin, ein Stallbedienter, ***) der einige Remontepferde, zu deren Besichtigung er nach Sardinien gesandt war, ausgetauscht hatte, ward auf seinen Befehl zu Tode gesteinigt. — Athanasius, ein damals sehr begünstigter Wettfahrer, wegen einer bey dieser Art von Leuten gewöhnlichen leichtsinnigen Handlung ihm schon so sehr verdächtig gemacht, daß er ihn, wenn er sich dergleichen wieder unterstünde, lebendig zu verbrennen befahl, ließ er kurz nachher auf die Beschuldigung, Giftmischerey getrieben zu haben, wirklich, ohne dem beliebten Meister in einer so beliebten Kunst nachzusehen, auf den Scheiterhaufen setzen. — Afrikan, ein sehr geschickter RechtsConsulent in Rom wünschte nach Verwaltung der einen Provinz bald wieder in einer andern angestellt zu werden, aber der Kaiser gab dem General der Reiterey, Theodos, der sich für den Mann verwendete, die gröbliche Antwort: "Gehen Sie, General, und lassen Sie eine Veränderung mit dem Kopfe eines Man-

---

*) S. B. 23. K. 1.
**) Die ganze Stelle ist verstümmelt, und das in Klammern gefaßte ist aus der von Valois angegebenen Stelle des Hieronymus in seiner Chronik zu dem Jahre 372. ergänzt.

***) Strator. Mußte das jedesmalige Reitpferd des Kaisers besorgen, und ihm im Aufsteigen helfen. S. B. 30. K. 5. Man sieht aber aus unserer Stelle, daß er eine Art von Unterstallmeister gewesen.

Mannes vornehmen, der eine Veränderung seiner Provinz zu treffen begehrt," — und so verlor durch ein solches Urtheil ein beredter Mann sein Leben, der doch nur, wie so viele andere, seine Lage zu verbessern wünschte. — Claudius und Sallust, beyde bey der Legion der Jovianer bereits als Tribunen angestellt, wurden von einem schon seiner niedrigen Abkunft wegen verworfenen Menschen angegeben, daß sie zur Zeit der Rebellion Prokops zu seinem Lobe gesprochen hätten. Weil man auch durch wiederholte peinliche Verhöre nichts auf sie bringen konnte, so befahl der Regent den zur Untersuchung verordneten Generalen der Reiterey, den Claudius ins Ausland zu verbannen, dem Sallust aber das Leben abzusprechen, mit der Versicherung, daß er ihn bey der Hinführung zum Tode begnadigen wolle. Man vollzog seinen Befehl, aber Sallust ward nicht begnadigt, und Claudius kam erst nach Valentinians Tode aus seiner traurigen Verbannung zurück .... *) ob sie gleich sehr oft gefoltert wurden. Eine Marter folgte der andern, einige starben selbst während derselben, und dennoch konnte man nicht auf die windeste Spur der ihnen Schuld gegebenen Verbrechen kommen. Selbst die Trabanten, die man zu Gefangennehmung der Beklagten gebraucht hatte, bekamen nicht wenig Schläge.

Doch

*) Von einer Lücke, die in den Handschriften mehr als Eine Zeile beträgt, sind nur einzelne Wörter übrig geblieben, aus denen sich nichts machen läßt.

Doch, alle Beyspiele dieser Art aufzuzählen — würde mein Herz erschüttern, und zugleich müßte ich den Vorwurf befürchten, daß ich vielleicht mit absichtlicher Leidenschaft zu tief in die Fehler eines Fürsten einginge, der doch auch ungemein viel Gutes an sich hatte. Eins doch kann ich weder übergehen noch verschweigen: er hatte zwey Bärinnen, sehr gierig auf Menschenfleisch; die eine hieß Mika Aurea, die andere Innocentia. Diese Thiere ließ er so sorgfältig pflegen, daß er ihnen ihre Behälter neben seinem Schlafzimmer anwies, und ihnen treue Wächter zugab, die sehr aufmerksam seyn mußten, um ihre gefährliche Freßlust nicht etwa vermindern zu lassen. Die Innocentia ließ er endlich, nachdem er viele von ihr zerfleischte Menschen hatte begraben sehen, als verdienstvolles Thier wohlbehalten in den Wald zurücklaufen, [wo sie dann ihren Appetit fortsetzte.] *)

Kap.

*) Das Letzte nach Valois Vermuthung. Wenn er überdem in einer untergesetzten Note die Freylassung treuer Thiere mit andern Beyspielen erläutert, so irrt er zwar in so fern, als er sich für den ersten Sammler solcher Exempel hält; denn er hatte schon an Casaubon zu Suetons Jul. Cäsar K. 81. einen Vorgänger gehabt: aber Crenius Animadv. Th. 10. S. 203. thut ihm doch gewiß zu viel, wenn er ihn deshalb unter die Plagiarier rechnet.

Kap. 4.

Wenn diese Beyspiele mehr als zu sehr für seinen grausamen Charakter beweisen, so wird doch auch der strengste Tadler ihm nicht Schuld geben können, das Interesse der Republik versäumt zu haben, zumal, wenn man bedenkt, daß es doch gewiß vortheilhafter schien, die Barbaren von unsern Gränzen zurückzuhalten, als aus denselben wieder zu vertreiben! *) Er gab **) .... und jeder Feind, den man bey den Wachthürmen erblickte, ward niedergeschossen.

Bey so vielfachen Sorgen war dennoch bey weitem die angelegentlichste für ihn diese, den König ***) Makrian, der bisher bey der über ihn

---

*) Die Stelle lautet nach der Colbertinischen Handschrift so: regendis verius milite barbaris quam pellendis, und Hadr. Valesius versteht sie so, daß es besser gewesen wäre, wenn Valentinian die Barbaren zu Bundesgenossen angenommen, und sie von Römischen Officieren hätte kommandiren lassen. Bey dieser Erklärung blieb mir nur der Zweifel übrig, daß Ammian hier in der That den Kaiser loben wollte, was doch wegfallen würde, wenn von Besserseyn die Rede wäre. Ich glaubte also, mit der ältern Leseart Limite besser auszukommen.

**) Was er gegeben, mag — der Himmel wissen, denn die Handschriften haben einen Hiatus von fünf Zeilen. Indessen, da der ganze Zusammenhang darauf leitet, daß von den verdienstlichen Anstalten Valentinians, die Gränzen gegen die Alemannen, Quaden und andere Barbaren durch Festungen und Schanzen zu sichern, die Rede gewesen seyn müsse, so dachte ich mir, um nur etwas zu denken, Befehle, die er etwa deswegen gegeben haben könte.

***) Der Alemannen. S. B. 18. Kap. 2. B. 28. K. 5.

ihn von unserer Seite getheilet gewesenen Meinung nur mehr gewonnen hatte, und jetzt mit verjüngter Kraft sich gegen uns zu erheben begann, mit Gewalt oder mit List, so wie ehemals Julian den Vadomar, lebendig in seine Hände zu bekommen: weshalb er denn seinen Plan, nach Beschaffenheit der Zeit und anderer Umstände machte, und auf die von Ueberläufern erhaltene Nachricht, wo der König etwa am besten unvermuthet überfallen werden könnte, mit so wenig Geräusch als möglich, um kein Hinderniß beym Brückenbau anzutreffen, über den Rhein ging. Sever, der General des Fußvolkes, rückte mit der Avantgarde nach den Mattiacischen Bädern (Wisbaden) vor, aber in Betrachtung der Schwäche seiner Truppen machte er hier Halt, und in der That mußte er befürchten, vergeblichen Widerstand zu thun, wenn die Feinde mit ihrer ganzen Heeresmacht über ihn herfielen. Weil er auch den hier angetroffenen Haustrabanten,*) die einen Menschenhandel trieben,

nicht

*) Im Texte Scurræ. Diese sind aber zuweilen einerley mit Domestiken, (Haustruppen) und weil die Deutschen als Trabanten an den Höfen wegen ihrer Treue beliebt waren, so wären die in unserm Texte erwähnten vielleicht für Werbeofficiere zu nehmen, die in Deutschland stammhafte Leute aufkauften, um sie am Hofe wieder los zu werden. Vales und Ernesti haben keine Note darüber gegeben, ich finde aber eine desto längere bey Salmasius über die Hist. Augusta, wo s im Leben Alex. Severus Th. 1. S. 1020 heißt: Vn s ex Germanis, qui Scu rarum officium sustinebat.

nicht traute, und in Sorgen stand, sie möchten sich etwa fortschleichen, um seine Ankunft den Feinden zu melden, so ließ er ihnen ihre Waare nehmen, und sie insgesammt niedermachen. Doch bekamen die Generale, weil immer mehrere Truppen nachrückten, nun mehreren Muth, rückten nur auf kurze Zeit in ein Lager, denn keiner hatte ein Packpferd, oder ein Zelt, und selbst bey dem Kaiser vertraten ein Paar Decken diese Stelle: und kaum hellte sich die finstere Nacht zu Tage auf, als sie mit muthigen Schritten, von kundigen Wegweisern geführt, und vor sich her den Feldherrn Theodos mit seiner Reiterey, weiter fortrückten. [Der Kaiser selbst saß zu Pferde, und war nicht weit von dem Orte, wo der König]*) damals sich befand, aber der Lärm seiner eigenen Leute vereitelte den ganzen Plan: denn so ernstlich er ihnen auch für jetzt Sengen, Brennen und Plündern verboten hatte, so sah er doch seine Befehle nicht befolgt. Durch das Knistern des Feuers und die Dissonanzen verschiedener Stimmen wurden die Trabanten des Königs aufmerksam gemacht, und in Vermuthung der wahren Ursache dieses Lärmens brachten sie den König auf einem leichten Wagen durch den engen Weg eines steilen Gebirges in Sicherheit. — Valentinian, der sich um den Ruhm einer so glänzenden Unternehmung nicht durch seine oder seiner

---

*) Dies oder etwas ähnliches mag wohl in den verloren gegangenen drey Zeilen gestanden haben.

ner Generale Verschuldung, sondern durch die zügellose Raubsucht seiner Soldaten, die so oft schon dem Römerstaate schädlich geworden war, gebracht sah, ließ auf funfzig Meilen in des Feindes Land hinein alles in Brand setzen, und gieng dann äußerst mißvergnügt nach Trier zurück, wo er, wie der Löwe, der über dem seinem Rachen entgangenen Hirsche oder Reh die hungrigen Zähne auf einander beißt, in Erwartung, daß Furcht die zerstreuten Feinde schon zahmer machen würde, an Makrians Stelle den Fraomar zum Könige der Bucinobanten, einer Alamannischen Völkerschaft in der Gegend von Mainz, ernannte, doch bald darauf, weil bey dem neulichen Einfalle dieser Strich Landes völlig verwüstet war, denselben nach Britannien versetzte, und ihm unter dem Namen eines Tribuns, ein Regiment Alamannen zu kommandiren gab, das damals an Zahl und muthigen Leuten eines der schönsten war. Auch Bitherid und Hortar, Magnaten der Alamannen, stellte er bey der Armee an; doch ward Hortar nachher von Florentius, dem kommandirenden General in Germanien wegen eines gefährlichen Briefwechsels mit Makrian und andern Großen seines Vaterlandes angegeben, auf der Folter zum Geständniß gezwungen, und — lebendig verbrannt.

Kap.

Kap. 5.

Von hier [wende ich mich nach Afrika] und glaube am besten zu thun, wenn ich die daselbst vorgefallenen Begebenheiten beysammen lasse, um den Liebhaber der Geschichtskunde nicht durch Mischung ganz heterogener und in ganz verschiedenen Ländern vorgefallener Ereignisse zu verwirren.

Nubel, einer der mächtigsten kleinen Könige in Mauritanien hatte bey seinem Tode mehrere, theils mit der Gemahlin, theils mit Mätressen erzeugte Söhne hinterlassen, unter denen der eine, Zamma, ein Liebling des Comes Romanus,*) von seinem Bruder Firmus heimlich umgebracht ward, woraus innerlicher Zwist und Krieg mit den Römern entstand. Roman, einmal fest entschlossen, alles für die Rache des jungen Mannes zu thun, bot jedes Mittel gegen den tückischen Mörder auf. Fast allgemein war die Sage, daß man selbst bey Hofe deshalb Partei nähme, daß Romans Berichte, so sehr sie auch des Firmus Betragen übertrieben, dennoch willig angenommen, dem Kaiser vorgelegt, und von mehreren Höflingen mit beyfälligen Anmerkungen begleitet würden, hingegen, was Firmus zu Rettung seines Lebens von seinem Anhange mehr als einmal einreichen ließ, allenfalls angenommen ward,

---

*) Die Leser kennen ihn sowohl als den darauf folgenden Remigius aus B. 28. Kap. 6.

ward, aber doch sehr spät deswegen in Vortrag kam, weil der damalige Oberhofmarschall Remigius, Romans Freund und Verwandter, immer die Ausflucht machte, man hätte weit wichtigere Reichsangelegenheiten dem Kaiser vorzutragen, und man könne sich mit dergleichen geringfügigen und ganz unnöthigen Kleinigkeiten nur gelegentlich abgeben.

Der Mauritanische Prinz, dem die Bemerkung nicht entging, daß man seine Vertheidigungsschriften nur zu unterschlagen suche, und der schon vor dem äußersten Schicksale zittern mußte, seine Rechtfertigung abgewiesen, und sich als gefährlichen ränkevollen Mann zum Tode verurtheilt zu sehen, entzog sich also unserer bisher anerkannten Oberherrschaft, und brachte Hülfstruppen zusammen, um unsre Provinzen zu verwüsten.

Um eines so erbitterten Feindes Macht nicht überhand nehmen zu lassen, ward der Feldherr der Reiterey, Theodos, dem man noch einige Hoftruppen zugab, in jene Gegend abgesandt — ein Mann, der sich vor andern seiner Zeit durch Thätigkeit auszeichnete, und bey einer Vergleichung mit älteren Heerführern, einem Domitius Corbulo und Lusus nichts weniger als verlor, deren jener unter Nero, der andere unter Trajan sich durch mehrere Heldenthaten Ruhm erwarben. Theodos ging demnach unter glücklichen Vorbedeutungen aus Arles ab, schiffte sich mit der ihm untergebenen Flotte ein, kam dem Gerücht von seiner Ankunft zuvor, und erschien

im

im Sitifensischen Mauritanien auf der Rhede
von Jgilgis. (Gigeri.) Hier traf er von ungefähr den Romanus an, empfing ihn anfangs
ganz freundlich, und sandte ihn dann, weil seine
Vermuthung, daß er Schuld an dem ganzen Handel sey, sich immer deutlicher bestätigte, mit einem
gelinden Verweise ab, um den an den Gränzen
gezogenen Kordon zu kommandiren. Kaum war
Roman in das Cäsariensische Mauritanien ab-
gegangen, als Theodos des Firmus Bruder
Gildo, und den Maximus absandte, den
Vincenz gefangen zu nehmen, der als Romans
Vikar auch treuer Theilnehmer seines Uebermuthes
und seiner Raubsucht gewesen war. Nachdem
er endlich seine Soldaten nach einer langen Fahrt
über das weite Meer an sich gezogen hatte, eilte
er nach Sitifis (Setif), ließ aber zugleich den
Roman nebst seinen Officianten durch die Gardisten in Verwahrung nehmen. In Sitifis fühlte
er nun seine bedenkliche Lage mehr als zu sehr,
und sammlete seine ganze Ueberlegungskraft, um
ein Mittel auszufinden, wie er seine an Eis und
Reif gewöhnten Krieger durch Länder, von Son-
nenglut versengt, führen, oder einem Feinde beykommen sollte, der selten lange an einem Orte
blieb, nur schnelle Ueberfälle wagte, höchstens
sich mehr auf die Kunst verstand, im Hinterhalte
zu lauern, als in förmlichen Treffen Stand zu
halten.

Sobald Firmus, erst durch leichte Gerüchte
dann durch zuverlässige Nachrichten dies alles er-

fuhr, entschloß er sich, durch die Ankunft eines so bewährten Feldherrn bänglich gemacht, durch Gesandte um nachsichtige Verzeihung*) des Vergangenen bitten zu lassen, und diese Bitte durch eine beygefügte Schrift zu unterstützen, worin er bewies, daß er nicht aus freyem Antrieb einen Schritt gethan, den er selbst als frevelhaft erkennen müßte; man habe vielmehr, wie er sich darzuthun getraue, ihn in der That zu ungerecht behandelt. Theodos las diesen Aufsatz, machte gegen Stellung von Geiseln gute Hoffnung zu friedlicher Auskunft, und reiste dann, um die in Afrika stehenden Legionen zu mustern, nach Pancharien (. . .) wohin er dieselben entboten hatte. Hier mußte er durch einen eben so edlen als weislich überdachten Vortrag alle zu der besten Hoffnung zu beleben, ging dann nach Sitifis zurück, wo er die Eingebohrnen mit seinen jetzt mitgebrachten Soldaten in ein Korps vereinigte, und kaum die Zeit erwarten konnte, den Feldzug zu eröffnen. Unter andern ihm Ehre machenden Einrichtungen hatte er sich vorzüglich dadurch allgemeine Liebe erworben, daß er den Einwohnern verbot, seiner Armee Lebensmittel zu liefern, aus dem edlen Grunde, weil Ernten und andere Vorräthe der Feinde die Speicher seiner Soldaten wären.

Nach

---

*) Anstatt veniam confessionis præteritorum lese ich mit Valois, dem auch Ernesti im Glossar, beytritt, veniam cum concessione. Ammian braucht das Wort Concessio mehrmals in dieser Bedeutung.

Nach dieser zum Vergnügen der Einwohner gemachten Einrichtung rückte er nach Tubusuptum, (..) einer an dem Gebirge Ferratus (Jurjura) gelegenen Stadt vor, wo er eine zweyte Gesandschaft des Firmus zurückwies, weil sie, wie doch vorher ausgemacht war, keine Geiseln mitbrachte. Nachdem er auch hier die behutsamsten Maaßregeln, wie Zeit und Ort sie heischten, genommen hatte; eilte er mit schnellen Schritten auf die Tyntenser und Massissenser zu, welche blos leichte Waffen führten, und zwey Brüder des Firmus, den Mascizel und Dius zu Anführern hatten. Er durfte nicht weit ziehen, um so gewandte Krieger auf seinem Wege zu finden: man fing erst an, einander mit Pfeilen zu beschießen, aber bald kam es zu dem hitzigsten Treffen. Seufzen der Sterbenden oder Verwundeten ward nur durch das kläglich Geheul gefangener Barbaren unterbrochen, und nach entschiedener Schlacht wurden mehrere Dörfer geplündert und in Brand gesetzt. Vorzüglich ward ein Landgut, Petra genannt, von Grund aus zerstört, dem sein Besitzer, Salmaces, auch ein Bruder des Firmus, das völlige Ansehen einer kleinen Stadt zu geben gewußt hatte. Durch einen so glücklichen Fortgang seiner Waffen ermuntert, bemächtigte sich der Sieger mit unerwarteter Geschwindigkeit auch der in der Mitte zwischen den vorher genannten Völkerschaften liegenden Stadt Lamfoctum (...), wo er ein starkes Magazin anlegen

legen ließ, um die Zufuhr in der Nähe zu haben, wenn er bey weiterem Vorrücken in das Innere des Landes in öde Gegenden käme. Indeß versuchte Mascizel mit verneuerter Kraft, und durch Hülfstruppen angränzender Horden unterstützt, sein Glück noch einmal gegen die Unsrigen, verlor aber auch jetzt wieder viele von seinen Leuten, und ihn selbst konnte nur die Flüchtigkeit seines Pferdes vom Tode retten.

Firmus, durch das Mißglück zweyer Schlachten des Krieges müde, und tiefen Kummers voll, sandte nun, um kein Mittel, wäre es auch das äußerste, unversucht zu lassen, Christliche Priester mit Geiseln ab, um Frieden zu bitten. Diese wurden auch sehr freundlich aufgenommen, und, weil sie die Forderung, der Armee Lebensmittel zuzuführen, eingingen, mit einer erfreulichen Antwort entlassen. Der Mauritanische Prinz glaubte, wenn er Geschenke vorausgehen ließe, desto getroster vor dem Römischen Feldherrn erscheinen zu können: und so — erschien er dann, ein Pferd reitend, das durch seine Flüchtigkeit ihn allenfalls, auch bey ungünstiger Aufnahme retten könnte. Doch je näher er kam, desto mehr verlor er beym Anblick glänzender Fahnen, beym Anblick des fürchterlich ehrwürdigen Theodos seine ganze Fassung, sprang vom Pferde, beugte sich mit gekrümmtem Nacke tief bis zur Erde herab, machte sich selbst über seine Unbesonnenheit die kläglichsten Vorwürfe, und bat um Frieden und Begnadigung. Die Umarmung,

mung, der Kuß, mit dem ihn Theodos aus Politik empfing, erfüllte ihn mit so freudiger Hoffnung, daß er der Armee hinlängliche Lebensmittel zuführen ließ, und dann mit Zurücklassung einiger Verwandten als Geiseln zurückging, um dem Vertrage gemäß die Gefangenen, die er beym ersten Ausbruch der Rebellion gemacht hatte, herbeyzuschaffen, und zwey Tage nachher auch die Stadt Ikosium, deren Erbauer ich vorher schon einmal angegeben habe, *) die Fahnen, die Pristerkrone **) und was er sonst vorher erbeutet hatte, ungesäumt zurückgab.

Unser Feldherr rückte dann nach forcirten Märschen, in Tiposa ein, wo er den Gesandten der Mazifer, die auch des Firmus Partei genommen hatten, und jetzt demüthig um Verzeihung bitten ließen, die schreckende Antwort gab, daß er bereits im Begriff stände, ihre Treulosigkeit mit gewaffneter Hand zu bestrafen. Ganz betäubt von Furcht über die ihnen drohende Gefahr entließ er sie, und eilte dann nach Cäsarea, (...) einer ehemals sehr mächtigen und angesehenen Stadt, deren Erbauung ich ebenfalls in meiner geographischen Beschrei-

bung

---

*) In dem, was wir von Ammian noch haben, steht es nicht, wohl aber bey Solin im Polyhistor K. 28. am Ende, aus dem Ammian, wie oft, geschöpft haben mag.

**) Bezieht sich ohne Zweifel auf das, was oben B. 28. K. 6. S. 490. erzählt ist, daß man unter andern auch einen Oberpriester der Provinz Rustician umgebracht habe. Die ihm geraubte Krone wird jetzt zurückgegeben.

bung von Afrika weitläufig angegeben habe. Weil er aber bey seiner Hinkunft fast die ganze Stadt niedergebrannt, und die Steine mit Moos bewachsen fand, so beschloß er, der ersten und zwenten Legion auf einige Zeit hier ihren Standort anzuweisen, mit dem Befehle, Schutt und Asche aufzuräumen, und um die Stadt nicht einer neuen Verwüstung der Feinde auszusetzen, als Besatzung darin zu bleiben.

Der Ruf von allen diesen schnellen Vorschritten, der sich eben so geschwind verbreitete als bestätigte, lockte gar bald die Vorsteher der einzelnen Provinzen und den Tribun Vincenz aus ihren bisherigen Schlupfwinkeln,*) um sich bey der Fahne des Feldherrn einzufinden. Dies geschah bey seinem Aufenthalt in Cäsarea. Er empfieng und behandelte sie liebreich, erfuhr aber bey genauerer Erkundigung von ihnen, daß Firmus bey allem Scheine von Freundschaft und Unterwürfigkeit doch ingeheim keinen andern Plan habe, als unsere Armee zu einer Zeit, wo sie nichts weniger als einen feindlichen Angriff befürchte, wie ein wüthender Sturm zu überfallen. Dies veranlaßte den Theodos, gegen die kleine Stadt Sugabarris, die am Abhange der Transcellinischen Berge liegt, vorzurücken: Hier fand er die zu der vierten Kompagnie der Bogenschützen gehörigen Reiter, die auch zu dem Re-

---

*) Sie hatten sich vor Theodos Ankunft, so lange Firmus die Uebermacht hatte, verborgen halten müssen.

Rebellen übergegangen waren, begnügte sich aber, um seine Gelindigkeit auch im Strafen zu zeigen, blos damit, daß er sie bis zu dem untersten Grade von Soldaten herabsetzte, und dann sie sowohl als einen Theil der Constantianischen Legion nach Tigaviá nebst ihren Tribunen entbot, von denen der eine sogar so weit gegangen war, seine Halskette anstatt eines Diadems dem Firmus um das Haupt zu winden. — Während der Zeit waren auch Gildo und Maximus zurückgekommen, und hatten den Bellenes, einen Magnaten des Mazikerstammes, nebst Fericius, einem General eben dieses Volkes, welche den Friedensstöhrer vorzüglich unterstützt hatten, gefesselt mitgebracht. Nachdem die vorher, genannten Kohorten mit ihren Tribunen befohlnermaßen eingetroffen waren, erschien er selbst bey frühem Morgen, fand sie bereits von der übrigen Armee umstellt, und wandte sich nun an die umstehende Versammlung durch die Frage: Was glaubt ihr wohl, treue Kameraden, daß ich mit so schändlichen Verräthern beginne? — Er folgte dem allgemeinen Ruf aller nach Blut, überließ die Constantianer nach aller Sitte den Soldaten selbst, sie niederzumachen, dem Anführer der Bogenschützen ließ er die Hände abhauen, die übrigen am Leben strafen; — alles nach dem Beyspiel jenes strengen Heerführers Curio, der die Dardaner, deren Wuth, wie bey der Lernáischen Schlange die Köpfe, immer vom neuen nachwuchs, nur auf ähnliche Weise bän-

bändigen konnte. *) Uebelgesinnte Verläumder werden vielleicht den Curio loben, und den Theodos als harten, grausamen Mann tadeln, aus dem Grunde, weil die Dardaner doch äußerst gefährliche auswärtige Feinde gewesen, mit denen man nach allen Rechten so habe verfahren können: hingegen hätte man doch in unserm Dienste stehende Soldaten, die sich nur ein einzigesmal hätten irre führen lassen, milder behaydeln sollen; aber wir dürfen diese Tadler nur daran erinnern, was sie vielleicht selbst sehr wohl wissen, daß diese Truppen, wiewohl nicht wirklich, doch durch das gegebene Beyspiel gefährlich wurden. Auch die vorher genannten von Gildo eingelieferten Bellenes und Fericius wurden, so wie der Tribun der Bogenschützen Curandius, hingerichtet; der letztere deswegen, weil er nie Lust bezeigt hatte, die Feinde entweder selbst anzugreifen, oder auch nur seine Leute zu einem Gefecht zu ermuntern. Theodos that also nichts weiter, als daß er Cicero's **) Grundsatz befolgte: Heilsame Strenge ist immer besser, als zur Unzeit angebrachte Gelindigkeit.

Bey Fortsetzung seines Marsches kam Theodos nach Gallonas, einem Marktflecken mit einer starken Mauer umgeben, und einer der festesten Plätze in Mauritanien. Aber angestellte Sturm-

---

*) Livius Epitome des 95. Buches. Florus B. 3. K. 4. Frontin Kriegslisten B. 4. K. 1.

**) Im zweyten Briefe an Brutus.

Sturmböcke stürzten gar bald die Mauer nieder, und nachdem er sämmtliche Einwohner niedersäbeln und den ganzen Ort dem Erdboden gleich machen lassen, rückte er über das Ancorarische Gebirge gegen die Festung Tingis vor, wo er die ganze Macht der Maziker vor sich fand, die ihre Pfeile dicht wie Hagel auf ihn herüberschossen. Bald ward man mit einander handgemein, und unsere tapferen Krieger machten so wirksamen Gebrauch von ihren Waffen, daß die Maziker, eine sonst sehr kriegerische und abgehärtete Nation, mehr als einmal zurückgetrieben, endlich die schimpflichste und eiligste Flucht nahmen, auf der sie fast alle niedergemacht wurden, einige wenige ausgenommen, die zu entrinnen Gelegenheit fanden, und auf wehmüthige Bitte blos deswegen Pardon erhielten, weil die gegenwärtigen Umstände zu dieser Gelindigkeit riethen. Ihren Anführer Suggen *) . . . . Romans Nachfolger sandte er in das Sitifensische Mauritanien, um die Städte durch eingelegte Besatzungen zu sichern, er selbst aber zog, durch sein bisheriges Glück nur muthiger gemacht, gegen die Völkerschaft der Musonen an, welche voll Selbstgefühl ihrer Geschicklichkeit im Rauben und Morden sich auch für Firmus erklärt

---

*) Ueber das Schicksal dieses Mannes, vielleicht auch des Romanus läßt eine 4 Zeilen betragende Lücke unsere Neugierde unbefriedigt, und den Namen des an Romans Stelle gesetzten Generals hat der Zahn der Zeit auch aus Ammian hinweggenagt.

erklärt hatten, der, wie man hoffte, bald noch mächtiger werden würde.

Unser Feldherr erfuhr bey weiterem Vorrücken gegen die Municipalstadt Adda, daß mehrere Nationen, an Kleidung und Sprache verschieden, aber alle von Einem Geiste beseelt, fürchterliche Anstalten zu einem Feldzuge machten, wozu sie des Firmus Schwester Cyria durch die Hoffnung ansehnlicher Belohnungen zu ermuntern suchte, — eine Prinzeßin, die ihren weiblichen Trotz nicht minder als ihre beträchtlichen Reichthümer zu Unterstützung ihres Bruders aufbot. Theodos mußte unter diesen Umständen doch befürchten, sich in ein zu ungleiches Gefecht einzulassen, und bey einer gegen eine unzählbare Menge mit so weniger Mannschaft gewagten Schlacht, (denn seine Armee war in der That nur dreytausend und fünfhundert Mann stark,) alles aufs Spiel zu setzen: lange kämpften Beschämung über einen Rückzug und Kampflust in seiner Seele, aber endlich sah er sich doch durch die andringende Menge genöthigt, sich nach und nach zurückzuziehen. Dies machte die Feinde nur kühner, sie setzten ihm hartnäckig nach, . . . und Er, endlich sich einzulassen gezwungen, wäre ohne Zweifel mit allen den Seinigen verloren gewesen, wenn nicht die Feinde in ihrem ohne alle Ordnung gethanen Angriffe bey Erblickung eines herbeyeilenden Hülfskorps der Maziker, vor dem einige Römer vorausritten, in der Meinung, daß mehrere Korps gegen sie angezogen

zogen kämen, die Flucht genommen, und dadurch ihm die bisher verlegten Wege zu sicherem Rückzuge geöffnet hätten. So rettete dann Theodos sich und Armee noch glücklich, und nachdem er bey seiner Ankunft in dem kleinen Städtchen *Mazuka* einige Deserteurs hatte lebendig verbrennen, andern, so wie den oben erwähnten Bogenschützen die Hände abhauen lassen, kam er im Monat Februar in Tipofa an. Hier hielt er sich etwas länger auf, und bestimmte sich, wie jener Zauberer der Vorzeit, (Fabius) bey seiner gegenwärtigen Lage mehr durch List und Vorsicht, als durch förmliche Schlachten, die bey einem so kriegerischen und im Gebrauche des Bogens so geübten Feinde doch immer gefährlich wären, sich bey günstigen Gelegenheiten das Uebergewicht zu verschaffen. Bey dem allen unterließ er doch auch nicht, beredte Unterhändler an die umher wohnenden Nationen der *Bajuren, Kantaurianer, Avastomaten, Kafarer, Davarer* und anderer abzuschicken, und sie bald durch Drohungen, bald durch Geldversprechungen, bisweilen auch durch die Versicherung, ihre bisherigen Feindseligkeiten ungestraft zu lassen, für sich zu gewinnen .... alles in der Absicht, um den Feind, der ihm keinen förmlichen Angriff erlaubte, nach Contremärschen und heilsamem Zaudern endlich einmal bey einem günstigen Zeitpunkte zu überfallen, wie ehemals Pompejus den Mithridates.

Fir-

Firmus verließ indeß im Vorgefühl des übeln Ausganges seiner Sache, so sehr ihn auch die Menge schützender Krieger zu sichern schien, sein mit vielem Geldaufwande zusammengebrachtes Heer, benutzte die Nacht zu einer heimlichen Flucht, und nahm seinen Weg in das weit entlegene, und durch steile Felsen unzugängliche Capriariensische Gebürge. Diese heimliche Entfernung hatte den Erfolg, daß auch seine Armee sich zerstreute, ohne Anführer truppweise umherzog, und den Unsrigen beym Angriff ihres Lagers leichte Arbeit gab. Nachdem man das Lager geplündert, jeden, der sich wehrte, niedergemacht, die übrigen gefangen genommen, und die Gegend umher verheert hatte, setzte unser einsichtsvoller Feldherr seinen Zug weiter fort, stellte aber in den Provinzen, die er durchzog, überall Gouverneurs von bewährter Treue an. Eine so unerwartete Beharrlichkeit im Nachsetzen benahm dem Rebellen allen Muth so sehr, daß er unter Begleitung weniger Sklaven nur sein Leben zu retten wünschte, und um durch nichts aufgehalten zu werden, sein Gepäck und bey sich geführte Kostbarkeiten hinter sich ließ, denn seine Gemahlin war durch das beständige Hin- und Herziehen, und die bedenkliche Lage *) .... Theodos gab keinen Pardon, und nachdem er seine Soldaten durch bessere Kost und Löhnungszulage zu neuem Muthe belebt, und dann die

Ca-

---

*) Vermuthlich gestorben. — Es fehlen 3 Zeilen, in denen auch der Anfang einer neuen Schlacht gestanden haben muß.

Caprarienser und ihre Gränznachbarn die Abanner mit leichter Mühe in einem Treffen besiegt hatte, eilte er nach der Municipalstadt [Audia oder Duodia *] hin. Weil er hier die sichere Nachricht erhielt, daß die Feinde bereits die Anhöhen erreicht, und über steile Wege, auf denen nur der Gegend völlig kundige Eingebohrne ihnen zu folgen sich getrauen dürften, die höchsten Spitzen der Berge erstiegen hatten, so kehrte er zurück, gab aber dadurch den Feinden Gelegenheit, die kurze Zeit, die man ihnen frischen Athem zu schöpfen ließ, zu Aufbringung eines beträchtlichen Hülfskorps der anwohnenden Aethiopier zu benutzen. In gedrängten Schaaren und mit wildem Lärmen stürzten sie tollkühn an, und beym fürchterlichen Anblick einer unübersehbaren Menge zog sich doch Theodos anfangs etwas zurück: aber bald faßte er neuen Muth, kam mit reichlichem Proviant verstärkt zurück und seine Krieger waren beherzt genug, sich in gedrungenen Gliedern unter schreckhafter Schwingung ihrer Schilde mit den Feinden einzulassen. Ob nun gleich einzelne Trupps der Unsrigen in der Hitze den Feinden sehr nahe kamen, und wenn diese ihre Lanzen fürchterlich an die Schilde, sie dagegen ihre Schilde an die Beinharnische schlugen: so war doch unser Feldherr zu klug und behutsam, als daß er mit seinen wenigen Leuten sich in ein

förm-

---

*) Beyde Namen kommen weiterhin vor, welcher von beyden aber der rechte sey, läßt sich nicht gewiß entscheiden.

förmliches Gefecht hätte einlassen sollen: aber noch immer war dies Beweiß seines kühnen Muthes, daß er in geschlossenen Gliedern im Angesicht der Feinde seinen Weg nach der Stadt Conta nahm, wo Firmus unsere Gefangenen um so viel sicherer verwahrt zu haben glaubte, weil dieser Ort in einem entlegenen Winkel des Landes und auf einem Berge lag. Aber unser Feldherr befreyte seine Gefangenen glücklich, und verfuhr dann gegen die daselbst angetroffenen treulosen Anhänger des Rebellen mit seiner gewöhnlichen Strenge.

Indem auf diese Art die Gottheit jeden seiner Schritte begünstigte, brachte ihm ein sicherer Kundschafter die Nachricht, daß Firmus in das Land der Isaflenser geflohen wäre: sogleich rückte er nach, um die Auslieferung desselben so wie seines Bruders Mazuka und anderer Verwandten zu verlangen, und weil man ihm dies abschlug, so kündigte er der Nation selbst Krieg an. Die Schlacht ward bald hitzig, und er konnte den ersten wütenden Angriff der Feinde nur dadurch schwächen, daß er von allen Seiten Fronte machte: aber bald wurden die Isaflenser durch den Nachdruck unserer anbringenden Schaaren zum Weichen gebracht, viele wurden erlegt, Firmus selbst, so tapfer er auch focht, und mehr als einmal in Lebensgefahr gerieth, jagte mit seinem Pferde davon, das auch auf felsichten Bergen schnell zu laufen abgerichtet war; aber sein Bruder Mazuka ward tödtlich verwundet

und

und gefangen genommen. Theodos befahl ihn nach Cäsarea zu schaffen: aber ehe er sich in eine Stadt, wo er sich durch die schändlichsten Grausamkeiten gebrandmarkt hatte, bringen ließ, riß er lieber seine Wunde weiter auf, und starb. Doch trug man wenigstens seinen vom Rumpfe getrennten Kopf in dieser Stadt zu großem Vergnügen der Bürger zur Schau umher. — Die Nation der Isaflenser, nach hartnäckiger Widersetzlichkeit besiegt, durfte nun freylich nicht über Ungerechtigkeit klagen, wenn sie der ruhmvolle Sieger die Folgen empfinden ließ. So ließ er einen ihrer angesehensten Bürger Evasius, dessen Sohn Florus und einige andere, die geheimer Unterstützung des Friedensstöhrers offenbar überwiesen waren, lebendig verbrennen.

Nun rückte er tiefer in das Innere des Landes ein, muthig genug, die Horde der Jubalener, aus der Nubel, des Firmus Väter, gebürtig gewesen war, anzugreifen, aber hohe Gebirge, und schmale sich hinaufwindende Fußsteige hinderten bald seine Vorschritte. Zwar hatte er sich durch einen wirklichen Angriff, bey dem viele Feinde blieben, einigermaßen Bahn gemacht: weil er aber doch den Anhöhen, so ganz zum Hinterhalte geeignet, nicht trauen durfte, so zog er sich ohne Verlust auf das Audiensische Kastell zurück, wo die wilde Horde der Jesalenser sich ihm unterwarf, und Mannschaft und Lebensmittel zu liefern erbot.

Freu-

Freudig über den eben so rühmlichen als glücklichen Fortgang seiner Waffen, verfolgte nun unser würdiger Feldherr mit verstärktem Eifer seinen Plan auf den Hauptempörer selbst, weßhalb er sich einige Zeit bey dem Kastell Medianum aufhielt, in der Hoffnung, auf einem oder dem andern Wege ihn durch Verrätherey in die Hände zu bekommen. Noch war er sorgenvoll mit diesen Gedanken beschäftigt, als er seines Feindes Rückkehr zu den Isaflensern erfuhr, und sogleich war sein Entschluß genommen, dieselben, wie vorher, mit seinen muthigen Schaaren anzugreifen. Auf dem Wege dahin kam ihm der König *) Igmazen, ein in jener ganzen Gegend sehr angesehener und mächtiger Fürst, mit der trotzigen Ansprache entgegen: „Wo kommst du her? Was hast du hier zu thun? Antworte" — — Worauf dann Theodos in gesetztem Tone, und mit drohendem Blick erwiederte: „Ich bin „General Valentinians, des Weltbeherrschers, „hergesandt, um den Schändlichkeiten eines „Straßenräubers ein Ende zu machen: und „wenn du ihn nicht sogleich auslieferst, so habe „ich Befehl von meinem unüberwindlichen Kai= „ser, an dir selbst und deinen Unterthanen die „strengste Rache zu nehmen." Diese Erklärung beantwortete Igmazen mit einem Schwall von Schmähreden, und entfernte sich dann voll Zorn und Aerger. Und — kaum war der folgende Morgen angebrochen, als beyde Heere mit Ingrimm

---

*) Der Isaftener S. weiter unten.

grimm gegen einander zum Gefecht anrückten. Die Wilden hatten nahe an zwanzigtausend Mann auf dem Schlachtfelde aufgestellt, aber auch ein starkes Reservekorps in Hinterhalt gelegt, welches die unsrigen umgehen und unvermuthet überflügeln sollte: überdies ward ihre Zahl noch durch mehrere Jesaleuer verstärkt, die doch, wie ich vorhin erzählte, uns vielmehr Hülfe und Proviant zugesagt hatten. Die Römer hingegen, schwach an Zahl, aber von tapferem Muth und bisheriger Schlachten Glück belebt, deckten ihre Flanken durch gedrängte Stellung, schoben ihre Schilde in Gestalt eines Schirmdaches fest in einander, und wehrten sich festen Trittes. Von frühem Morgen bis zu spätem Abend hatte das Gefecht gedauert, als kurz vor Abend Firmus auf einem hohen Pferde erschien, und mit weit vorgebreitetem Purpurmantel und starker Stimme den Unsrigen zurief, den günstigen Zeitpunkt, sich aus ihrer gefährlichen Lage zu retten, nicht unbenutzt zu lassen, und den Theodos, einen so hartherzigen, grausamen Erfinder der gräßlichsten Martern an ihn auszuliefern. Ein so unerwarteter Antrag machte einen verschiedenen Eindruck: die einen fühlten sich dadurch zu desto muthigerem Gefechte belebt, die andern ließen sich doch verleiten, ihre Fahnen zu verlassen. Sobald demnach die völlig eintretende Nacht beyde Heere in schauerliches Dunkel hüllte, zog sich unser Feldherr auf das Duodiensische Kastell zurück, wo er sogleich eine Musterung seiner Soldaten hielt,

Ammian Marcellin 3ter B.   E   und

und diejenigen, die sich aus Furcht oder durch Firmus Antrag von ihrer Pflicht entfernt hatten, mit verschiedenen Strafen belegen, den einen die rechte Hand abhauen, die andern lebendig verbrennen ließ. Bey dem allen vergaß er doch nicht, Pikets auszustellen, die auch so glücklich waren, einige Barbaren, die sich nach Untergang des Mondes unbemerkt in unser Lager hereinschleichen wollten, zurückzutreiben, oder, wenn sie mit Gewalt hereindringen wollten, gefangen zu nehmen. Doch auch hier hielt er sich nicht lange auf, eilte vielmehr mit schnellen Schritten auf die treulosen Jesalenser zu, griff sie nach einem genommenen Umwege von einer Seite an, wo sie es am wenigsten vermutheten, und setzte sie durch völlige Ausplünderung ihres Landes in die kläglichsten Umstände: dann zog er durch die Städte des Cäsarianischen Mauritaniens nach Sitifis zurück, wo er den Castor und Martinian, als Theilnehmer der schreienden Erpressungen Romans erst foltern, dann kaum noch lebend verbrennen ließ.

Kurz nachher begann der Krieg mit den Jsaflensern von neuem, und weil sogleich beym ersten Gefecht die Wilden zurückgeschlagen, viele auch niedergemacht wurden, so fing ihr König Igmazen, vorher nur zu siegen gewohnt, nun doch an, über seine gegenwärtige gefährliche Lage unruhig zu werden, und überzeugt, daß er bey hartnäckiger Fortsetzung seiner strafbaren Verbindung mit Firmus einen gewissen Tod erwarten dürfe,

dürfe, ritt er so behutsam und so unbemerkt als er konnte, ganz allein aus seinem Lager auf das unsrige zu, und sobald er Theodosen zu Gesicht bekam, bat er ihn mit demüthiger Aengstlichkeit, den Masilla, einen Magnaten der Mazier zu ihm kommen zu lassen. Diese Bitte ward ihm gern gewährt, und nun gab er in einer geheimen Unterredung den Rath, unser ohnedem beharrliche Feldherr sollte nur, um ihn in Stand zu setzen, einen gewissen Plan auszuführen, seinen Isaflensern tapfer zusetzen, und sie durch unabläßliche Gefechte nach und nach muthlos zu machen suchen: denn bey aller Anhänglichkeit an den Rebellen wären sie doch des vielfachen Verlustes in der That sehr müde. Theodos folgte diesem Rathe, und entkräftete durch wiederholte Gefechte die Isafteuser so sehr, daß sie wie Schlachtvieh niedergemacht wurden, und Firmus zwar sich ingeheim davon machte, aber indem er über einen recht weit entlegenen Zufluchtsort mit sich zu Rathe ging, von Igmazen aufgehalten, und in Verwahrung genommen ward. Weil er unter der Hand Nachricht von der Unterhandlung mit Masilla erhielt, so beschloß er, weil er im äussersten Nothdrange kein anderes Mittel vor sich sah, seine Lebenslust durch einen freywilligen Tod zu bekämpfen, übernahm sich bis zur Trunkenheit und Taumel im Weine, und während daß seine Wächter in stiller Nacht fest schliefen, verließ Er durch den fürchterlichen Gedanken an sein kommendes Schicksal mehr als zu wach erhalten, mit leisem

Schritt sein Lager, kroch auf Händen und Füßen eine weite Strecke fort, befestigte dann einen Strick, den ihm der Zufall zur Verkürzung seines Lebens darbot, an einem Nagel, steckte dann den Kopf in die Schlinge, und starb wenigstens eines Todes, bey dem er sich nicht lange quälen durfte.

Diese Todesart kam dem Igmazen doch nicht ganz gelegen, er bedauerte, sich den Ruhm und das Vergnügen entrissen zu sehen, den Rebellen lebendig in das Römische Lager zu liefern, er entschloß sich also, nachdem ihm Masilla über völlige Sicherheit Gewähr geleistet, den Leichnam des Entseelten auf sein Kameel zu nehmen: doch ließ er denselben, sobald er vor unserem Lager beym Kastell von Subikará ankam, auf ein Packpferd legen, und machte dem Theodos durch Ueberlieferung desselben eine große Freude. Um gewiß zu gehen, ließ der letztere Soldaten und andere Landeseinwohner zusammenrufen, fragte sie, ob sie im vorliegenden Leichname den Firmus erkennten, und da sie insgesammt ohne Bedenken ihm dies versicherten, so brach er nach einem kurzen Aufenthalte sein Lager ab, und gieng nach Sitifis zurück, wo er in einer Art von Triumph einzog, und von allen Altern und Ständen mit der lautesten Lobpreisung empfangen ward. *)

Kap.

*) Diese Beendigung des Krieges in Afrika gehört zu dem Jahre 374. Daß Theodos dennoch hernach als Opfer neidischer Hofkabale hingerichtet worden, ist bekannt, und wahrscheinlich Ammians Nachricht davon durch Versehen der Abschreiber verloren gegangen, denn er pflegt sonst gern tapfere Generale gegen Höflinge in Schutz zu nehmen.

Kap. 6.

Während daß Theodos in Mauritanien oder andern Gegenden von Afrika bey einem so mühsamen Feldzuge kaum zu Athem kam, empörten sich plötzlich auch die Quaden, eine Nation, für jetzt zwar nicht mehr furchtbar,*) aber in frühern Zeiten vor andern kriegerisch oder mächtig. Dafür sprechen ihre vorherigen Thaten, ihre schnellen Ueberfälle, ihre in Gesellschaft der Marfomannen unternommene Belagerung von Aquileja, ihre Zerstörung von Opitergium, mehrere ihrer blutigen Feldzüge, alle mit so wütender Eil begonnen, daß selbst Marcus (Aurel) einer unserer würdigsten Kaiser, wie ich in seinem Leben erzählt habe, kaum durch einen über die Julischen Alpen gewagten Einbruch in ihr Land ihnen zu widerstehen vermochte. Von einer so wilden Nation konnten die Beschwerden, die sie jetzt zu führen hatten, am wenigsten unerwartet seyn. Valentinian hatte gleich vom Anfange seiner Regierung an eine allerdings rühmliche Vorliebe für Grenzfestungen gezeigt, nur gieng er darin zu weit. Diesem Systeme zu Folge hatte er auch über der Donau im Quaderlande, das er als bereits eroberte Römische Provinz betrachtete, Schanzen anlegen und besetzen lassen. Die Anwohner konnten dies unmöglich so gleichgültig ansehen, waren aber doch behutsam genug, den weitern Fortgang der Arbeit blos durch eine

---

*) Ihre Besiegung durch Julian s. B. 17. K. 12. vergl. mit B. 26. K. 4.

Gesandschaft an den Kaiser und durch heimliches Murren zu hintertreiben. Aber Maximin, der jede Gelegenheit, ungerecht zu seyn, begierig ergriff, und dem ihm eigenen Stolze durch die erhaltene Präfectur noch mehr geschmeichelt sah, gab dem Starrsinn und der Unthätigkeit des Feldherrn der Reiterey in Illyrikum, Equitius, bey Hofe die Schuld, daß eine Arbeit, die doch befohlnermaßen beschleunigt werden sollen, noch immer nicht vollendet sey, und erlaubte sich, als Patriot hinzuzusetzen, daß, wenn man nur seinen ~~kleinen~~ (Sohn) Marcellian zum kommandirenden General in Valerien (B. 7, K. 11.) ernennen wolle, er dafür stehe, daß jener Schanzenbau ohne dergleichen Winkelzüge gar bald fortrücken solle, und bald sah er seinen doppelten Wunsch erfüllt. Der neue General erschien in seiner neuen Provinz, und als würdiger Sohn eines übermüthigen Vaters schritt er, ohne mit Leuten freundliche Rücksprache zu nehmen, denen man die ihnen nie eingefallene Empörung nur andichtete, um sie aus ihren Gränzen vertreiben zu können, zur Fortsetzung des Baues vor, der bisher durch die zugestandene Erlaubniß, bey Hofe um Aufschub zu bitten, unterbrochen gewesen war. Auch ließ er ihren König Gabinius, der gegen diese Neuerung bescheidene Vorstellung gethan hatte, alle gute Hoffnung machen, und dann mit verstellter Höflichkeit nebst andern zu einem Gastmahl einladen, aber beym Rückwege vom Schmause mit schändlicher Verletzung der

hei=

heiligen Rechte der Gastfreundschaft den sorglosen Mann ermorden.

Das Gerücht einer solchen Schandthat verbreitete sich bald weit umher, und reizte die Quaden, und andere angränzende Nationen zu wilder Wuth auf: die Ermordung ihres Königes beweinend, zogen sie sich zusammen, um verwüstende Schaaren in unsere Provinzen zu senden, giengen dann, ehe man noch etwas Feindseliges vermuthen konnte, über die Donau herüber, überfielen unsere mit der Ernde beschäftigten Landleute, machten den größten Theil derselben nieder, und führten die übrigen, nebst einer Menge Vieh von aller Art mit sich fort. Und wie nah kam es nicht zu einer weit unverzeihlichern Unthat, zu einem schimpflichern Verluste, als ihn kaum je der Römerstaat erlitten hatte! Wie viel fehlte, daß nicht des Constantius Tochter, die jetzt hinreiste, sich mit Gratian zu vermählen, und auf dem Kammergute Pistra, um da zu speisen abgetreten war, den Feinden in die Hände fiel! Nur Fügung der gütigen Gottheit war es, daß Messalla der Statthalter so viel Gegenwart des Geistes besaß, sie auf einem eigentlich für durchreisende Staatsbeamten bestimmten Wagen, so schnell als möglich sechs und zwanzig Meilen bis nach Sirmium zurückbringen zu lassen, und durch diesen glücklichen Einfall eine Prinzessin der Gefahr einer traurigen Sklaverey zu entreißen, deren verweigerte Zurückgabe noch weit

mehr

mehr Unglück über den Staat gebracht haben müßte.

Die Quaden breiteten sich indeß in Verbindung mit den Sarmaten immer weiter aus, und zeigten ihre Geschicklichkeit im Rauben und Morden nur zu sehr, trieben Menschen beyderley Geschlechts und Vieh in großer Menge vor sich her, frohlockten über Aschenhaufen verbrannter Dörfer, über Leichen ihrer überraschten Bewohner, die sie überall ohne Schonung niedermachten. Weil die Furcht vor ähnlichen Leiden in der ganzen umliegenden Gegend mit jedem Tage zunahm, so war der damals in Sirmium sich aufhaltende Prätorische Präfect Probus, ein Mann, mit den Schrecken des Krieges ganz unbekannt, *) und kaum im Stande, bey dem traurigen Anblick ihm ganz neuer Auftritte sein Auge verweilen zu lassen, lange mit sich selbst nicht einig, wozu er sich entschließen sollte: bestimmte sich zwar anfangs, auf die nächste Nacht Pferde zu schleuniger Abreise bereit halten zu lassen, war aber endlich gegen Belehrung des Bessern so folgsam, weiter an keine Entfernung zu denken. Man stellte ihm nämlich vor, daß sämmtliche Einwohner der Stadt seinem Beyspiele folgen, und ihr Leben in Bergklüften zu retten suchen würden, wodurch nothwendig die Stadt ohne Schwertschlag den Feinden in die Hände

---

*) Die Prätorischen Präfecten waren damals Civilbeamte, wie schon oben zu B. 20. K. 4. bemerkt ist.

Hände fallen müßte. Kaum hatte er sich also vom ersten Schrecken erholt, als er nun mit desto thätigerem Eifer zu den dringendsten Arbeiten vorschritt, die bisher mit Schutt gefüllten Graben säubern, die Mauer, die bey dem bisherigen langen Frieden größtentheils baufällig geworden, oder gar eingestürzt war, bis zu den Zinnen hoher Thürme hinauf wieder errichten ließ. Von je her baulustig, konnte er diese Arbeit auch um deswillen so geschwind zu Stande bringen, weil er die seit langer Zeit zu Erbauung eines Theaters gesammleten Gelder zu dem gegenwärtigen nothwendigeren Baue hinreichend fand. Und — noch krönte er so nützliche Anstalten dadurch, daß er eine Kohorte Bogenschützen aus dem nächsten Standquartiere in die Stadt rücken ließ, um im Fall einer Blokade die Stadt vertheidigen zu helfen.

Eine so sorgfältig verwahrte Stadt zu belagern, ließen sich nun doch die Feinde, die überhaupt zu dieser Art von Gefechten kein Geschick haben, die Lust um so mehr vergehen, theils weil die Beute, die sie in Menge bey sich führten, sie behinderte, theils auch, weil sie nichts mehr wünschten, als dem Equitius auf die Spur zu kommen. Zwar erfuhren sie durch Aussage der Gefangenen, daß er sich weit hinweg in die Provinz Valerien geflüchtet habe, aber für ihre Wut war auch eine so weite Entfernung kein Hinderniß, und sie waren deswegen auf ihn so erbittert, weil sie Ihn für den tückischen Mörder

E 5   ihres

ihres Königs hielten. Indem sie mit schnellen Schritten und wildem Ungestüm nach jener Gegend hineilten, rückten ihnen zwey Legionen, die Pannonische und Mösische entgegen, — beyde in Schlachten so geübt, daß sie nur zusammenhalten durften, um sich einen ungezweifelten Sieg zu versprechen. Aber ein unter ihnen entstandener Rangstreit machte, daß sie sich theilten, und die verwüstenden Schaaren der Feinde nur einzeln angriffen. Die Sarmaten, schlau genug, dies bald zu bemerken, griffen, ohne das gewöhnliche Zeichen zum Angriff zu erwarten, die Mösische Legion zuerst an, machten die Unsrigen, die bey einem so unerwarteten Ueberfalle sich nicht sogleich in gehörigen Vertheidigungsstand zu setzen vermochten, größtentheils nieder, und stürzten nun desto kühner auf die Pannonische an, sprengten sie auseinander, und würden sie in einem wiederholten Angriff ganz aufgerieben haben, wenn nicht einige wenigstens durch schleunige Flucht sich zu retten Zeit gefunden hätten.

Während der traurigen Unglücksfälle in dieser Gegend hatte der kommandirende General in Mösien, Theodos der jüngere, jetzt noch Jüngling mit keimendem Barte, in der Folge so löblicher Regent, die freyen Sarmaten, zum Unterschied ihrer rebellischen Sklaven *) so benannt, welche von einer andern Seite her in unsere Gränzen herüberfielen, mehr als einmal zurückgetrieben, dann in mehr als Einem Gefecht

ge-

*) Der Limiganten. S. B. 17. K. 13. und B. 19. K. 11.

geschwächt, und ihre anströmenden Schaaren ungeachtet ihres hartnäckigsten Widerstandes so kräftig erlegt, daß er an dem Blute der Erschlagenen Raubvögeln und wilden Thieren eine eben so gerechte als fette Beute gab. Die übrigen, die bey verrauchter Hitze in Sorgen standen, der Feldherr von so augenscheinlich lebhafter Thätigkeit möchte beym ersten Einrücken in ihre Gränzen die ihm entgegen ziehenden Korps nicht weniger besiegen und zerstreuen, oder auch sich in den Waldungen in Hinterhalt legen, versuchten zwar mehr als einmal, doch immer vergeblich, sich durchzuschlagen, gaben aber endlich alle Hoffnung, in einem Gefechte glücklich zu seyn, auf, baten um Begnadigung und Verzeihung des Vergangenen, und blieben dann nach diesem Selbstgeständniß ihrer Besiegung eine Zeitlang den Bedingungen des ihnen zugestandenen Friedens treu, besonders durch die aus Gallien zu Illyricums Schutz neu angekommenen Truppen in Furcht gesetzt.

Bey so vielen und so gefährlichen Unruhen in den Provinzen, war unter der Stadtpräfectur des Claudius, der mitten durch Rom gehende Tiberstrom, der sich nach Aufnahme vieler Wasserleitungen und kleinerer Flüsse in das Tyrrhenische Meer ergießt, durch häufige Regen gewaltig angeschwollen — war weit über seine Ufer getreten, und hatte Rom zu einer kleinen See gemacht. Durch den Widerstand, den der Strom in den an einem sanften Abhange liegenden Theilen

len der Stadt fand, wuchs die Ueberschwemmung noch mehr, und nur die Berge und hochliegenden Gebäude blieben vor der Gefahr gesichert: doch sorgte man, weil der gewaltige Strom jedes andere Mittel unmöglich machte, wenigstens die äußerste Hungersnoth der meisten Bürger durch Zufuhr reichlicher Lebensmittel auf großen und kleinen Kähnen zu mindern. Aber so wie der Regen nachließ, und der Strom durch die geöffneten Schleußen in sein gewöhnliches Bett zurücktrat, war auch alle Furcht verschwunden, und keine Folgen weiter zu besorgen. Uebrigens herrschte unter diesem Präfect eine allgemeine Ruhe in der Stadt, er half jeder gerechten Klage der Bürger ab, ohne es zu einem Auflaufe kommen zu lassen, ließ auch mehr als Ein verfallenes öffentliches Gebäude wieder herstellen. Unter andern erbaute er einen langen Säulengang neben Agrippa's Bädern, und nannte ihn den Säulengang des guten Erfolges, (boni eventus) weil er in der Gegend des unter diesem Namen bekannten Tempels lag.

Dreyßigstes Buch.

Inhalt.

Kap. 1. Para, König von Armenien, wird vom Kaiser Valens nach Hofe entboten, zu Tarsus von einer vorgeblichen Ehrenwache als Gefangener gehalten, findet Gelegenheit mit dreyhundert seiner Landsleute zu entkommen, vereitelt alle Bemühungen, ihn einzuholen, kommt in seinem Reiche glücklich wieder an, wird aber nachher von dem General Trajan bey einem Gastmahle umgebracht. — Kap. 2. Kaiser Valens und König Sapor gerathen über Armenien und Hiberien in Streitigkeit, und beschicken einander durch Gesandte. — Kap. 3. Kaiser Valentinian verwüstet einige Gauen der Alamannen, macht aber dann mit ihrem Könige Makrian nach einer gehaltenen Unterredung Frieden. — Kap. 4. Modest, prätorischer Präfect, sucht den Valens zu bereden, sich mit richterlichen Entscheidungen nicht weiter zu bemengen — Abschweifung, über Advocatenwesen, Juristen, und verschiedene Gattungen von Sachwaltern. — Kap. 5. Valentinian beschließt einen Krieg gegen die in Pannonien herüber streifenden Sarmater und Quaden, geht durch Illyricum, und über die Donau, verheert mehr als Eine Gegend im Quadenlande, läßt ihre Dörfer in Brand setzen, und die Einwohner, jung und alt, niedermachen. — Kap. 6. Bey

Anhörung einiger Quadischen Gesandten, die Ihre Landsleute zu entschuldigen suchen, ereifert er sich so sehr, daß er von einem Blutsturz überfallen, auf der Stelle todt bleibt. — Kap. 7. Seine Abkunft und Regentschaft. — Kap. 8. Grausamkeit, Habsucht, Neid und Furchtsamkeit. — Kap. 9. Seine gute Seite. — Kap. 10. Sein Sohn, der jüngere Valentinian, wird im Lager bey Bregetio zum Kaiser ausgerufen.

———

Kap. 1.

J. n. C.
Geb. 374. Unter so bedenklichen Unruhen, welche die Treulosigkeit eines einzelnen Feldherrn durch die hämische Ermordung des Königs der Quaden veranlaßte, erlaubte man sich im Orient gegen Para *) König von Armenien eine eben so tückische, und eben so schreyende Ungerechtigkeit: auch er ward ermordet, und die Haupturfache einer so schändlichen That war in der unseligen Kunst einiger Großen zu suchen, die, auf Kosten des Staates schon mehrmal bereichert, auch jetzt gegen den jungen König die übertriebensten Beschuldigungen bey Valens anbrachten. Der gefährlichste unter ihnen war der kommandirende General (in Armenien) Terenz, ein Mann, der nie anders als mit gesenktem Blick, und voll feierlichen Ernstes erschien, und von Jugend auf an Verhetzungen Vergnügen gefunden hatte.

Die=

—————
*) S. B. 27. K. 12. wo auch die nachher genannten Cylaces und Artabannes vorkommen.

Dieser Mann verband sich jetzt mit einigen Landeseinwohnern, die er wegen einiger Verbrechen seinen Zorn fühlen lassen konnte, brachte in fleißig nach Hofe gesandten Briefen die Ermordung des Cylaces und Artabannes in Erinnerung, und schilderte den jungen König als einen Mann, der sich Uebermuth (gegen die Römer) und Grausamkeiten gegen seine Unterthanen erlaube. Para ward also unter dem Vorwande, eine bey der gegenwärtigen Lage der Dinge nöthigen Verhandlung beyzuwohnen, mit der seinem Stande gemäßen Höflichkeit eingeladen, aber in Tarsus, Ciliciens Hauptstadt, von einer ihm vorgeblich gebührenden Ehrenwache in einer Art von weitem Arrest gehalten. Nachdem er eine Zeitlang hier verweilt, ohne doch näher an des Kaisers Hoflager entboten zu werden, oder von irgend einer Seele über die Ursache seiner so bringend gemachten Reise Licht zu erhalten, so erfuhr er endlich unter der Hand, daß Terenz bey dem Kaiser darauf antrüge, so bald als möglich einen neuen König nach Armenien zu senden, weil außerdem zu befürchten stände, daß eine Nation, die uns nichts weniger als gleichgültig seyn dürfte, aus Haß gegen Pura, und aus Furcht seiner Rückkehr sich den Persern in die Arme werfen möchte, die ohnedem alles — Gewalt und Drohung und Schmeicheleyen aufböten, das Land an sich zu reißen.

Diese

Diese Nachricht ließ den Para leicht das ihm drohende traurige Schicksal ahnen. Selbst listiger Kopf, und überzeugt, sein Leben bloß durch schleunige Flucht retten zu können, nahm er, und seine Vertrauten riethen ihm selbst dazu, dreyhundert aus seinem Lande mitgebrachte Reiter zu sich, und ritt mit ihnen, wie denn die Angst bey augenscheinlichen Gefahren immer mehr kühn als bedachtsam handeln läßt, gegen Abend mit ihnen auf flüchtigen Pferden und in geschlossenen Gliedern zur Stadt hinaus. Der Kommandant, dem der im Thore Wache habende Officier dies schleunigst melden ließ, hohlte ihn zwar nicht weit von der Stadt noch ein, und bat ihn dringend, da zu bleiben: aber alle Vorstellungen waren vergebens, und er mußte froh seyn, mit dem Leben davon zu kommen. Nun ward schleunig eine ganze Legion aufgeboten: aber sobald sie ihm näher kam, kehrte er mit einigen seiner tapfersten Begleiter um, sprengte auf sie an, ließ Pfeile auf sie regnen, die doch absichtlich nicht treffen sollten, und trieb sie dadurch mit so glücklichem Erfolg in die Flucht, daß die ganze Legion mit ihren Tribunen in voller Angst weit lebhafter als auf dem Hinwege ihren Rückmarsch in die Stadt nahm. Von aller Furcht befreit kam er dann nach dem beschwerlichsten, zwey Tage und zwey Nächte fortgesetzten Marsche am Euphrat an: weil er aus Mangel an Fahrzeugen nicht über den wirbelnden Strom setzen konnte, te, auch viele von seinen Begleitern, am meisten er selbst, zum Ueberschwimmen eben so ungeschickt als furchtsam waren, so hätte er hier zurückbleiben müssen, wenn man nicht nach verschiedenen Einfällen ein Mittel ausgefunden hätte, das wenigstens im gegenwärtigen Nothdrange noch das sicherste war. Man gab nämlich Bettgestellen, die man auf den Dörfern fand, zwey Weinschläuche zur Unterlage, die in diesem Weinlande in Menge zu haben waren: die Magnaten und der König selbst setzten sich dann einzeln auf solche Gestelle, ließen die Pferde mit dem Gepäcke neben herschwimmen, und suchten die Gewalt der Wellen durch die schiefe Richtung ihrer Ueberfahrt zu brechen: durch diese Erfindung gelang es ihnen wirklich, obwohl mit der äußersten Lebensgefahr, das jenseitige Ufer zu erreichen. Die übrigen schwammen auf ihren Pferden durch, wurden oft von umflutenden Wellen überströmt, oder eine Strecke fortgeführt, und endlich, auch von erkältender Nässe ganz entkräftet, an das jenseitige Ufer mehr geworfen als getrieben: und kaum hatten sie sich hier erholt, als sie nun ihren Weg schneller als die bisherigen Tage fortsetzten.

Der Kaiser, über die Nachricht von der Flucht des Königs bestürzt, von dem sich voraus sehen ließ, daß er, einer solchen Schlinge entgangen, nun an keine Verpflichtung gegen uns mehr gebunden zu seyn glauben würde, ließ sogleich den General Daniel, und den Tribun der geschildeten Gardisten Barzimer mit tausend rüsti-

rüstigen Bogenschützen zu Pferde abgehen, um den Flüchtling einzuholen. Diese konnten sich auf ihre genaue Kenntniß des Landes verlassen, kamen also dem König, der bey aller seiner Eilfertigkeit, doch als unkundiger Fremdling sich nur in labyrinthischen Kreisen umhertrieb, auf kürzerem Wege zuvor, theilten dann ihre Truppen, und besetzten die nächsten, drey Meilen von einander liegenden Straßen, um ihn auf einem von beyden unversehens zu überfallen: aber ein Zufall vereitelte den ganzen Plan. Ein auf dem Herwege begriffener Reisender sah die Ausgänge beyder Straßen mit Soldaten besetzt, schlich sich also, um ihnen auszuweichen, hinter ihnen auf einem mit dichtem Gebüsch und Dornhecken besetzten Wege durch, und stieß am andern Ende auf die Armenier, die hier vor Ermüdung ausruhten: man brachte ihn vor den König, dem er in einer geheimen Unterredung seine unterwegs gemachte Bemerkung mittheilte, und dann zwar frey herumgehen, aber sich doch nicht entfernen durfte. Kaum hatte der König diesen Wink bekommen, als er, ohne von der Gefahr sich etwas merken zu lassen, ingeheim einen Reiter auf dem Wege rechter Hand abgehen ließ, um Quartier und Speise und Trank im Voraus zu bestellen: und kaum war dieser fort, als er einen andern linker Hand mit eben diesen Befehlen absandte, ohne daß dieser von jenem etwas wußte. Nach dieser weislich getroffenen Voranstalt gieng der König nun selbst mit seinem Gefolge durch

das

das Gebüsch mit dem Wanderer zurück, der ihm denn auch zum Wegweiser über den rauhen und für ein beladenes Maulthier kaum genug breiten Fußsteig diente, und so kam er glücklich über unsere lauernden Posten hinweg, die, zumal da ihnen seine Reiter in die Hände fielen, die er doch nur zu ihrer Täuschung hingehen ließ, schon mit offenen Armen bereit standen, ihn als ein lange erlauertes Wild in Empfang zu nehmen. Noch immer erwarteten sie ihn, als er schon in seinem Reiche glücklich ankam, von seinen Unterthanen mit unaussprechlicher Freude empfangen ward, übrigens aber seinen Vertrag mit uns unverbrüchlich fortsetzte, und von der unserer Seits geschehenen Verletzung nicht eine Sylbe erwähnte.

Daniel und Barzimer waren nach bemerkter Täuschung nun auch zurückgegangen, aber erbittert über die beißenden Spöttereyen, die man ihnen über ihre Ungeschicklichkeit oder Unthätigkeit zu hören gab, schärften sie, wie Schlangen, die ihr Gebiß nach dem ersten Versuche stumpf fühlen, ihren tödtlichen Zahn vom neuen, um bey der ersten Gelegenheit dem entronnenen König nach besten Kräften zu schaden. Um ihre eigene Schande zu mindern, oder die Klugheit, mit der sie sich überlistet sahen, herabzusetzen, brachten sie bey dem Kaiser, dessen Ohr ohnedem für jedes Mährchen empfänglich war, ganz ungegründete Beschuldigungen gegen Pará an, gaben vor, auf alle Zauberkünste der Circe Körper zu verwandeln, oder ihnen ihre Kraft zu nehmen, verstehe er sich meisterlich, und nur durch solche Gaukeleyen habe er sich bald in eine Wolke gehüllt, bald sey er in Gestalt dieses oder eines andern Hausgeräthes bey ihnen vorübergegangen, und würde, wenn man nach einem solchen Hohn ihn länger leben ließe, den Römern noch vielen Kummer machen.

Dergleichen Vorstellungen mußten dem unversöhnlichen Hasse eines Valens nothwendig nur mehrere Nahrung geben, man sann mit jedem Tage auf neue Ränke, dem König mit Gewalt oder mit List das Leben zu nehmen, und man säumte nicht, dem Trajan, damals kommandirenden General in Armenien, geheime Befehle darüber zukommen zu lassen. Dieser wußte sich durch tükische List bey ihm einzuschmeicheln: bald zeigte er ihm einen Brief von Valens, in dem er die freundschaftlichste Gesinnung für sich fand, bald brängte er sich als Gast zu seiner Tafel, und bat endlich, nachdem er seinen Plan völlig angelegt hatte, mit der bescheidensten Miene um die Ehre, den König bewirthen zu dürfen. Der König erschien, ohne etwas Arges zu fürchten, und nahm die ihm angewiesene Ehrenstelle bey der Tafel ein. Die Tafel war mit den ausgesuchtesten Leckereyen besetzt, der weite Saal ertönte von Saitenspiel, von Singstimmen und blasenden Instrumenten, und der Wein fieng an, seine Wirkung zu äußern, als der Wirth unter dem Vorwande eines bringenden Naturbedürfnisses hinausgieng, bald aber an seine Statt
einen

einen fürchterlichen Trabanten von der Gattung, die man Suprá *) nennt, mit gezogenem Schwert und wildem Blick in den Saal hereinsandte, um den König niederzustoßen, dem man schon alle Auswege zu entkommen, abgeschnitten hatte. Der König, der gerade sich etwas über die Tafel herüberbeugte, sprang sogleich mit gezogenem Dolche auf, um sich wenigstens so gut zu wehren, als er könnte, stürzte aber bald mit durchbohrter Brust als bedauernswürdiges Schlachtopfer hin, das man nach wiederholten Stichen tödtet, und dann in mehrere Theile zerstückt. Durch einen so schändlichen Betrug hintergieng man den gutherzigen leichtgläubigen Mann, und bey einem Gastmahle, dem selbst die Anwohner des Pontus Euxinus **) seine Rechte lassen; im Angesicht der Götter der Gastfreundschaft, gab man des einzelnen Fremden schäumendes Blut, hingesprützt auf das prächtige Tafelzeug den satten Gästen als Nachtisch zum Besten, die doch alle

*) Ein solches Wort finde ich sonst nirgends, auch hat kein einziger von Ammians Herausgebern diese Herren mit einer Note beehrt. Der französische Uebersetzer räth, mit Beziehung auf Juvenal Sat. 16. V. 14. auf Surá, Männer mit starken, derben Waden, was allerdings einen guten Sinn giebt. Vielleicht Copriæ (niederträchtige Parasiten) die auch zur Etiquette der Höfe und großer Häuser gehörten. S. die Ausleger zu Sveton. Tiber. 61. und Claudius, 8. ingl. Dio Cassius B. 73. 6. wo Κοπριά und Γελοτοποί (Lustigmacher) mit einander verbunden werden. Noch besser vielleicht Scurræ, s. oben B. 29. K. 4. in der Note. S. 44.

**) Die doch sonst nicht in dem besten Rufe der Gastfreundschaft standen. S. B. 22. K. 8. in der Note.

voll Abscheu über eine so gräßliche Scene sich bald zerstreuten.

Seufzen wird, wenn anders Todte einer schmerzlichen Empfindung fähig sind, über das Frevelhafte dieser That jener alte Fabricius Luscinus, noch wohl sich bewußt, mit welcher Seelengröße er den Demochares, oder nach andern Nachrichten den Nicias, einen Höfling, der sich in einer geheimen Unterredung erbot, seinen König Pyrrhus, damals Italiens furchtbaren Verwüster, durch einen vergifteten Trank aus der Welt zu schaffen, nicht nur zurückwies, sondern sogar den König in einem Briefe warnte, sich vor seinen vertrautesten Dienern in Acht zu nehmen. So viel galt bey unseren biedern Vätern die Achtung, die auch die Fröhlichkeit der Tafel eines Feindes nicht stöhren zu dürfen glaubte. Zwar suchte man die ganz unerhört schändliche Ermordung des Para durch ein älteres Beyspiel des Sertorius zu rechtfertigen: aber die schmeichelnden Höflinge bedachten vermuthlich nicht, daß, wie Griechenlands ewiger Stolz, Demosthenes,*) behauptet, eine schändliche Handlung dadurch um nichts besser werde, wenn sich entweder ein ähnliches Beyspiel angeben läßt, oder ein gleiches Verbrechen etwa ungestraft blieb.

Kap.

---

*) In der Rede gegen Androtion, zu Anfange.

Kap. 2.

Dies waren die Merkwürdigkeiten, die damals in Armenien vorfielen. Sapor, dessen Schmerz über den mehrmaligen Verlust seiner Heere noch durch die Nachricht von Para's Tode, den er so gern in sein Interesse gezogen hätte, erhöhet ward, fühlte sich bis zur Niedergeschlagenheit darüber betroffen, die Furcht vor der Thätigkeit unserer Krieger zeigte ihm ein ganzes Feld künftiger Gefahren, er ließ also den Arraces als Gesandten zu dem Kaiser abgehen, mit dem Antrage, Armenien, als den ewigen Zankapfel zwischen beyden Reichen ganz zur Wüste zu machen, oder, wenn man dies nicht wollte, zu verlangen, daß die bisher bestandene Theilung Hiberiens aufgehoben, die Besatzungen aus dem Antheile der Römer herausgezogen, und Aspakures, den er in seinem Antheile zum König gemacht habe, als alleiniger Regent anerkannt werden möchte. Valens gab hierauf die Antwort, er könne gemeinschaftlich gemachten Verträgen nichts vergeben, vielmehr würde er sich nur desto mehr zur Pflicht machen, sie aufrecht zu erhalten. Auf diese Erklärung, die dem Kaiser in der That Ehre machte, gieng die Antwort des Königes erst ganz am Ende des Winters ein, und sie enthielt nichts als Winkelzüge und — Wind. Unter andern behauptete er, die Streitigkeit könne nicht anders aus dem Grunde gehoben werden, als mit Zuziehung der Personen, die ehemals beym

Abschluß des Friedens unter Jovian gegenwärtig gewesen, von denen doch einige, wie er selbst wußte, bereits todt wären.

Weil doch auch von unserer Seite die Besorgniß eines neuen Krieges zunahm, so glaubte der Kaiser, mehr geschickt, unter mehrern Vorschlägen zu wählen, als selbst einen zu erfinden, am besten zu thun, wenn er den General der Reiterey Victor und den Statthalter in Mesopotamien Ursicius so bald als möglich nach Persien hingehen ließe, um dem Könige die ganz bestimmte und gleichlautende Erklärung zu thun, daß er, als ein, wie er oft selbst geäußert, so gerechter und fremden Gutes nicht begehrlicher König, dennoch etwas sehr unbilliges in Armenien begehre, dessen Bewohnern man doch ihre Regierungsform nach Willkühr einzurichten frey gegeben habe: und daß, wenn die dem Sauromaces (B. 27, K. 12.) zugegebenen Truppen nicht mit Anfange des nächsten Jahres, dem Vertrage gemäß, ungehindert zurückkämen, man den König zu dem wohl zu zwingen wissen werde, was er aus eigenem Betrieb zu thun unterlasse. Diese Gesandten richteten auch ihr Geschäft eben so freymüthig als pünktlich aus, nur versahen sie es darin, daß sie, ohne darüber instruirt zu seyn, das Anerbieten einiger kleinen Districte Armeniens annahmen.

Nach ihrer Zurückkunft erschien der Surena, (Wessier) in Persien der zweyte nach dem Könige, um nun auch dem Kaiser selbst eben diese kleinen

kleinen Provinzen anzutragen, die seine Gesand=
ten etwas unüberlegt angenommen hatten. Man
empfieng ihn mit der seinem Stande gemäßen
Höflichkeit, entließ ihn, ohne in seine Forderun=
gen einzugehen, und rüstete sich nun mit aller
Macht zum Kriege, bey dem man den Plan machte,
daß der Kaiser beym Eintritt des Frühlings drey
Armeen in Persien einrücken, und mit den Scy=
then so schleunig als möglich über ein zu besolden=
des Hülfskorps in Unterhandlung treten wollte.

Sapor, der seine eitle Hoffnung nicht er=
füllt sah, brauste auf die Nachricht von der
Rüstung des Kaisers hoch auf, und um zu
zeigen, wie wenig er des Kaisers Zorn achte,
befahl er dem Surena, die dem Victor und
Urbicius überlassenen Districte im Nothfall auch
mit gewaffneter Hand wieder in Besitz zu neh=
men, und die dem Sauromaces zur Bedeckung
gegebenen Truppen auf alle Weise zu schikaniren.
Diese Befehle wurden auch nur mehr als zu
schnell vollzogen, ohne daß man von Römischer
Seite dem Uebel abhelfen, oder diesen Frevel
rächen konnte, weil in der Auswanderung der
Gothen, die bereits bis nach Thracien unauf=
haltsam vordrangen, dem Römerstaate eine ganz
andere Gefahr drohte, deren traurige Folgen
ich weiterhin in meiner Geschichte kürzlich er=
zählen will.

Während dieser Ereignisse im Morgenlande
hatte auch über das traurige Schicksal von Afrika
und über die noch ungerächt gebliebene Ermor=

dung

dung der Gesandten von Tripolis *) die Göttin Gerechtigkeit, die, wenn sie auch zuweilen später eintritt, doch hernach desto strengere Richterin der Tugend oder des Lasters wird, ihr Rachschwert erhoben, und zeigte ihre Wirksamkeit auf folgende Art: Remigius, der den Comes Romanus bey den Bedrückungen jener Provinz begünstigte, hatte sich, seitdem Leo an seine Statt Oberhofmarschall geworden war, vom Hofe zum Privatleben zurückgezogen, um in der Gegend von Mainz, woher er gebürtig war, die Ruhe des Landlebens zu genießen. Aber so gefahrlos er auch hier den Rest seiner Tage zu verleben wähnte, so fand doch der prätorische Präfect Maximin, dessen Wut sich wie Pest überallhin verbreitete, eben in dieser wehrlosen Ruhe einen Anlaß mehr, ihm desto sicherer beyzukommen: und um noch mehreren Ungerechtigkeiten des Mannes, als man schon wußte, auf die Spur zu kommen, ließ er den Cäsarius, ehemals Adjutanten desselben, jetzt kaiserlichen Staatssekretär, auf die Folter bringen, um über die wirkliche Theilnehmung des Remigius an jenen Räubereyen, oder über die von Romanus für Begünstigung seiner Schändlichkeiten gezogenen Summen mehr Licht zu erhalten. Und kaum hatte dies Remigius in seiner ländlichen Ruhe erfahren, als er entweder aus Drang des bösen Gewissens, oder weil die Furcht vor Hof-

faba-

*) Bey diesem Abschnitt bitte ich auf B. 28. K. 6. zurückzusehen.

kabalen keinen Gedanken an ein anderes Rettungsmittel bey ihm aufkommen ließ, sich selbst erhieng.

Kap. 3.

Im folgenden Jahre, in dem Equitius nebst Gratian das Consulat verwaltete, befand sich Valentinian nach Verheerung einiger Alamannischen Gauen in der Gegend von Basel, um die Festung Robur,*) wie sie die Anwohner in der Folgezeit zu nennen pflegten, anlegen zu lassen, als vom (prätorischen) Präfect Probus **) Bericht über Illyricums Verwüstungen ***) einging. Mit Aufmerksamkeit, wie sich von einem so bedächtigen Fürsten erwarten ließ, las er diesen Brief, und von ängstlichem Kummer ganz betäubt, sandte er den Staatssekretär Paternian sogleich ab, um an Ort und Stelle alles genau zu untersuchen: und sobald ihm dieser zuverlässigen Bericht über alles zurückbrachte, wollte er nun sogleich aufs schnellste hineilen, überzeugt, die über die Gränze herübergegangenen Wilden blos durch seiner Waffen Klang in ihr Land zurückzuschrecken. Weil sich aber bey schon zu Ende gehendem Herbste zu viele Schwierigkeiten zeigten, so vereinigten sich
die

---

*) In der Gegend von Hünningen. Mannert Geographie Th. 2, Heft 1. S. 238.

**) Buch 27. K. 11. S. 29 K. 6. —

***) Durch die Quaden und Sarmaten. S. unten Kap. 5.

die Großen des Hofes, ihn bis auf den folgenden Frühling durch wiederholte Bitten hinzuhalten: — Reif und Eis ließen jetzt an keine Märsche gedenken, unmöglich sey es, Gegenden zu paſſiren, wo die erſtarrte Erde dem Vieh kein Gräschen darböte, wo man die übrigen Bedürfniſſe einer Armee nicht haben könne, — überdies habe man Urſache, die wilden Könige um Gallien her, und beſonders den noch immer unbezwungenen Makrian zu fürchten, der wohl gar ſich indeß an unſere Städte machen dürfte. Durch dieſe und andere nützliche Vorſtellungen brachte man wirklich den Kaiſer dahin, ſich des Beſſern zu beſinnen, und das Erſte, was er zum Vortheil des Staats thun zu können glaubte, war, daß er den König Makrian freundſchaftlich nach Mainz einladen ließ, der, wie man aus allen Umſtänden ſah, den Antrag eines Freundſchaftsbundes anzunehmen nicht weniger geneigt war. Freilich erſchien er mit unausſprechlichem Hochgefühl, das große Wort über Krieg und Frieden führen zu dürfen: an dem zur Unterredung beſtimmten Tage erſchien er am Ufer des Rheines, und umgeben von den Kriegern ſeiner Nation, die ihre Schilde fürchterlich an einander ſtießen, glaubte er ſich noch mehr berechtigt, eine hohe Miene anzunehmen. Der Kaiſer hingegen beſtieg, auch von einer Schaar bewaffneter Begleiter umgeben, einige Fahrzeuge, und ging, ſeine glänzenden Fahnen vor ſich her, ſicher ans Land: die unbeſcheidene Geſticulation und das laute

Sprach-

Sprachgewirr der Barbaren legte sich endlich, man erklärte sich gegen einander, und der Bund der Freundschaft ward abgeschlossen und beschworen. Nach so glücklich beendigtem Geschäft ging der König, bisher meisterhafter Unruhstifter, als künftiger Freund und Bundsgenoß in sein Land zurück, gab auch nachher, so lange er lebte, mehr als Einen thätigen Beweis seiner lobenswürdigen Bestrebung, mit uns in friedlicher Einigkeit zu leben. Er fand endlich seinen Tod im Frankenlande, wo er als Verwüster zu hitzig vordrang, aber von dem kriegerischen König Mellobaudes in einen Hinterhalt gelockt und erschlagen ward. Valentinian hingegen ging nach feierlich abgeschlossenem Friedensbunde nach Trier zurück, um hier den Winter über Hof zu halten.

Kap. 4.

Dies waren die Vorfallenheiten in Gallien und den nördlichen Provinzen: und wenn man in den Morgenländern mit benachbarten Völkern in tiefem Frieden lebte, so fing doch im Innern des Staates ein von den vertrautern Höflingen des Valens selbst, bey denen Eigennutz mehr als Ehrgefühl galt, veranlaßtes Uebel an immer gefährlicher zu werden. Man arbeitete nämlich mit aller Macht darauf hin, den strengen Kaiser, der so gern streitende Parteien selbst abhörte, von dieser Neigung abzuleiten, weil man sich die
Mög-

Möglichkeit dachte, daß die Unschuld, wenn man ihr, wie zu Julians Zeiten, sich zu vertheidigen gestattete, nur zu frey aufathmen, und den Uebermuth der Mächtigen, der so gern frevelnd über alle Gränzen der Billigkeit hinausgeht, zu beengen sich möchte gelüsten lassen. Dieser und andere dem ähnlichen Gründe waren wichtig genug, um mehrere zu gemeinschaftlicher Bestärkung des Kaisers in jenem Vorsatze zu vereinigen, und am geschäftigsten unter ihnen war der prätorische Präfect Modestus, ein Mann, der ganz von dem Winke der Haremswächter abhing, die Leere seines durch Lecture der Alten nicht gebildeten Geistes durch eine bedeutende Miene zu maskiren wähnte, und sich die Behauptung erlaubte, daß so geringfügige Kleinigkeiten, worüber Privatpersonen etwa processiren könnten, ganz unter der Würde eines Kaisers wären. Der Kaiser, schwach genug, zu glauben, noch schwächer es zu sagen, daß die Zumuthung, sich in Untersuchung der Rechtsfälle persönlich einzulassen, nur erfunden seyn könne, um die Hoheit eines Regenten herabzusetzen, gab sich nun weiter nicht damit ab, öffnete aber dadurch der Raubsucht nur weitern Spielraum. Gewissenlose Richter und Sachwalter spielten unter Einer Decke, und gaben, um sich Reichthümer und hohe Ehrenstellen zu erwerben, die Aermeren entweder Befehlshabern bey der Armee, oder mächtigen Höflingen für Geld preis.

Dieses

Dieses Gewerbe gerichtlicher Beredsamkeit nennt der große Plato mit Recht bloßes Schattenbild eines unbeträchtlichen Theiles der Politik, oder — von vier Gattungen der Schmeicheley die letzte. *) Epikur rechnet es unter dem Namen Kakotechnie unter die schädlichen Künste: dem Tisias ist diese Beredsamkeit nur Künsteley im Ueberreden, und ihm tritt Gorgias von Leontium bey. So wenig vortheilhaft auch diese Beschreibungen der Alten für diese Kunst lauten; so haben doch einige pfiffige Köpfe im Orient **) dieselbe zu einem Grad hinaufgetrieben, der jeden rechtschaffenen Mann skandalisiren muß, so daß man ihre Ausübung auf eine bestimmte Zeit einzuschränken sich gezwungen gesehen hat. Ehe ich also zu meiner eigentlichen Geschichte zurückkehre, will ich von der Schändlichkeit dieses Gewerbes, wie ich es bey meinem Aufenthalt in jenen Gegenden aus Erfahrung habe kennen lernen, etwas Weniges beybringen.

Ehemals machten die Rechtsgelehrten den Gerichtssälen Ehre durch ihre Eleganz. Begabt
mit

---

*) Die Stelle steht im Gorgias, im vierten Bande der Zweybrückischen Ausgabe. S. 38. ff. vergl. Tiedemans Dialogorum Platonis Argumenta S. 94. ff.

**) Wohl zu merken, nur im Orient: und wenn der ehemalige Ordinar der Juristenfacultät zu Leipzig, Hofr. Hommel seel. in der Vorrede zu der zweiten Ausgabe seiner Literatura Juris S. 12. von der folgenden Schilderung Einiges auch auf den Occident anwendbar finden wollte, so mag das wohl unter die unwillführlichen Ergießungen seiner bekannten jovialischen Laune zu rechnen seyn.

mit dem Talent lebhafter Suada, immer bemüht, ihre gelehrten Kenntnisse zu bereichern, zeichneten sie sich durch Genie, durch Rechtschaffenheit, durch Reichthum und Schmuck der Rede als Zierden ihres Zeitalters aus. So Demosthenes, zu dessen Reden, wie Athens Geschichte bezeugt, ganze Schaaren aus ganz Griechenland herbeyströmten: so Kallistratus, über dem Demosthenes selbst Akademie und Plato vergaß, und hineilte, den Mann jenen berühmten Staatsproceß über die Euböische*) Stadt Oropus auseinander setzen zu hören: — so Hyperides und Aeschines und Andokides und Dinarch und Antiphon von Rhamnus, den uns das Alterthum als den ersten kennen lehrt, der von einem vertheidigten Klienten Geld nahm. — So hatte nicht minder Rom seine Rutilier, und Galba's und Staurer, Männer, durch edlen Charakter, und Frugalität des Lebens schäzbar — hatte in den folgenden Zeitperioden mehr als Einen, der nach verwaltetem Censoramte oder Consulat, nach gehaltenem Triumphe, wie die Crassen und Antonier, die Philippe und die Scävola's, erst glückliche Heerführer, dann ihre

---

*) Eigentlich an den Gränzen von Attika und Böotien. Diesen Streit führten die Athenienser und Thebaner gegen einander, und Kallistratus hielt seine Rede für seine Landsleute, die Athenienser. Von ihm und den folgenden Griech. Rednern s. Ruhnken Hist. Crit. Orator. Græcor. vor seiner Ausgabe des Rutilius Lupus — von den Lateinischen Cicero im Brutus.

ihre Siege und ihre Tropäen als trefliche Staatsmänner krönten, im glänzenden Wettkampfe gerichtlicher Beredsamkeit sich neue Lorbeern errangen, und die höchste Verehrung ihres Zeitalters genossen. Eine so ansehnliche Reihe schloß endlich — die Krone aller — Cicero, der durch den Strom *) unwiderstehlicher Beredsamkeit mehr als Einen ganz zu Boden gedrückten Klienten dem glühenden Richter glücklich entriß, und seinem Grundsatze getreu blieb: daß man, ohne Tadel zu verdienen, die Vertheidigung eines jeden Unschuldigen nicht gerade zu übernehmen brauche, aber, sobald man sie übernehme, nicht ohne Schande nachlässig betreiben dürfe.

Aber jetzt — — komme man im ganzen weiten Morgenlande wohin man will, und mit jedem Schritt stößt man auf ein Gezücht stürmischer, habsüchtiger Menschen, die von einem Gerichtshofe zu dem andern rennen, und der Reichen Häuser belagern, um mit der feinen Nase eines Spartanischen oder Kretensischen Vierfüßlers so lange hinzuspüren, bis sie den ersten Grund eines Familienzwistes erschnüffeln.

Der erste Trupp dieser Männer besteht aus solchen, die den Saamen zu Streitigkeiten erst selbst

---

*) Fast hätte ich mich von Christ. Crusius Probabil. Crit. p. 37. verleiten lassen, für fluminibus — fulminibus zu lesen. Zum Glück bemerkte ich noch, daß fluminibus in Beziehung auf das folgende flammis, das ich durch glühend übersetzt habe, von Ammian absichtlich gewählt sey.

Ammian Marcellin 3ter B.   G

selbst ausstreuen', und dann den Proceß durch unzählige Termine verschleppen — die jede Thüre der Wittwen oder Waisen stürmen — die den Zunder kleiner Unzufriedenheit zwischen uneinigen Freunden oder Verwandten bis zur Flamme tödtlichen Hasses anblasen. Wenn Fehler bey andern durch Länge der Zeit verbrausen, so gewinnen die ihrigen nur immer neue Kraft: immer unersättlich in Geldgier, und immer — dürftige Hungerleider, glauben sie ihre Absicht, die Rechtschaffenheit der Richter, die ihren Namen von der Gerechtigkeit führen, durch listige Wendungen zu täuschen, nur durch den blinkenden Dolch des Witzes zu erreichen, mit dem sie das Auge des Richters zu blenden wissen. Unverschämt wähnen sie, den Freymuth, die Beharrlichkeit und die Beredsamkeit jener alten Redner durch Frechheit, durch Tollkühnheit, durch einen Strom leerer Worte zu ersetzen — alles schändliche Kunstgriffe, durch die man, nach Tullius Cicero Behauptung, gewissenhafte Richter am wenigsten in Versuchung führen sollte. Er sagt so: „Wenn in einem Staate Bestechungen nir„gends weniger Statt finden sollten, als beym „Umstimmen in Volksversammlungen oder im „Senat: so begreife ich in der That nicht, wie „man ben, der dies durch Geld thut, strafbar „finden, ben, der es durch Beredsamkeit thut, „sogar noch loben kann. Nach meinem Gefühl „ist der Mann ungleich gefährlicher, der den „Richter durch schöne Worte, als der ihn durch

„klin-

„klingende Münze von seiner Pflicht abzuleiten
„sucht: durch die letztere kann er keinen verstän-
„digen Mann verführen, wohl aber durch jene."

Eine zwepte Klasse machen diejenigen aus, die sich für Eingeweihte einer Rechtsgelahrheit ausgeben, die doch wegen der einander selbst widersprechenden Gesetze längst abgeschafft ist — die, als wäre ihnen das Reden verboten, immer geheimnißvoll und stumm wie ihr eigener Schatten einhergehen. Nicht anders, als hätten sie eine Nativität zu deuten, oder das Orakel einer Sibylle zu entziffern, schreiten sie, das Gesicht in ernste Falten gelegt, einher, um ihre Weisheit, die sie oft selbst zum Gähnen zwingt, an den Mann zu bringen. Um für Tiefgelehrte zu gelten, führen sie nur immer einen Trebaz, einen Cascell und Alfen im Munde, sprechen nur immer von Gesetzen der Aurunker, und Sikaner, die längst vergessen, schon vor Jahrhunderten mit Evanders Mutter begraben sind. Mache einmal mit einem solchen Manne die Probe, binde ihm die Lüge auf, du hättest deiner leiblichen Mutter wissentlich den Dolch in die Brust gestoßen, und er wird sogleich — versteht sich, wenn er weiß, daß du Geld hast — aus den Schätzen seiner Belesenheit die Rechtsbehelfe in Menge zu deiner Vertheidigung angeben.

Die dritte Gattung begreift diejenigen unter sich, die, um in einer so mühvollen Lebensart zu glänzen, die feile Zunge zu Unterdrückung der Wahrheit wetzen, und mit schamloser Stirn als armselige Kläffer sich überall Eingang zu verschaffen suchen — die den Richter bey seinen mühseligen, weit umfassenden Geschäften in ein unauflösliches Gewirr hineinführen, den friedliebendsten Mann in Prozesse verwickeln, und absichtlich einen Zauberkreis von verfänglichen Fragen um die Richtersäle herziehen, die, wenn es recht geht, Tempel der Gerechtigkeit sind, aber auch dagegen zu unbemerkt täuschenden Fallgruben werden, aus denen man, wenn man hineinzugerathen das Unglück hat, oft erst nach mehreren Jahren, und bis auf das Mark ausgesogen, sich herauszuarbeiten vermag.

Noch giebt es eine vierte und letzte Art, unverschämt zudringlich, und ganz ohne alle gelehrte Kenntnisse. Ganz unreif den Lehranstalten entlaufen, durchkriechen sie nun in den Städten jeden Winkel, weit geschickter, sich in einen Gassenhauer einzustudieren, als zweckmäßige Rechtsgründe in lichtvolle Ordnung zusammenzustellen. Sie berennen die Häuser der Reichen, um eine Mahlzeit zu erhaschen, oder durch eine ausgesuchte Leckerey den Gaumen zu kützeln. Weil der Plan ihres Lebens nun einmal nur auf kleine unter der Hand gemachte Profitchen angelegt seyn kann, und sie in der Methode ihres Gelderwerbes nichts weniger als ekel sind, so verleiten sie oft die unbefangensten Menschen zu unnöthigem Rechtsstreit: und dann, was doch selten der Fall ist, zu Sachwaltern an-
ge-

genommen, lernen sie erst im Termine aus dem Munde des Gegners die Namen und die Hauptmomente der Sache kennen: und wenn sie dann ihre Gegenrede halten, so ist alles, was sie vorbringen, so weitschweifig, und doch so unverdautes Gewäsch, daß man einen Redner aus den Hefen des Pöbels, einen (homerischen) Thersites in heulendem Tone zu hören glaubt. Nun sollen sie ihr Anbringen durch Beweise erhärten: auf diese haben sie sich nicht bereit gemacht, aber desto freigebiger sind sie mit zügellosen Schmähungen, und man hat Beyspiele, daß sie wegen ihrer Schimpfreden auf angesehene Personen selbst verklagt und in Geldstrafe condemnirt wurden. Einigen unter ihnen kan man Gelehrsamkeit so wenig Schuld geben, daß sie sich nicht entsinnen können, ein Corpus Juris gesehen zu haben. Kommen sie mit Gelehrten in Gesellschaft, wo etwa von einem alten Schriftsteller die Rede ist, so glauben sie, man spreche von einem ausländischen Fische, oder anderem eßbaren Dinge: und wenn ein Fremder sie auf der Straße anspricht, und zu einem ihnen persönlich unbekannten Rechtsgelehrten Marcian zu weisen bittet, so geben sie sich selbst für diesen Marcian aus. Sie besitzen nicht das geringste Gefühl für Billigkeit: verjährte Sklaven des Eigennutzes kennen sie keine andere Kunst, als die Kunst unverschämt zu — liquidiren. Haben sie nur einmal einen Klienten in ihr Garn verstrickt, dann wissen sie ihn durch tausend Schlingen noch fester zu schnüren — stellen sich krank, um den Rechtslauf absichtlich aufzuhalten — oder dem leichtesten und nicht einmal treffenden Rechtspunkte ein halbes Dutzend Eingänge vors angehen zu lassen, nur um den Faden der Untersuchung desto länger auszuspinnen. Wenn dann endlich die ausgesogenen Klienten Tage und Monate und Jahre haben verstreichen sehen, dann wird der eigentliche durch Länge der Zeit kaum noch auszumittelnde Streitpunkt eingeleitet, und das glänzende Genie kommt endlich, eine Menge Phantomen von Advokaten um sich her, in den Gerichtssaal, und wird dann in die engeren Schranken hereingelassen. Hier, wo oft das ganze irdische Glück, oft das Leben eines Mannes auf dem Spiele steht, wo der rechtschaffene Mann alle seine Kraft aufbietet, den Unschuldigen von dem Schwerdt der Gerechtigkeit, oder dem traurigsten Elende zu retten — hier stehen dann diese Herren, runzeln die Stirn, manövriren erst in theatralischer Gesticulation, so daß dem Possenspiel nichts weiter fehlt, als daß, wie ehemals bey Gracchus, der Flötenspieler *) hinter ihnen stände, — und wenn sie dann ein Viertelstündchen so gegen einander gestanden haben, dann beginnt die wirkliche Haupt- und Staatsaction, abgeredtermaßen tritt dann einer vor,

dem

---

*) Gracchus brauchte ihn, um ihm, wenn er die Stimme etwa zu sehr erhob, oder zu sehr fallen ließ, den rechten Ton anzugeben. S. Cicero vom Redner B. 3. K. 60.

dem die andern das Talent des unverschämtesten Schwätzers zugestanden, debütirt mit einem süßlallenden Prolog, der den Schmuck einer Rede für Cluenz oder Ktesiphon erwarten läßt, und am Ende, dem die Zuhörer gähnend entgegen sahen, erfährt man, daß die Herren Sachwalter in den drey Jahren, solange die Klage schon anhängig ist, sich noch nicht gehörig hätten instruiren können, weshalb sie noch um einige Frist gebeten haben wollten, die ihnen denn auch die Richter eben so wohl zugestehen, als die Klienten eine Arbeit bezahlen müssen, bey denen jene Herren wie sie sagen, nicht minder als Herkules bey seinem Kampfe mit dem Riesen Antäus, Mühe und Arbeit bestanden hätten.

Bey dem allen muß man gestehen, daß das Advokatenleben mit vielerley Unannehmlichkeiten verbunden ist, denen sich der Mann mit Ehrgefühl nicht gern aussetzen wird. Sie bekommen mit Gegnern zu thun, die, wenn sie einmal den Gaum bey niedriger Gewinnsucht angebracht haben, erbittert gegen andere zu Felde ziehen, und sich, wie ich oben bemerkte, die ungesittetsten Schmähungen erlauben, und vorzüglich dann in vollen Strömen ergießen, wenn sie die unhaltbare Seite einer übernommenen Rechtssache durch triftige Gründe stützen sollen. — Bisweilen tritt auch der Fall ein, daß sie Richter vorfinden, die weit eher aus der Schule eines täuschenden Philistion oder Aesop *) ausgegangen, als in der Schule eines strengen Aristides oder Cato gebildet zu seyn scheinen: die ihre Aemter im Staate für schweres Geld erkauften, und nun als zudringliche Gläubiger, um ihre Auslage wieder zu erhalten, den Beutel eines jeden, der ihnen in den Weg kommt, er sey reich oder arm, plündern zu dürfen wähnen. — Und bey weitem das Unangenehmste beym Advokatenstand ist dies, daß fast jeder Klient, obgleich tausend zufällige Umstände einen Proceß verlieren machen lassen, dennoch glaubt, daß auf seinen rechtlichen Beystand alles allein ankomme, folglich auch diesem und nicht der ungerechten Sache, oder der Parteilichkeit der Richter den endlichen Erfolg allein beymißt, ihn allein seinen ganzen Unwillen empfinden läßt. Doch — zurück auf den Gang meiner Geschichte.

Kap. 5.

J. n. Chr. Geb. 375. Mit Anfang des folgenden Frühlings brach Valentinian von Trier auf, eilte in schnellen Märschen auf der gewöhnlichen Heerstraße hin, fand aber, indem er den feindlichen Ländern näher kam, Gesandten der Sarmaten auf seinem Wege, die sich ihm mit der friedlichen Bitte

---

*) Beyde waren Schauspieler, sogenannte Mimen, wiewohl Valois unter dem letztern den bekannten Fabeldichter verstanden wissen will, was mir doch nicht recht einleuchten will.

Bitte zu Füßen warfen, daß er die Gränzen einer Nation mit schonender Gnade betreten möchte, die er gewiß weder durch Rath noch That als Theilnehmerin eines Vergehens gegen die Römer finden würde. Weil sie diese Bitte so oft und so dringend wiederholten, gab ihnen endlich der Kaiser nach reifer Ueberlegung die Antwort, daß er die vorgefallenen Excesse an Ort und Stelle untersuchen, und darnach sein Verhalten bestimmen werde. Er rückte also nach Carnuntum *) in Illyricum vor, einer jetzt unansehnlichen und wenig bewohnten Stadt, deren Besitz aber im Kriege wichtig war, um den Wilden das Vordringen zu wehren, oder sie nach Beschaffenheit der Umstände selbst anzugreifen.

Jedermann bebte schon vor ihm, man vermuthete, daß er mit seiner gewöhnlichen Heftigkeit vor allen Dingen die Staatsbeamten zur Strafe ziehen werde, durch deren Treulosigkeit oder unzeitigen Rückzug Pannonien sich außer allem Vertheidigungsstand sähe: aber bey seiner wirklichen Hinkunft zeigte er eine so gleichgültige Lauigkeit, daß er weder Gabins Ermordung genauer untersuchen ließ, noch die Personen, durch deren Connivenz oder Lässigkeit dem Staate so tiefe Wunden ge-

---

*) Prandau in s. kritischen Geschichte Wiens hat die Geschichte von Carnunt S. 70. ff. kurz beschrieben, und S. 75. sagt er, sie habe im Umfange eine deutsche Meile gehabt, und die heutige Stadt Haimburg, das Dorf Deutsch-Altenburg und den Marktflecken Petronell begriffen. Doch bitte ich Mannerts Germanien S. 735. ff. zu vergleichen.

geschlagen worden, näher kennen zu lernen Miene machte. Doch dies war nun einmal bey ihm Sitte, nur immer gegen die niedrigen Volksstände äußerst strenge zu seyn, gegen mächtige Große hingegen sich kaum einen harten Ausdruck zu erlauben. Der einzige, den er mit Erbitterung verfolgte, war Probus, gegen den er sich in dem seit der ersten Bekanntschaft gefaßten Widerwillen gleich geblieben war, und denselben bey aller Gelegenheit geäußert hatte. Dieser Mann bekleidete jetzt zum erstenmal die Würde eines prätorischen Präfectes, und der Wunsch, durch alle Mittel, die freylich nicht immer die gewähltesten seyn mochten, sich in dieser Würde zu erhalten, verleitete ihn, was doch der Ruhm seiner Ahnen *) am wenigsten erwarten ließ, mehr auf die Künste der Schmeicheley, als auf Selbstachtung Bedacht zu nehmen. Er lernte gar bald die schwache Seite des Kaisers kennen, der nur immer, mochte es doch auf gerechten oder ungerechten Wegen seyn, seine Schätze zu vermehren strebte: aber anstatt ihn von diesem Fehler auf den rühmlichen Pfad der Billigkeit, wie mancher sanfte Minister es vor ihm that, zurückzuleiten, begleitete er ihn selbst auf dergleichen Seitenwegen. Dabey litten nun freylich die Unterthanen gewaltig, drückende Auflagen, denen man den studirtesten Namen zu geben wußte, entnervten
den

―――――――

*) Er war aus der Familie der Anicier. S. Gibbon Th. 7. S. 246. ff.

den Reichen und den Armen, daß sie um so weniger zu Kräften kommen konnten, weil Habsucht immer erfinderischer wird, und ihre Forderungen durch immer neue und immer verstärkte Vorwendungen geltend zu machen sucht. Dieser drückende Tribut, diese Erhöhung und Vervielfältigung der Abgaben nöthigten mehrere Magnaten, um sich nicht ganz unglücklich gemacht zu sehen, aus dem Lande zu gehen: andere, durch die Unbarmherzigkeit zudringlicher Untereinnehmer gedrückt, kamen, weil sie nichts mehr zu geben hatten, fast nicht mehr aus den Gefängnissen, einige wurden ihres Lebens endlich so überdrüßig, daß sie den ersten besten Strick für wohlthätiges Mittel hielten, nur bald aus der Welt zu kommen. Dergleichen Bedrückungen empörten jedes Gefühl der Menschlichkeit, und das Publicum hatte darüber nur Eine Stimme: nur Valentinian allein blieb, als wäre sein Ohr mit Wachs verstopft, taub gegen dieselbe. Aber, so gierig er auch ohne Auswahl auf jede Gelegenheit, sich zu bereichern war, so wenig er selbst die niedrigsten Mittel verschmähte, so gern er auch Nehmen zum einzigen Gedanken seines Herzens machte: so läßt sich doch vielleicht annehmen, daß er die Pannonier *) mit mehr Schonung zu behandeln würde gerathen haben, wenn er die gegen sie verübten schreienden Ungerechtigkeiten eher erfahren hätte: aber er erfuhr sie zu spät, und zwar bey folgender Gelegenheit. Nach dem

*) Er war selbst Pannonier. S. K. 7.

dem Beyspiele der übrigen Provinzen hatte auch Epirus auf des Präfects Befehl Gesandte an den Kaiser, um ihm Dank zu sagen, abgeordnet, und man hatte den Iphikles,*) einen Mann von bekannter Festigkeit der Seele, mehr zwingen als bewegen müssen, dieses Geschäft zu übernehmen. Der Kaiser erkannte ihn sogleich bey seiner Hinkunft, und fragte ihn, was sein Anbringen wäre: der Philosoph richtete seinen Auftrag in Griechischer Sprache aus, und als Philosoph blieb er auch in Beantwortung der sorgfältigsten Erkundigung des Kaisers, ob auch seine Epiroten wirklich ein gutes Herz zu dem Präfect hätten, der Wahrheit treu: Ja, sagte er, wenn man Seufzer oder gezwungene Achtung dafür nehmen will. Dieser Ausdruck war wahrer Dolchstoß für des Kaisers Herz, immer hitziger spürte er dem Betragen des Präfects nach, erkundigte sich bey Iphikles in Griechischer Sprache nach jedem, den er ehemals gekannt hatte, wo nahmentlich jener vor andern geehrte, oder reiche, oder sonst in seinem Stande angesehene Mann hingekommen wäre. Und wie er nun hören mußte, der eine habe sich selbst erhenkt, der andere sey mit seiner Habe über See gegangen, ein dritter habe sich selbst das Leben verkürzt, den vierten habe man mit bleiernen Kugeln (B. 28. K. 1.) zu Tode gegeißelt: so glühte er von wütendem Zorn, und der damalige Oberhofmarschall Leo war sehr geschäftig, ihn noch mehr zu erhitzen — ein Mann,

*) Er war ein guter Bekannter Julians gewesen.

Mann, der zu unserer Zeiten Schande, um von einer desto größern Höhe herabzustürzen, selbst nach der Präfectur strebte, und wenn er sie erhielt, die Verwaltnng des Probus gegen das, was von ihm zu erwarten stand, golden zu nennen veranlaßt hätte.

Der Kaiser hatte bey seinem Aufenthalte in Carnuntum drey volle Sommermonathe angewandt, Waffen und Lebensmittel zusammenzubringen, um bey erster günstiger Gelegenheit über die Quaden, als Anstifter des ganzen Handels herzufallen. In dieser Stadt war auch Faustin, Schwestersohn des prätorischen Präfectes Juventius, ein bey der Armee angestellter Staatssekretär, auf richterliche Entscheidung des Probus nach vorhergegangener Folter unter des Nachrichters Händen gestorben: und die gegen ihn angebrachte Klage bestand darin, daß er einen Esel hätte todt schlagen lassen, wie Kläger behauptete, um ihn zu verbotenen Künsten zu mißbrauchen, wie er selbst sagte, um sich ein Mittel gegen das Ausfallen der Haare daraus zu bereiten. Noch hatte man eine andere Beschuldigung gegen ihn darin zu finden geglaubt, daß er einen gewissen Nigrin, der ihn im Scherz bat, ihn zum Staatssekretär zu machen, mit lachendem Munde die Antwort gegeben hatte: „Wenn ich das soll, so mußt du mich erst zum Kaiser machen.„ Und die hämische Deutung dieses Scherzes kostete ihm, und Nigrin und mehreren andern das Leben.

Valentinian ließ den Merobaudes, dem er noch Sebastian beygab, mit dem unter ihm stehenden Korps vorausgehen, um die Dörfer der Feinde zu plündern und in Brand zu setzen, und brach dann selbst mit seinem Lager nach Acinkum (Alt-Buda) auf, wo er sogleich kleine Fahrzeuge auf den Nothfall in Bereitschaft setzen, auch in möglicher Geschwindigkeit eine Brücke schlagen ließ, und von einer andern Seite her in der Quaden Land eindrang. Diese hatten zwar auf den steilen Anhöhen, auf die sie sich in ängstlicher Ungewißheit über ihr Schicksal mit Weib und Kind zurückgezogen hatten, Wachen ausgestellt, um den Zug des Kaisers zu beobachten, aber erstaunt waren sie, seine Fahnen ganz wider ihre Vermuthung bereits in ihrem Lande zu sehen. Der Kaiser eilte so schnell, als es sich thun ließ, weiter vorwärts, ließ ohne Unterschied des Alters alles, was sich bey einem so schnellen Ueberfall nicht sogleich hatte retten können, niedermachen, Häuser und Hütten in Brand setzen, und ging dann ohne von seiner Armee einen Mann zu verlieren, wieder zurück, hielt sich, weil es schon etwas weit herein in den Herbst ging, in Acinkum auf, um in einer Gegend, wo im Winter alles mit Eis und Schnee bedeckt ist, schickliche Winterquartiere zu nehmen, wozu man keine Stadt geschickter fand, als Sabaria, (Stein am Anger) die doch zu der Zeit nichts weniger als fest, und durch wiederholte Unglücksfälle sehr heruntergekommen war.

war. Wiewohl ihm nun selbst daran gelegen zu seyn scheinen mußte, seiner Armee Ruhe zu gönnen, so brach er doch auch von hier wieder muthig auf, ging am Ufer des Flusses hin, ließ im Lager und in den Schanzen hinreichende Bedeckung zurück, und kam nach Bregitio (Szöny bey Comorrn) wo das Schicksal, das schon längst daran arbeitete, ihn zur Ruhe zu bringen, seinen nahen Tod durch mehr als Ein Vorzeichen verkündigte. Nur wenige Tage vorher hatten sich feurige Kometen am Himmel sehen lassen, die immer für hohe Häuser Unglück bedeuten, und deren physikalische Entstehung ich oben (B. 25. K. 10.) angegeben habe. Einige Zeit vorher war in Sirmium ein heftiges Gewitter aufgestiegen, und ein Blitzstrahl hatte einen Theil des Palastes, des Stadthauses und des Marktes niedergebrannt: bey dem Aufenthalt des Kaisers in Sabaria hatte sich eine Eule auf das Dach des kaiserlichen Badhauses gesetzt, und ihren kläglichen Todtengesang angestimmt: jeder, der sich für Meister im Steinwerfen oder Pfeilschießen hielt, wetteiferte mit dem andern, und keiner traf sie. Indem der Kaiser aus dieser Stadt, um seinen Feldzug anzutreten, aufbrechen wollte, fiel es ihm ein, zu dem Thore, durch das er hereingekommen war, wieder auszumarschiren, und gab dadurch selbst eine Vorbedeutung, daß er bald nach Gallien zurückkehren würde. Man wollte einen Platz von aufgehäuftem Schutte säubern, worüber ein eiserner ferner Thorflügel einstürzte, der der Armee den ganzen Weg verlegte: eine ganze Menge Menschen war mit aller Anstrengung nicht im Stande, ihn aus dem Wege zu schaffen, vergebens hatte man einen ganzen Tag damit zugebracht, und der Kaiser sah sich doch endlich genöthigt, durch ein anderes Thor auszuziehen. Die Nacht vor seinem Todestage sah er im Traume seine abwesende Gemahlin mit zerstreutem Haar und im Trauergewande sitzen, und die Deutung — war leicht: diese Traumgestalt war keine andere als seine eigene Glücksgöttin, die jetzt in Trauerkleidung von ihm Abschied nehmen wollte. Am Morgen darauf stand er im Begriff, seinen Marsch fortzusetzen, sein Blick war aber finster und traurig: das vorgeführte Pferd wollte ihn nicht aufsitzen lassen, bäumte sich vielmehr über den Stallbedienten hoch auf: darüber gerieth der Kaiser nach seiner gewöhnlichen Sitte, in den wütendsten Zorn, und befahl, dem Stallbedienten die rechte Hand abzuhauen, die sich erfrecht hätte, ihn vom Aufschwingen auf sein gewöhnliches Reitpferd zurückzuhalten: und in der That würde der unschuldige junge Mann ein bedaurenswürdiges Opfer seiner Wut geworden seyn, wenn nicht der Stallmeister Cerealis mit Gefahr seines eigenen Lebens wenigstens um Aufschub der Strafe gebeten hätte.

Kap. 6.

Kap. 6.

Nach einiger Zeit kamen Gesandte der Quaden an, um Frieden und Verzeihung des Geschehenen demüthig zu bitten, versprachen auch, um ihrem Gesuch desto mehr Eindruck zu verschaffen, Rekruten zu stellen, oder auch sonst dem Römerstaate nützliche Dienste zu erweisen. Weil man sie anzuhören, und nach abgeschlossenem Waffenstillstand wieder zu entlassen beschloß, (denn theils Mangel an Lebensunterhalt, theils die widrige Jahrszeit erlaubten ohnedem nicht, jetzt weiter in ihrem Lande vorzudringen,) so wurden sie unter Vortretung des Equitius in des Kaisers Audienzzimmer eingeführt. Hier standen sie unter tiefen Verbeugungen von bänglicher Furcht betroffen, und dann zu Ausrichtung ihres Auftrages aufgefordert, brachten sie ihre gewöhnlichen Ausreden unter eidlicher Betheurung vor, versicherten, daß die etwa vorgefallenen Excesse nicht einer gemeinschaftlichen Beredung ihrer Magnaten, vielmehr einigen ausländischen am Strome hin wohnenden Räubern beyzumessen wären, glaubten auch endlich ihre Entschuldigung durch die Versicherung geltender zu machen, daß die auf ihrem Gebiete vielleicht nicht ganz billig, wenigstens nicht zu einer wohlgewählten Zeit angefangene Schanze eine wilde Nation wohl auch mit aufgereizt haben könne. Hierüber ward der Kaiser äußerst aufgebracht, sogleich beym Anfang seiner

Antwort nahm er die hohe Miene an, und fuhr dann in den heftigsten Ausdrücken gegen die ganze Nation fort, die so undankbar so großer Wohlthaten habe vergessen können. Nach und nach stimmte er sich doch zu einem mehr gemäßigten Tone herab, und schien doch lieber Gnade vorwalten lassen zu wollen: aber auf einmal stand er, als wäre er vom Donner gerührt, ohne Athem und sprachlos und mit glühender Wange das Blut schoß ihm aus Mund und Nase, Todensschweiß stand ihm auf der Stirne: und um ihn nicht gerade im Angesicht einer so gemischten Versammlung hinsinken zu lassen, liefen sogleich seine vertrautesten Diener zu, und führten ihn in sein Schlafzimmer. Hier brachte man ihn auf ein Bett, und so äußerst matt auch sein Athem war, so war doch der Geist noch völlig munter, er kannte jeden Umstehenden, denn die Kammerherren hatten, um nicht den Verdacht eines etwa gewaltsamen Todes auf sich kommen zu lassen, in möglichster Geschwindigkeit alles in sein Zimmer zusammenrufen lassen. Die heftige Entzündung der innern Theile schien eine Aderlaß nöthig zu machen, aber zum Unglück war kein Arzt aufzutreiben, und zwar aus dem Grunde, weil er sie selbst in die Lazarethe umher abgesandt hatte, um seine Soldaten bey einer eingerissenen ansteckenden Krankheit nicht ohne Hülfe zu lassen. Endlich fand sich doch noch einer, aber auch bey wiederholtem Versuche war er nicht im Stande, nur Einen Tropfen Blut abzulassen,

ent-

entweder wegen zu heftiger Entzündung der innern Theile, oder, wie andre glaubten, stockte der Blutumlauf deswegen, weil einige Blutkanäle, auch Hämorrhoiden genannt, durch eine plötzliche Erkältung zu sehr abstringirt und verstopft waren. Der immer zunehmende heftigste Schmerz ließ ihn selbst sein nahes Ende fühlen: einigemal versuchte er es, noch zu sprechen, oder etwas zu verordnen, wie sich aus seiner Anstrengung, den Athem aus der Tiefe der Brust zu heben, aus den Zuckungen des Mundes, und den Bewegungen der Arme, mit denen er heftig wie ein Faustkämpfer um sich schlug, vermuthen ließ; aber endlich unterlag er dem Schmerze, es zeigten sich hin und wieder blaue Flecke, und nach langem Kampfe gab er den Geist auf im fünf und funfzigsten Jahre seines Alters, nach einer Regierung von zwölf Jahren weniger hundert Tage.

Kap. 7.

Nicht unschicklich soll es hoffentlich seyn, wenn ich, wie bey andern vorigen Kaisern von der Abkunft seines Vaters an bis zu seinem eigenen Tode das Merkwürdigste kürzlich zusammenstelle, ohne doch die Fehler und Tugenden zu übergehen, die er im Besitz der höchsten Gewalt, bey der sich der moralische Charakter der Fürsten von je her in seiner wahren Gestalt zeigte, blicken ließ. Sein Vater, Gratian der ältere war aus

Cibalä *), einer Stadt in Pannonien gebürtig, die Eltern desselben waren niedrigen Standes, und schon in seinen ersten Jahren gab man ihm den Namen des Seilers, weil er als Knabe immer Seile feil trug, die ihm fünf Soldaten mit aller Anstrengung nicht entwinden konnten, so wie in ältern Zeiten einem Milo von Kroton einen mit der linken oder rechten Hand umfaßten Apfel keine menschliche Gewalt zu nehmen vermochte. Durch diese so ausserordentliche Leibesstärke, und durch die Fertigkeit in jeder Art von militairischem Wettkampf zog er bald die Aufmerksamkeit aller auf sich, ward Leibtrabant und Tribun, und dann General (Comes) in Afrika. Weil er hier in den Verdacht einer Veruntreuung kam, nahm er seinen Abschied, ward aber, obgleich spät nachher, mit gleichem Range wieder bey der Armee in Britannien angestellt, und gieng endlich, mit Ehren entlassen, in sein Vaterland zurück, wo er bey seinem geräuschlosen Leben dennoch das Unglück hatte, seine Güter vom Constantius blos deswegen eingezogen zu sehen, weil er während des Bürgerkrieges den Maxentius bey einer Durchreise zu seiner Armee hin bewirthet haben sollte.

Valentinian, dem ein solcher Vater in jüngern Jahren schon zur Empfehlung gereichte, wußte sich durch mehr als Eine Art von eigenem Verdienst noch beliebter zu machen, und in Nicäa
end-

---

*) In der Nähe des jetzigen Fleckens Mikanofzi. Mannert Germanien. S. 770.

endlich mit dem kaiserlichen Purpur bekleidet, nahm er seinen Bruder Valens zum Mitregenten an, in dem er doch den Freund noch höher als den Bruder schätzte, und bey dem es, wie ich an einem schicklichen Orte beweisen werde, zweifelhaft blieb, ob er mehr unter die schlechten als unter die guten Regenten zu rechnen sey. Kaum hatte Valentinian nach dem mühvollesten Privatleben den Thron bestiegen, als er es sein erstes Geschäft seyn ließ, die an den Strömen hin liegenden Festungen und Städte an Galliens Gränzen zu bereisen, wo die Alamannen auf die Nachricht von Julians Tode, der sich ihnen seit Constantins Zeiten am meisten furchtbar gemacht hatte, als gefährliche Feinde wieder aufzuleben schienen. Auch dadurch setzte er sich gleich anfangs in nicht geringe Achtung, daß er die Armeen durch Rekrutirung verstärkte, an beyden Rheinufern die Schanzen erhöhen, oder noch mehrere Festungen anlegen ließ, um den Feinden das Hereinschleichen in unsere Gränzen desto mehr zu erschweren.

Unter mehreren entweder von ihm in Person, oder durch thätige Generäle ausgeführten Unternehmungen, wodurch er sein Ansehen als Regent begründete, führe ich nur folgende an. Kurz nach Ernennung seines Sohnes Gratian zum Mitregenten, ließ er den König der Alamannen Vithigab, Vadomars Sohn, der als junger rascher Mann seine Nation zu Krieg und Empörung aufreizte, weil er mit Gewalt ihm nicht beykommen konnte, heimlich durch Meuchlerhand ermorden. *)

In einer den Alamannen bey Solicinium (Schwetzingen) gelieferten Schlacht, worin er doch fast in einem Hinterhalt das Leben verloren hätte, war er am Ende so glücklich, die ganze feindliche Armee so rein niederzumachen, daß nur wenige durch schleunige Flucht bey finsterer Nacht sich retten konnten.

Während daß er in diesen Gegenden die behutsamsten Maasregeln traf, gelang es ihm auch die Sachsen, die mit ihrer gewöhnlichen furchtbaren Wut überall, wo es ihnen beliebte, unvermuthet einfielen, jetzt, da sie sich bereits an der Gränze der von ihnen ausgesogenen Länder befanden, um in ihr Vaterland zurückzugehen, durch eine zwar nicht ganz redliche aber glückliche List zu erlegen, und ihnen die gemachte Beute mit Gewalt abzunehmen. (B. 28. K. 5.)

Auch die Britten, die den Schaaren sie überschwemmender Feinde fast nicht mehr zu widerstehen vermochten, belebte er mit neuer Hofnung, war auch in der That so glücklich, ihnen durch Erlegung ihrer Verwüster, deren fast keiner in sein Vaterland zurückkam, Freiheit und Ruhe zu verschaffen. (B. 27. K. 8.)

Mit gleich glücklichem Erfolge unterdrückte er die von einem gewissen aus Pannonien vertriebenen Valentin in diesen Gegenden einge-
leitete

---

*) S. Buch 27. Kap. 10. wo auch die gleich folgende Schlacht bey Solicinium erzählt ist.

leitete Empörung, noch ehe sie zum Ausbruch kam. (B. 28. K. 3.)

Auch Afrika, das sich durch unerwartete Leiden bedrohet sah, weil Firmus über den gierigen Uebermuth unserer Befehlshaber erbittert, die Mauren, die ohnedem, wo es auf Zänkereyen ankommt, leicht Feuer fangen, aufgehetzt hatte, befreyete er von so gefährlichen Besorgnissen. (B. 29. K. 5.)

Ganz gewiß würde er auch das seufzende Illyricum mit gleicher Tapferkeit aus seiner traurigen Lage gerissen haben, wenn ihn nicht der übereilende Tod ein ihm so angelegenes Geschäft unvollendet zu lassen gezwungen hätte.

Zwar kommen alle diese glücklichen Unternehmungen mehr auf Rechnung seiner vortrefflichen Generäle: aber so viel ist doch auch gewiß, daß auch Er selbst bey seinem entschlossenen Muthe und seinen durch lange Erfahrung gesammleten militärischen Kenntnissen nicht unthätig geblieben ist: — eine Behauptung, die freilich noch einleuchtender seyn würde, wenn es ihm gelungen wäre, den damals so furchtbaren König Makrian lebendig gefangen zu bekommen. Der Plan dazu war wenigstens aufs beste angelegt. (B. 29. K. 4.) aber zu seinem grösten Mißvergnügen erfuhr er, daß der Mann ben Burgundiern, die er gegen die Alamannen hatte anrücken lassen, entronnen wäre.

Kap. 8.

Nach dieser kurzen Uebersicht der Thaten unsers Kaisers will ich, überzeugt, daß die Nachwelt, die weder durch Haß, noch durch niedrige Schmeicheley sich blenden läßt, vielmehr unbestochene Richterin der Vergangenheit zu seyn pflegt, seine Fehler in gedrängter Kürze angeben, ohne doch seine gute Seite zu verkennen. Wenn er bisweilen gelind zu seyn schien, so war es doch nur Verstellung, und wenn er von Natur hitzig und zu Strenge geneigt war, so hätte er doch bedenken sollen, daß der Regent jede Uebertreibung als steile Klippe vermeiden müsse. Aber nie wird man ihn mit einer mildern Bestrafung zufrieden finden: oft ließ er eine schon abgethane Untersuchung vom neuen aufnehmen, oder die Beklagten bis zur äußersten Lebensgefahr foltern: nur gierig, Menschen unglücklich zu machen, erließ er nie einem die Lebensstrafe durch Unterschrift eines gemilderten Urtels, was doch die grausamsten Regenten bisweilen gethan haben. In der That konnte es ihm nicht an Mustern der Vorwelt fehlen, und die Geschichte des Auslandes bot ihm nicht minder als die Geschichte Roms Beyspiele der Menschlichkeit und Sanftheit dar, die nach dem Urtheile der Weisen so gutmüthige Verwandtinnen anderer Verdienste sind. Ich will nur einige dergleichen Beyspiele anführen. Artaxerxes, jener so mächtige König Persiens, den die Geschichte unter dem Namen des Langhändigen kennt,

kennt, pflegte die vielfachen bey seiner zu Grausamkeiten geneigten Nation eingeführten Lebensstrafen mit der ihm eigenen Herzensgüte so zu mildern, daß er einigen anstatt des Kopfes den Turban abhauen, oder anstatt nach dem Beyspiele seiner Vorfahren ihnen die Ohren selbst, nur die daran herabhangenden Bänder abschneiden ließ, und durch diese Mäßigung sich das Lob des sanften Regenten, und eine so allgemeine Achtung erwarb, daß ihn jeder Unterthan mit Vergnügen bey so vielen wichtigen Unternehmungen unterstützte, und selbst Griechische Schriftsteller ihm Gerechtigkeit wiederfahren lassen.*) — Ein Unterfeldherr der Pränestiner, der im Samnitischen Kriege den Befehl, sich in eine Stadt zu werfen, zu spät vollzogen hatte, mußte deshalb Kriegsrecht über sich halten lassen, und kaum erschien er, als Papirius Cursor, damals Dictator, dem Gerichtsdiener sogleich das Strafbeil zu zucken befahl. Der Pränestiner war vor Bestürzung ganz außer Stande, etwas zu seiner Entschuldigung vorzubringen, und nun befahl der Dictator dem Lictor, einen nicht weit davon stehenden Strauch zu köpfen.**) Nach einer so scherzhaften Bestrafungsart entließ er den Mann, und verlohr demnach an seinem Ansehen so wenig, daß er eben so langwierige als gefährliche Kriege

*) Z. B. Plutarch in seinen Apophthegmen. Band 2. der Kaltwasser. Uebersetzung S. 172. wo auch das hier angeführte mit einer kleinen Veränderung steht.
**) Ist aus Livius B. 9. K. 16. genommen, auch bey Aurel. Victor de Viris illustr. K. 31. zu lesen.

glücklich beendigte, und für den einzigen Helden galt, der einem Alexander dem Großen, wenn er sich Italiens Gränzen zu betreten hätte gelüsten lassen, Widerstand zu thun geschickt gewesen wäre. — Doch vielleicht kannte Valentinian diese Beyspiele nicht, oder bedachte nicht, wie viel Trost selbst für Unglückliche in dem Gedanken eines gelinden Fürsten liegt: immer schärfte er nur die Strafen durch Feuer und Schwerdt — Mittel, die unsere sanfteren Vorfahren nur im äußersten Nothfalle anwendbar fanden, wie denn der zierliche Isokrates überall in seinen Schriften den Grundsatz einschärft, daß man selbst einem durch Waffengewalt bezwungenen Gegner verzeihen müsse, der aus Unkunde der Pflichten der Gerechtigkeit fehlte. Von eben diesem Gesichtspunkte gieng wahrscheinlich auch Tullius aus, wenn er in seiner Schutzrede für Oppius eben so schön als wahr sagt: „Zu Erhaltung eines Menschenlebens viel beygetragen zu haben, hat schon vielen zur Ehre gereicht: wenig bey dem Tode anderer gethan zu haben, hat noch nie einem Schande gemacht."

Ein zweyter Fehler unsers Kaisers war seine ausschweifende und immer zunehmende Habsucht, die gar keine Gränzen der Billigkeit kannte, und jeden Weg, sich auf Kosten anderer zu bereichern aufspürte. Zwar glaubten einige, diesen Fehler mit dem Beyspiele des Kaisers Aurelian entschuldigen zu können: so wie dieser, meinten sie,

weil

weil er die Staatskasse durch die auf Gallienus
Regierung folgenden unglücklichen Zeiten erschöpft
gefunden, über die Reichen wie ein wütender
Strom hergefallen wäre, so hätte auch Valen=
tinian nach den unglücklichen Parthischen Kriegen
sich außer Stand gesehen, die großen Kosten zu
Ergänzung und Unterhaltung der Armee zu be=
streiten, und so sey er verleitet worden, den Feh=
ler der Grausamkeit noch mit dem Fehler der
Habsucht zu verbinden. Aber dann müßte er,
wenigstens zum Schein, die Wahrheit vergessen
gehabt haben, daß man nicht gerade alles, was
man vielleicht thun kann, auch sogleich thun
dürfe — dann müßte er ganz das Gegenbild eines
Themistokles haben seyn wollen, der nach
einer Schlacht, in der er Tausende von Persern
erlegt hatte, auf dem Schlachtfelde frey einher=
gieng, und bey Erblickung kostbaren Armgeschmei=
des und goldener überall umherliegender Halsket=
ten zu einem seiner Gefährten sagte: „So nimm
dir doch etwas — du bist ja nicht Themistokles" —
und dadurch zu erkennen gab, daß jede Art von
Eigennützigkeit unter der Würde des edlen Feld=
herrn sey. — Beyspiele ähnlicher Enthaltsamkeit
bey Römischen Heerführern ließen sich in Menge
beybringen: weil sie indeß nicht gerade für Be=
weise hoher Tugend gelten dürften, (denn frem=
des Gut nicht rauben, ist noch immer kein Lob)
so übergehe ich sie, um unter mehreren wenig=
stens Ein Muster auch von der Uneigennützigkeit
des gemeinen Römervolkes aufzustellen. Marius
und

und Cinna gaben die mit dem schönsten Geräthe versehenen Häuser der Verbannten dem gemeinen Volke preis: aber so roh auch sonst die Denkart der niedrigen Volksklassen ist, so sind sie doch nicht ohne mitleidiges Gefühl gegen die Leiden der Menschheit, und so wollten sich auch die damaligen Bürger Roms an fremdem, vielleicht mühsam erworbenem Gute nicht vergreifen, selbst unter den ärmsten vom niedrigsten Pöbel fand sich kein einziger, der die ihm sogar angebotene Beute eines traurigen Bürgerkrieges nur hätte berühren wollen.

Neid war der dritte Hauptfehler, der an dem Innern unsers Kaisers nagte: vielleicht mochte er einmal gehört haben, daß viele Laster den scheinbaren Namen einer Tugend annähmen, weßhalb er so oft den Grundsatz äußerte, daß strenger Ernst unzertrennlicher Gefährde jedes Regenten seyn müsse. Der allgemeine Wahn des Fürsten, daß ihre höhere Macht sie nach Willkühr zu handeln berechtige, und ihre allgemeine Neigung, ihre Gegner zu demüthigen, ihnen Ueberlegene zu entfernen, äußerten sich auch bey ihm: jeden, der sich durch Kleidung, durch wissenschaftliche Kenntnisse, durch Reichthum oder edle Geburt auszeichnete, beneidete er: setzte den Werth tapferer Kriegshelden herab, nur Er wollte in aller Art von Verdiensten Meister seyn— eine Schwachheit, die bekanntlich auch dem Kaiser Hadrian gar sehr anhieng.

Bä-

Valentinian war auch sehr freygebig mit dem Tadel der Furchtsamen, nannte sie Schandflecke des Staats und niedrige Seelen, die sich nie über den Stand des Pöbels erheben sollten: und dennoch stand er selbst oft bey leerem Schrecken zu seiner Schande ganz todtenbleich da, und ein bloßes Phantom füll e seine Seele mit banger Furcht. Diese Schwäche wußte der Oberhofmarschall Remigius oft sehr gut zu benutzen; wenn der Kaiser einmal wild aufbrauste, so durfte er ihm nur eine kleine Erwähnung eines feindlichen Einfalles hinwerfen, und sogleich war der zaghafte Mann so geschmeidig und sanft wie Antonin der Gütige. Absichtlich wählte er wohl hämische Richter nie; wenn er aber hörte, daß die einmal angestellten streng verführen, dann pries er sich selbst glücklich, an ihnen so feste Stützen der Gerechtigkeit, wie jene Lykurge und Cassier *) gefunden zu haben, schrieb sogar selbst fleißig an sie, auch geringe Verbrechen scharf zu ahnden. Bedrängte, die ein unvermuthetes Unglück betraf, fanden in der Milde des Fürsten auch keine Zuflucht, die doch von jeher der Hafen war, dem Unglückliche eben so freudig entgegen sahen, als die von wildem Sturm umhergetriebenen Schiffer. Der höchste Endzweck des gerechten Regenten muß doch immer, wie die Philosophie lehret, der Unterthanen Beglückung seyn.

Kap.

---

*) S. Note zu B. 26. K. 10.

Kap. 9.

Billig ist es, nun auch auf seine löblichen und für jeden rechtlichen Mann musterhaften Eigenschaften zu kommen, die, wenn sie die herrschenden waren, ihn einem Trajan, einem Mark Aurel gleich setzen mußten. Gegen die Unterthanen in den Provinzen war er in der That schonend, und erleichterte ihnen überall die drückenden Abgaben: er sorgte für die nöthige Sicherheit der Gränzen durch Anlegung neuer Schanzen und Kastelle, er hielt streng auf gute Kriegszucht, nur darin versah er es, daß er auch geringe Vergehen des gemeinen Soldaten bestrafte, hingegen dem Frevel der höhern Befehlshaber nur zu viel Willen ließ, und die gegen sie angebrachten Klagen nicht einmal anhören wollte — eine Nachsicht, die Britanniens Unruhen, Afrika's Bedrückungen und Jllyricums Verödung zu Folgen hatte.

Ueber häusliche und öffentliche Reinheit der Sitten hielt er sehr, über irgend eine Art von Unkeuschheit konnte ihm sein Gewissen keinen Vorwurf machen: dies war auch der Zaum, mit dem er die Ausschweifungen seiner Höflinge zügelte, und er konnte auch deshalb seine Absicht um so eher erreichen, da er seinen eigenen Verwandten hierin nichts nachsah, die er überhaupt in der Dunkelheit des Privatlebens fortleben ließ, oder nur zu geringen Aemtern anstellte, seinen Bruder ausgenommen, den er, durch die Zeitumstände gedrungen, zum Mitregenten annahm.

In

In Besetzung der höhern Staatsämter war er sehr strupulös: unter ihm hat nie ein Mäkler eine Statthalterschaft erhalten, ist nie ein Amt verkauft worden, höchstens nur beym Antritt seiner Regierung, wo es selten so ganz rein abgeht, daß nicht Erschleichungen oder andere Unordnungen vorfallen sollten.

Im Kriege war er zum Angriffe und zur Vertheidigung gleich geschickt und behutsam, gegen jede Beschwerde des Dienstes abgehärtet: — sein Rath, was man thun oder lassen sollte, war immer treffend, und er sah selbst genau nach, ob alles bey der Armee in gehöriger Ordnung geschehe.

Er schrieb eine schöne Hand, war ein vortreflicher Mahler und Bildner, auch Erfinder neuer Waffenarten: *) sein Gedächtniß und sein Ausdruck waren lebhaft, obgleich der letztere sich selten zu eigentlicher Beredsamkeit erhob. Er liebte das Nette, und seine Tafel war nicht mit überflüssigen, nur immer mit ausgesuchten Gerichten besetzt.

Endlich erwarb er sich auch dadurch das Lob des billigen Regenten, daß er bey Religionsstreitigkeiten nicht Parthey nahm, jeden bey seiner Ueberzeugung ungestört ließ, keine Religions-

---

*) Graf Caylus hat in seinen Abhandlungen zur Geschichte und zur Kunst Band I. auch eine von Fürsten, welche die Künste getrieben haben, worin er aber diese Stelle Ammians ganz mißverstanden hat. S. neue Bibl. d. schönen Wiss. B. 7. S. 101.

edicte *) gab, oder durch drohende Interdicte den Nacken seiner Unterthanen unter das Joch seines eigenen Glaubens zu beugen begehrte, sondern diesen Theil der Staatsverwaltung völlig so ließ, wie er ihn fand.

Sein Körper war stark und nervicht, er hatte schönes Haar, weiße Gesichtsfarbe, blaue Augen, und etwas stier und schielend: und sein schöner Wuchs, so wie die Regelmäßigkeit seiner Gesichtszüge und ganzen Körperbaues machten sein majestätisches Ansehen vollkommen.

Kap. 10.

Nachdem man sich von Valentinians wirklichem Tode überzeugt hatte, balsamirte man den Leichnam ein, um ihn nach Constantinopel abzuführen, und neben seinem Vorgänger beyzusetzen. Der ganze Vorfall unterbrach den vorgehabten Feldzug, und man stand in Sorge, die Gallikanischen Legionen, die schon vorher nicht immer an den rechtmäßigen Fürsten sich gebunden hatten, möchten ihr vermeintliches Recht, einen neuen Kaiser zu ernennen, auch jetzt geltend zu machen suchen, und sich zu dieser Anmaßung um so mehr berechtigt halten, weil Gratian, der von dem Todesfalle noch nichts wissen konnte, sich in Trier befand, wo ihm sein Vater bey Eröffnung des

---

*) Aergerlich ist es freylich, wenn man sich so viele Mühe gegeben hat, Proselyten zu machen, und kömmt einem hernach so ein Ding in die Queere!

des Feldzuges zu bleiben befohlen hatte. In dieser mißlichen Lage, bey der die gegenwärtigen Generäle, wie die bey einem Sturme auf Ein Schiff zusammengepreßte Mannschaft, alle eine gleiche Gefahr vor sich sahen, fiel nach einem gehaltenen Kriegsrathe das Resultat dahin aus, daß man die zu Erleichterung des Einrückens in Feindes Land geschlagene Brücke abbrechen, und noch in Valentinians Namen den Merobaudes so bald als möglich in das Lager entbieten wolle. Dieser kluge Mann, der Valentinians Tod entweder selbst vermuthete, oder von dem an ihn abgesandten Officier erfuhr, und von den Gallikanischen Legionen ebenfalls Störung der Ruhe befürchtete, gab gegen dieselben vor, er habe Befehl, mit ihnen zu Besetzung des Rheinufers aufzubrechen, weil die Alamannen mehr als jemals herüber zu gehen drohten: auch detaschirte er, geheimer Order gemäß, den Sebastian, der von des Kaisers Tode noch nichts wußte, in eine entferntere Gegend — einen Mann, der nicht gerade ein unruhiger Kopf war, aber als Liebling des Heeres doch immer gefährlich werden konnte.

Nach Merobaudes Ankunft zog man alles noch mehr in reifliche Ueberlegung, und ward endlich einig, den jungen Valentinian, des verstorbenen Sohn, damals ein Kind von vier Jahren, der jetzt in einer Entfernung von hundert Meilen mit seiner Mutter Justina *) sich

auf

*) Vorher Gemahlin des Magnentius.

Ammian Marcellin 3ter B.

auf einem Landhause, Murocincta genannt, aufhielt, zum Mitregenten zu erwählen. Mit diesem einstimmigen Entschluß ward sogleich Cereal, Justinens Bruder, abgesandt, brachte auch bald nachher den Prinzen in einer Sänfte ins Lager, wo man ihn am sechsten Tage nach seines Vaters Tode zum Kaiser ernannte, und ihm dann den gewöhnlichen Titel August gab.*) Anfangs konnte man zwar allerdings vermuthen, daß Gratian bey diesem Schritte, einen neuen Regenten ohne seine Einwilligung zu wählen, nicht ganz gleichgültig bleiben werde: doch diese Besorgniß bestätigte sich zum Glück nicht, man sah vielmehr mit Vergnügen, daß Gratian, ein überhaupt gutdenkender und vernünftiger Mann, mit der zärtlichsten Liebe für die Erziehung seines Bruders sorgte.

*) Ich habe die Ernennung zum Kaiser von der Benennung mit dem Namen August unterschieden. Die Reise Cereals hundert (auch nur Römische) Meilen hin und her mit einem vierjährigen Kinde in einer Sänfte schien mir doch etwas mehr Zeit zu fordern, als daß der Prinz am sechsten Tage schon hätte im Lager seyn können. Also am sechsten Tage ward er zum Imperator ernannt, und bey seiner Ankunft im Lager zum August. Uebrigens muß man diesen vierjährigen Valentinian von einem andern neunjährigen dieses Namens unterscheiden. Der letztere war ein Sohn des Valens, der unsrige ein Sohn Valentinians. Durch diese Bemerkung hat Valois mehr als Eine Schwierigkeit, mehr als Einen anscheinenden Widerspruch der Schriftsteller damaliger Zeit glücklich gehoben.

Ein

Ein und dreyßigstes Buch.

Inhalt.

Kap. 1. Vorbedeutungen, aus denen sich des Valens Tod, und die unglücklichen Folgen der Auswanderung der Gothen vermuthen ließen. — Kap. 2. Wohnsitze und Sitten der Hunnen, Alanen und anderer Nationen im Asiatischen Scythien. — Kap. 3. Die Hunnen zwingen oder bereden die Alanen am Don, sich mit ihnen zu verbinden, greifen dann die Gothen gemeinschaftlich an, und vertreiben sie aus ihrem Lande. — Kap. 4. Der größere Theil der Gothen, Thervinger genannt, auf diese Art aus ihrem Lande gedrängt, werden auf Valens Erlaubniß, und gegen das Versprechen, folgsame Unterthanen und treue Bundsgenossen zu seyn, von den Römern nach Thracien herüber gelassen, worauf ein anderer Volksstamm derselben, die Greuthunger, eine gleiche Aufnahme verlangen. — Kap. 5. Die Thervinger, von Mangel und Hunger und übler Behandlung gedrungen, kündigen dem Valens den Gehorsam auf, und ihre Anführer, Alavivus und Fritigern, erlegen den Lupicin mit seinem Heer. Diesen Zeitpunkt benutzen die Greuthunger, sich auch über die Donau zu schleichen. — Kap. 6. Ursachen, warum die vo.... schon mit den ihrigen eingewanderten Gothisch........aten, Suerid und Colias, auch rebellirten, ... Hadrianopel alles niedermachten, sich dann mit ....itigern verbanden, und Thracien verheerten. — Kap. 7. Profuturus, Trajan und Richomer sind einigemal glücklich gegen die Gothen. — Kap. 8. Die Gothen werden von den Römern auf

dem

dem Gebirge Aemus eingeschlossen, schlagen sich aber durch, erlauben sich in Thracien jeden Greuel, und der Tribun der beschilderten Gardisten, Barzimer, verliert in einem Gefecht gegen sie das Leben. — Kap. 9. Frigerid, Gratians Feldherr, erlegt den Magnaten Farnobius nebst vielen Gothen und Taifalen: dem entkommenen Reste weiset man Wohnplätze am Po an. — Kap. 10. Die Lentiensischen Alamannen werden von Gratians Generalen in einer Schlacht besiegt, in der auch ihr König Priarius bleibt: sie ergeben sich, liefern Rekruten, und erhalten dann Erlaubniß nach Hause zu gehen. — Kap. 11. Sebastian überfällt die mit Beute beladenen Gothen, bey Beröa unvermuthet, und nur wenige retten sich durch die Flucht. Gratian eilt seinem Onkel Valens gegen die Gothen zu Hülfe. — Kap. 12. Valens entschließt sich, den Gothen vor Gratians Ankunft eine Schlacht zu liefern. — Kap. 13. Die Gothen vereinigen sich in ein Heer, Fritigern führt die Thervinger, Alatheus und Saphrax die Greuthunger an, es kömmt zur Schlacht, worin die Römer nach dem Verluste ihrer Reiterey zu ganzen Schaaren niedergemacht oder völlig zerstreuet werden. Auch Valens wird vermißt, und ist nirgends zu finden. — Kap. 14. Charakter des Valens. — Kap. 15. Die Gothen belagern nach diesem Siege Hadrianopel, wo Valens Kriegskasse und Reichsinsignien, Präfect und Hofstaat zurückgelassen hatte, müssen aber nach mehr als Einem vergeblichen Versuch abziehen. — Kap. 16. Sie suchen an die Hunnen und Alanen durch Geld an sich zu locken, und machen auf Constantinopel selbst einen vergeblichen Versuch. Julius, kommandirender General jenseit des Taurusgebirges sucht auf eine freye Art die Gothen aus den Provinzen des Orients zu entfernen.

Kap.

Kap. 1.

Indeß hatte Fortuna, deren schnelles Rad von jeher Glück mit Leiden wechseln ließ, Bellonen und ihr Gefolge, die Furien, aufgeboten, um dem Orient ein trauriges Schicksal zu bereiten, über dessen Annäherung ganz unverkenntbare Ahnungen und Vorzeichen keine Zweifel übrig ließen. Ohne die zahlreichen und zuverläſſigſten Prophezeiungen der Wahrſager und Augurn zu rechnen, liefen Hunde, von heulenden Wölfen aufgeſchreckt umher — von Dächern ertönte die Stimme wehklagender Nachtvögel — die Sonne, beym Aufgang in düſtre Wolken gehüllt, ſchwächte der Morgenröthe Glanz — in Antiochien, wo der mißmüthige Pöbel oft ſehr laut ward, war es etwas Alltägliches, daß jeder, der ſich vom Kaiſer bedrückt fühlte, die unverſchämte Aeußerung: man verbrenne doch den Valens bey lebendigem Leibe, ſich erlaubte, daß man ſogar öffentliche Ausrufer oft an den Ecken der Straßen das Volk aufbieten hörte, zu Nieberbrennung der vom Kaiſer mit leidenſchaftlicher Betriebſamkeit erbauten Bäder Holz herbeyzuſchaffen. Dieß war doch in der That eine Vorbedeutung ███ Art ſeines Todes, die faſt nicht deutlicher ███████ te. Ueberdies waren — der abgeſchiedene ███ des Königes von Armenien, und der klägliche ███ Schattenbilder der kurz vorher bey Gelegenh███ vermeintlichen Rebellen Theodors (§. ███) hingerichteten Menſchen vielen im Traume erschienen, und hatten durch die fürchterlichsten Lieder im widrigsten Tone die Schlafenden in banges Schrecken gesetzt. Man traf einen Adler mit abgeschnittener Kehle todt auf der Straße liegend an, und sein Tod konnte nichts anders bedeuten, als daß ein klägliches, weit um sich greifendes Sterben erfolgen werde. Endlich fand man beym Niederreißen der alten Mauer von Chalcedon, deren Steine man zu dem Baue eines neuen Bades in Constantinopel verbrauchte, im Auseinandernehmen der Steine auch eine viereckichte steinerne Platte, deren Aufschrift in Griechischen Versen einwärts vermauert gewesen war, und über die Zukunft die deutlichste Auskunft gab:

Wann tanzlustige Nymphen dereinst in traulichen
Reihen
Ueber Blumen daher die festlichen Straßen durch-
hüpfen;
Wann Arbeiter mit Schweiß ein Bad mit Mauern
umziehen,
Dann, dann werden unzählige Schaaren entlege-
ner Völker
Erst mit kämpfender Faust, Bahn über die Donau
sich öffnen,
Und dann Scythiens Land und Mysiens Fluren
verheeren.
Aber durch glückliche Siege zu ihrem Frevel be-
Endlich der Hoffnungen ihr Grab in Pan-
nonien finden.

Rap-

Kap. 2.

Die erste Quelle und Veranlassung zu mannichfaltigen Leiden, die des Kriegesgottes Wuth, der so gern alles in Flammen und Verwirrung setzt, herbey führte, soll, wie ich finde, folgende gewesen seyn. Die Nation der Hunnen*), deren in den ältern Geschichtsbüchern nur zuweilen gelegentlich Erwähnung geschieht, wohnt über den Möotischen Sümpfen am Eismeere und ihre Wildheit geht über alle Beschreibung. Weil man den Kindern, sogleich nach der Geburt tiefe Einschnitte in die Wangen macht, so wird in der Folge das keimende Barthaar durch runzlichte Narben im Wachsen gehindert, und sie werden, Entmannten gleich, alt, ohne einen Bart, des Mannes Zierde, erhalten zu haben. Ein gedrungener und fester Gliederbau, und feiste Nacken sind bey ihnen allgemein: sie sind von sonderbarer Leibesgestalt und langgestreckt, daß man sie für stehende zweyfüßige Thiere, oder für plump zugehauene Brückenpfähle halten könnte.

---

*) Außer den bereits von Lindenbrog zu weiterem Nachlesen angeführten Schriftstellern (*** B. 4. K. 20. (und *** besonders *** der Reitemeierischen Ausgabe) Sozomenus B. *** 37. Agathias B. 5. Joannes B. 12. verdienen noch, von den alten Claudian in Rufin. B. 1. v. 323. ff. von den neuern der eigene Geschichtschreiber dieser Nation Deguignes Hist. generale des Huns, des Tures etc. Par. 756. 5 Quartbände und Gebhardi im 15. Theile von Guthrie und Gray bey diesem Kapitel nachgelesen zu werden.

te. Diese so unannehmlichen Menschengestalten sind dabey so wild und abgehärtet, daß sie weder das Bedürfniß des Feuers, noch gewürzter Speisen kennen, vielmehr nur Wurzeln wildwachsender Pflanzen, und halbrohes Fleisch jeder Art von Thieren essen, welches sie zwischen ihre Hüften und ihrer Pferde Rücken legen, und nur mäßig warm werden lassen. — Häuser haben sie nie gehabt, glauben sie vielmehr eben so sorgfältig wie Gräber, die auch nicht zu gemeinem Gebrauche dienen, vermeiden zu müssen: nicht einmal eine Hütte mit Schilf bedeckt, trifft man bey ihnen an. Als wahre Nomaden ziehen sie nur auf Bergen und Wäldern umher, und gewöhnen sich von Jugend auf, Reif und Hunger und Durst ertragen zu lernen. Auch im Auslande betreten sie nie ohne die dringendste Noth ein Haus, weil sie sich nicht sicher in demselben glauben. Ihre Bekleidung besteht aus Leinwand, oder aus zusammen genähten Marderfellen. Einen Unterschied zwischen Hauskleid und Geschäftsrock kennen sie nicht: haben sie einmal den Hals durch die Kutte von verschossener Farbe gesteckt, dann wird sie nie wieder abgelegt oder gewechselt, bis sie durch Länge der Zeit ganz abgenutzt zu einzelnen Lumpen hinschwindet. Den Kopf bedecken sie mit gebogenen Helmen, ihre ten Schienbeine mit Ziegenfellen, u. ihren Schuhen nehmen sie sich kein Maas, halb sie auch nicht festen und sichern Trittes ei ehen. Dies ist auch die Ursache, daß sie zu Gefecht zu Fuß

nichts

nichts taugen: immer findet man sie wie angeheftet auf ihren Pferden, die zwar dauerhaft, aber von schlechtem Ansehen sind: bisweilen sitzen sie auch bey ihren gewöhnlichen Geschäften nach Weibersitte auf denselben. Tag und Nacht kommen sie nicht von ihren Pferden, kaufen und verkaufen, essen und trinken reitend, legen sich sogar auf den schmalen Nacken ihrer Thiere, um zu schlafen, oder nach Herzenslust zu träumen. Auch wenn sie eine Volksversammlung über ernsthafte Angelegenheiten halten, thun sie alles beritten ab. Nicht durch Strenge einer königlichen Regierung gezwungen, sondern von einem in der Eil gewählten Magnaten angeführt, stürzen sie alles zu Boden, was ihnen in den Weg kömmt. Bisweilen lassen sie sich in ein förmliches Gefecht ein, und thun in dem Falle den Angriff in keilförmiger Stellung, und mit einem fürchterlichen Kriegsgeschrey. Bey ihrer außerordentlichen Flüchtigkeit und Gewandtheit sprengen sie oft absichtlich aus einander, sammlen dadurch nur Kräfte, und breiten sich in getheilten Haufen aus, um ihren Feind von mehreren Seiten zu überfallen: ihre Eilfertigkeit läßt sie auch nie an Ersteigung eines Walles, oder an Plünderung des feindlichen Lagers denken. Auch dadurch werden sie unstreitig weit gefährlicher als jeder andere Feind, weil sie vom weiten mit Pfeilen, die vorn mit zugespitzten Knochen künstlich beschlagen sind, *) in der Nähe aber, ohne

ihr

*) Sed distinctis, steht noch im Texte, das ich mir aber nicht zu erklären weiß.

ihr Leben zu schonen, fechten, und die Feinde, indem sie dem Säbelhiebe auszuweichen suchen, in gewundene Rockzipfel so fest zu verstricken wissen, daß alle Bemühung, von der Stelle zu reiten oder zu gehen, vergeblich ist. — Feldbau ist ihre Sache nicht, und keiner hat je einen Pflug berührt. Alle sind, ohne sich an eine bestimmte Gegend zu halten, ohne Häuser, ohne dauernde Gesetze und Gebräuche, mit den Wagen, die ihnen für Häuser gelten, in fortwährender Wanderschaft: auf diesen Wagen weben ihnen die Weiber ihre schwarzen Kutten, begatten sich mit ihren Männern, gebähren ihre Kinder, und erziehen sie bis zu den Knabenjahren. Keiner ist im Stande, seinen Geburtsort anzugeben: denn an dem einen ist er vielleicht empfangen, weit davon gebohren, noch weiter erzogen. — Auch bey einem Waffenstillstande darf man ihnen nicht trauen, immer unbeständig, und bey jedem Lüftchen einer günstig scheinenden Hoffnung veränderlich, folgen sie nur den Trieben ihrer wütenden Heftigkeit. Wie vernunftlose Thiere kennen sie keinen Unterschied zwischen Ehre und Schande: in ihren Reden sind sie sehr trügerisch und zurückhaltend: kein Religionsgefühl, selbst kein Aberglaube wirkt auf sie, denn sie kennen keines von beyden. Auf Gold sind sie äußerst gierig, übrigens so veränderlich, und zum Zorne geneigt, daß sie ihren Freunden an Einem Tage mehr als einmal ohne den geringsten Grund die Freundschaft aufsagen, aber auch ohne fremdes Zureden die Hände zum Frieden bieten.

Diese

Diese lebhafte und wilde Nation, nur immer im Auslande zu plündern begierig, hatte ihre näheren Gränznachbarn durch Raub und Mord ausgesogen, und drang nun bis zu den Alanen, den ehemaligen Massageten vor. Durch die Gelegenheit veranlaßt, glaube ich hier am schicklichsten Orte die Abstammung des Volkes und ihre Wohnsitze anzugeben, und die bisher in der Erdbeschreibung herrschende Verworrenheit zu bemerken, in die nach so vielen fabelhaften und abweichenden Nachrichten nun doch endlich (der Fleiß der Forscher) mehr Wahrheit gebracht hat. *)

Die Donau durch Aufnahme mehrerer Flüsse zu einem großen Strome gebildet, geht am Lande der Sarmaten hin, welche bis zum Don hin wohnen, der die Gränze zwischen Asien und Europa macht. Jenseit dieses Flusses bewohnen die Alanen die in einer weiten Strecke hinliegenden Scythischen Steppen. Alanen heißen sie von den Bergen, und nach und nach haben sie, wie ehemals die Perser, die benachbarten, durch häufige Siege geschwächten Nationen auch ihren Namen anzunehmen gezwungen. Unter diesen bewohnen die Neuren das Innere des Landes, in der Nähe der hohen und steilen Gebürge, die von Nordwinden bestrichen in ewigem Eis und Schnee da ●●●●. Hinter diesen wohnen die Budinen und ●●●nen, welche letztere, besonders eine wilde, kriegerische Nation, ihren in der

*) Eine verdorbene Stelle, aus der doch so viel durchscheint, daß Ammian wenigstens etwas dem Aehnliches müsse gesagt haben.

der Schlacht erlegten Feinden die Haut abziehen, und dieselbe für sich zu Kleidern, oder zu Decken für ihre Pferde gebrauchen. An die Gelonen gränzen die Agathyrsen, die sich in Körper und Haar blaue Farbe einzureiben pflegen, doch so, daß die geringern Volksklassen sich nur schmale und wenige, die Vornehmen hingegen breitere und dichter an einander stehende Einschnitte machen. Hinter diesen wohnen, so viel ich weiß, die Melanchlänen und Anthropophagen als Nomaden, und diese sind Menschenfresser. Einer so schändlichen Nahrungsart wegen haben auch alle ihre Gränznachbarn sich lieber in die entlegensten Länder zurückgezogen, und dies ist auch die Ursache, warum der ganze nordöstliche Strich Landes bis zu den Serern hin unbewohnt geblieben ist. Von der andern Seite neben den Wohnsitzen der Amazonen finden sich die orientalischen Alanen in volkreiche und große Völkerstämme zerstreut, und erstrecken sich tief in Asien hinein bis zum Ganges hin, der Indien durchströmt, und endlich in das Südmeer fällt.

So leben dann nach zweyen Himmelsgegenden hin die Alanen zerstreut, und in viele kleine Völkerschaften, deren Namen ich hier nicht aufzählen will, vertheilt: aber so weit sie auch an manchen Orten von einander wohnen, so haben sie doch das mit einander gemein, daß sie als Nomaden in weiten Horden umherziehen. Nach und nach haben sie auch den gemeinschaftlichen Namen Alanen angenommen, und Lebensart,

Wild-

Wildheit, Unmenschlichkeit — sind bey allen dieselben. Sie kennen weder Zelte noch Feldbau, Fleisch und Milch sind ihre Lebensmittel, und ihre Wohnungen sind — Wagen, über die sie ein Obdach von gebogenen Flechten ziehen, und sie in die entlegensten Einöden mit sich nehmen. Kommen sie in eine grasreiche Gegend, dann stellen sie ihre Karren in eine Rundung zusammen, und genießen thierische Nahrung, so gut sie sie vorfinden: sind die Nahrungsmittel in der einen Gegend aufgezehrt, dann ziehen sie auf ihren Wagen als beweglichen Städten weiter: auf diesen Wagen liebkosen sie ihre Weiber, auf ihnen werden ihre Kinder gebohren und erzogen. Jede andere Art von Wohnung verschmähen sie, und jeder Ort, an den sie kommen, ist ihnen Vaterland. Vor ihnen her ziehen immer ganze Heerden von großem und kleinem Vieh, und besonders lassen sie sich die Pferdezucht angelegen seyn. Die Felder sind in jener Gegend immer grün, hin und wieder trift man auch auf obstreiche Gegenden: wohin sie also nur kommen, fehlt es ihnen nirgends an Nahrungsmitteln, ihrem Vieh nirgends an Futter — ein Vortheil, den ihnen die vielen den Boden wässernden Flüsse gewähren. Alles, was Alter oder Geschlecht Waffen zu führen unfähig machen, hält sich um die Wagen auf, und versieht die leichtern Geschäfte: das junge Volk wächst von den Knabenjahren an unter beständigen Uebungen im Reiten heran, und hält es für Schande, zu Fuß zu gehen, auch
wer-

werden sie alle durch vielfachen Unterricht zu gewandten Kriegern gebildet. Daher läßt sich es auch erklären, daß die Perser, ursprüngliche Scythen so fertige Krieger waren.

Fast alle Alanen sind von langem Wuchs und schön gebildet, ihr Haar fällt ziemlich ins Blonde, ihr Blick behält bey gemäßigter Wildheit doch immer etwas Furchtbares, sie sind sehr behend mit ihren Waffen, überhaupt in allem den Hunnen gleich, nur daß ihre Lebensart etwas milder ist. Als Räuber und Jäger streifen sie oft bis an den Möotischen See und den Cimmerischen Bosporus, oder auch nach Armenien und Medien hin. Friedlicher und sanfter Nationen höchster Wunsch ist — Ruhe, aber Alanen finden nur Vergnügen an Gefahren und Kriegen. Glücklich preiset man bey ihnen nur den, der in der Schlacht sein Leben verlor, denn wer vor Alter oder eines natürlichen Todes stirbt, den schmäht man als entarteten Weichling aufs bitterste: ihr höchster Stolz ist die Ermordung irgend eines Menschen, und ihre rühmlichsten Siegeszeichen sind die feindlichen Köpfen abgezogenen Häute, mit denen sie ihre Streitrosse schmücken. Nirgends sieht man bey ihnen einen Tempel, oder Kapelle, nicht einmal eine Hütte mit Schilf belegt: das einzige, das auf Religion bey ihnen deuten könnte, ist dies, daß sie ein bloßes Schwert mit wildem Ceremoniel in die Erde stecken, und in demselben den Kriegsgott, als Bschützer ihrer weiten Länder umher

mit

mit einer Art von Achtung verehren. *) Ihre Art, die Zukunft zu erforschen, ist nicht weniger sonderbar: sie binden schlanke Weidengerten zusammen, die sie nach einer gewissen Zeit unter geheimen Zaubersprüchen wieder aus einander legen, und darin die untrüglichsten Vorzeichen der Zukunft zu finden glauben. Sklaverey war ihnen von jeher ein ganz unbekannter Begriff, jeder ist edler Abkunft, und noch jetzt wählen sie keinen andern zu ihrem Regenten, als wer sich in mehreren Kriegen als Held ausgezeichnet hat. Doch ich gehe auf Erzählung der sie jetzt betreffenden Schicksale über.

Kap. 3.

Die Hunnen waren in das Land der Alanen, und zwar der sogenannten Tanaitischen, welche an der Greuthunger Land gränzen, vorgedrungen, hatten viele derselben niedergemacht und ausgeplündert, mit den übrigen der Freundschaft Bund errichtet, und dann, durch diese neuen Bundsgenossen noch muthiger gemacht, die weiten und fruchtbaren Horden Ermenrichs unvermuthet überfallen, eines Königes, der für einen großen Krieger galt, und durch mehrere Heldenthaten seinen Namen bey den umliegenden Nationen furchtbar gemacht hatte. Betroffen über einen eben so schnell als gewaltsam einbrechenden

---

*) Diese Verehrung des Schwertes war allgemeine Scythische Sitte. Mela B. 2. K. 1. Solin Polyhistor. K. 20.

Sturm, besaß er anfangs Muth genug, gegen denselben ankämpfen zu wollen; aber, weil jede neu ankommende Nachricht ihn sein fürchterliches Schicksal immer näher sehen ließ, so beschloß er endlich, der ihm drohenden Gefahr durch einen freywilligen Tod zuvorzukommen. Nach seinem Tode wählte man Vithimer einen neuen König, der zwar eine Zeit lang, von einer durch Geschenke gewonnenen Hunnischen Volkerschaft unterstützt, den Alanen muthig widerstand, aber nach vielfachem Verlust in einem förmlichen Treffen das Leben verlohr. Sein Sohn Viderich war noch Kind, weßhalb Alatheus und Saphrax, beyde erfahrne Feldherren und festen Muthes, im Namen des unmündigen Prinzen sich des Landes annahmen: weil aber die Kürze der Zeit ihnen die gehörigen Anstalten zu machen nicht erlaubte, so gaben sie alle Hoffnung eines wirksamen Widerstandes auf, zogen sich behutsam zurück, und kamen am Flusse Danastus (Dniester) an, der zwischen der Donau und dem Borysthenes (Dnieper) in einer weiten Ebene hinfließt. Sobald der Theuringer Fürst Athanarich, (gegen den, wie ich vorher erzählte, (B. 27. K. 5.) als thätigen Unterstützer des Rebellen Prokop, Kaiser Valens vor kurzem mit seinem Heere aufgebrochen war) diese so ganz unerwarteten Vorfälle hörte, entschloß er sich, standhaft seine ganze Macht aufzubieten, wenn man auch ihn anzugreifen sich gelüsten ließe. Er bezog also an den Ufern des Dniester bey den Thälern der

Greu

Greuthunger ein wohlgewähltes zweites Lager, detaschirte aber den Munderich, nachher Kommandeur des Gränzkordons in Arabien, nebst Lagariman und andern Magnaten zwanzig Meilen voraus, um die Feinde zu beobachten, während er selbst Anstalten zu muthigem Empfang der Feinde machte. Aber er sah seinen ganzen Plan verrückt. Die Hunnen, schlaue Beobachter, vermutheten, daß in einer weitern Entfernung eine weit größere Armee stehen müsse, sie umgingen also jenes vorausgesandte Korps, machten es, weil es keinen Widerstand vorfand, sicher, drangen aber unter Begünstigung des Mondes an einem seichten Orte über den Fluß herüber, um lieber gleich die Hauptarmee anzugreifen, rückten auch, ehe noch ein vorläufiger Bote die Feinde warnen konnte, mit schnellen Schritten auf Athanarich an, und zwangen ihn, in der Bestürzung über einen so unerwarteten Angriff nach Verlust einiger Mannschaft seine Rettung auf dem steilen Gebirge zu suchen. Doch die ganz unerwartete Wendung der Sache, und die Besorgniß noch größerer Gefahren veranlaßten ihn, von den Ufern des Flusses Gerasus (Prut*) bis an die Donau, an den Gränzen der Taifalen hin, eine hohe Mauer in der Eile aufführen zu lassen, hinter der er, als einer Brustwehr, sich völlig

---

*) Kantemir Beschreib. der Moldau S. 44. sagt, dieser Fluß komme bey Ammian unter dem Namen Parota vor. — Vermuthlich ein Gedächtnißfehler.

Ammian Marcell. 3. B.

völlig zu sichern glaubte. Die Hunnen drangen auch während dieser Arbeit mit schnellen Schritten auf ihn an, und nur die überlästige Beute, die sie bey sich führten, konnte sie von ihrem hartnäckigen Entschluß, ihn zu Grunde zu richten, abbringen.

Weil indeß durch die übrigen Gothischen Nationen sich das Gerücht verbreitete, daß eine bisher ganz unbekannte Menschengattung, wie Sturmwind, der von hohen Bergen stürzt, aus einem entlegenen Winkel der Welt herbeygeführt, alles vor sich her niedertrümmere und verheere, so entschloß sich der größere Theil von denen, die bisher bey Athanarichs Armee gewesen, ihn aber aus Mangel verlassen hatten, sich in weiter Entfernung von den Barbaren neue Wohnsitze zu suchen, und nach langer Ueberlegung glaubte man nach Thracien am schicklichsten seine Zuflucht nehmen zu können. Zu dieser Wahl bestimmten sie sich aus einem doppelten Grunde: theils, weil dies Land sehr grasreiche Fluren besitzt, theils weil der breite Donaustrom sie von den Barbaren trennen würde, die jetzt ohnedem genug zu thun hätten, um sich mit gewaffneter Hand in einem fremden Lande zu behaupten. Diesem Entschluß traten dann auch andere Gothen in der Folge einstimmig bey.

Kap. 4.

J. n. C.
G. 376. Sie *) erschienen demnach unter Anführung des Alavivus an den Ufern der Donau, und schickten Gesandte an Valens mit der demüthigen Bitte, sie aufzunehmen, und zugleich mit dem Versprechen, sich nicht nur ruhig zu verhalten, sondern auch im Nothfalle Hülfstruppen zu stellen. Während dieser Vorfälle im Auslande verbreitete sich auch bis zu den Römern her die furchtbare Nachricht, daß die Völker im Norden ganz neue und ungewöhnliche Bewegungen machten, und daß in dem ganzen Striche, den Markomannen und Quaden gegenüber bis an das schwarze Meer hin ein ganzer Schwarm wilder Barbaren in fernen Landen aus seinen bisherigen Wohnsitzen gewaltsam zurückgedrängt, am Donaustrom mit Weib und Kind umherschwärme. Anfangs hörte man diese Sage mit Kälte an, weil man aus jenen Gegenden bisher keine andern Nachrichten gewohnt war, als daß die dortigen Kriege entweder ganz beendigt, oder wenigstens auf eine Zeit lang beygelegt wären. Ob nun gleich diese Gerüchte sich mit jedem Tage mehr bestätigten, und die Ankunft der fremden Gesandten, welche aufs dringendste baten, ein vertriebenes Volk doch diesseits des Flusses wohnen zu lassen, gar keinen Zweifel mehr übrig ließen, so glaubte man doch in dem allen keinen Grund zu Furcht, vielmehr zu großer Freude zu finden:

die

*) Die Therbinger sind gemeint.

die Höflinge, Meister in der Kunst zu schmeicheln, erhoben das Glück des Fürsten bis zum Himmel, daß ihm von dem äußersten Ende der Erde so viele Rekruten so ganz unverhofft zuführte — seine Armee müsse durch eine so glückliche Verbindung eigener und fremder Macht ganz unbezwinglich seyn — und wenn bisher die Provinzen jährlich Rekruten zu stellen verbunden gewesen wären, so dürfte man dies nur in eine Geldabgabe verwandeln, wodurch dem Kaiserlichen Schatze eine beträchtliche Summe zuwachsen müßte. So fröhlicher Hoffnung voll ließ man sogleich in mehrere Gegenden der Donau Leute abgehen, um diese wilde Volksmasse herüber führen zu helfen, und man war äußerst sorgsam, ja nicht Einen Verwüster des Römerreiches, wäre er auch tödtlich krank gewesen, jenseit des Flusses zurückzulassen. Nach eingegangener Bewilligung des Kaisers über den Strom zu gehen, und sich in einem Theile Thraciens niederzulassen, dauerte das Uebersetzen auf Schiffen und Flossen und ausgehölten Baumstämmen mehrere Tage und Nächte fort: weil aber der Fluß, überhaupt einer der gefährlichsten, jetzt noch überdem durch häufige Regen sehr angelaufen war, so fanden auch viele, die auf die Schiffe zusammengedrängt gegen die Gewalt des Wassers zu muthig aus ruderten, oder auch herüberschwimmen wollten, in in dem Strome ihr Grab.

So eifrig betriebsam war man, ein so verderbliches Uebel in die Römerwelt herüberzubringen.

gen. So viel iſt wenigſtens unleugbar gewiß, daß die unglücklichen Beförderer der Ueberfahrt dieſer Barbaren, ſo oft ſie auch ihre Zahl zu berechnen den Verſuch machten, dennoch von dieſer vergeblichen Arbeit abſtehen mußten, denn auch hier galt, was unſer erhabenſter Dichter *) ſagt:

Nur der könnte ſie zählen, der den vom Zephyr gehobenen

Sand in Lybiens Wüſte ſich zu berechnen getraute.

In der That wird durch dieſe Begebenheit das Andenken jener ältern Geſchichte wieder aufgefriſcht, welche Mediſche (Perſiſche) Schaaren in ſo unglaublicher Zahl nach Griechenland herübergehen ließ, daß ſie den Hellesront beſetzten, ſich durch Kunſt offene Bahn durch Abgraben des Athosberges in die See machten, dann ans Land giengen, und bey Doriskum ihre Schaaren nicht einzeln, ſondern truppweiſe zählten. **) Zwar haben die folgenden Zeitalter einſtimmig

---

*) Virgil Georg 2. V. 105. Die Ueberſetzung iſt eigenes Machwerk: Meiſter Voß überträgt ſo: Wer ſie zu lernen verlangt, der verlangt auch der Libyſchen Ebne Sandgewühl zu erforſchen, wie viel im Weſte gewälzt wird.

**) Erneſti hat Valois Lesart, die freylich keinen Sinn giebt, nach den Regeln der behutſamern Kritik beybehalten, obgleich Gronov die von Voſſius zu Mela B. 7. K. 2. (S. 182. der Franeker. Ausgabe von 1700) vorgeſchlagene Verbeſſerung ſogleich in den Text aufgenommen hat. Sie hebt auch nicht alle Schwierigkeit, indeſſen — Etwas iſt doch beſſer als Nichts. Auch bitte ich oben B. 18. K. 6. am Ende der Note über Doriskum, und B. 22. K. 8. die erſte Note nachzuſehen.

geglaubt, in dem allen nur Fabel zu lesen: aber seitdem unzählige Haufen von Nationen sich in unsere Provinzen ergossen, sich über die weitesten Ebenen verbreiteten, jede Gegend und jede Anhöhe besetzten, seitdem ist die Glaubwürdigkeit der ältern Geschichte durch dieses neue Beyspiel vollkommen gerechtfertigt.

Alavivus und Fritigern waren die ersten, die man nicht nur in unseren Gränzen aufnahm, sondern der Kaiser hatte auch verordnet, ihnen wenigstens in der ersten Zeit Lebensmittel zu reichen, bis sie die ihnen angewiesene Gegenden selbst bearbeiten könnten *). Zu einer Zeit, wo unsere Gränzen völlig geöffnet waren, und wilde Völker ihre bewaffneten Schaaren, wie der Aetna seine glühende Asche, weit umher verbreiteten, wo unsere äußerst bedenkliche Lage vorzüglich Heerführer von geprüfter Tapferkeit heischte, waren, als hätte eine zürnende Gottheit sie ausgesucht, unsere Generäle ein wahrer Aushub berüchtigter Männer, vor allen doch Lupicin, kommandirender General (Comes) in Thracien, und Maximus, ein Unterfeldherr. Beyde wetteiferten mit einander im schändlichsten Frevel, und vorzüglich hatte ihre laurende Habsucht für den Staat die verderblichsten Folgen. Ohne mich jetzt auf alle die Ungerechtigkeiten einzulassen, die entweder sie selbst, oder
andere

*) Ammian hätte nicht vergessen sollen, daß Valens auch ausdrücklich die Bedingung gemacht hatte, daß die Wilden vorher ihre Waffen abgeben sollten.

andere durch ihre Connivenz sich gegen die damals
noch feindlich gesinnten Emigranten erlaubten,
will ich nur eine derselben erwähnen, die, eben
so unerhört als schreiend, sich vor keinem Richter,
wäre er auch ihres Gelichters gewesen, entschuldigen ließ. Die Wilden litten nach ihrem
Uebergange großen Mangel an Lebensmitteln,
und unsere abscheulichen Heerführer benutzten
dies zu dem schändlichsten Verkehr: jeder Hund,
den ihre unersättliche Habsucht nur irgend auf-
treiben konnte, ward herbeygeschafft, und gegen
einen Sklaven ausgewechselt, zu denen sich selbst
Söhne der Magnaten hingeben mußten.

Nicht lange nachher war auch Vitherich,
der Greuthunger König, nebst Alatheus und
Saphrax, seinen Reichsverwesern *), ingleichen
Farnobius am Ufer der Donau erschienen,
und ließen sogleich durch Gesandte den Kaiser
um gleich gütige Aufnahme bitten. Der Kaiser
schlug ihnen dieses Gesuch als dem Staate nicht
zuträglich ab: und während ihrer Verlegenheit
hierüber brach Athanarich, der keine günstigere
Antwort erwartete, in weiter entlegene Gegenden auf. Er mochte sich zurückerinnern, daß er
ehemals bey einem vorgeschlagenen Freundschafts-
bunde den Valens verächtlich behandelt, und
unter dem Vorgeben, er habe einen Eid geschwo-
ren, den Römischen Boden nie zu betreten, denselben den Frieden mitten auf dem Flusse abzu-
schließen gezwungen habe: (B. 27. K. 5.) diesen

K 4   alten

*) Er war noch immer unmündig. S. K. 3.

alten Groll, dachte er, wird der Kaiser ohne Zweifel noch nicht abgelegt haben, und so marschirte er mit seinem Volksstamme seitwärts ab nach Kaukalanda, eine durch Wälder und Gebirge ganz unzugängliche Gegend, aus der er die Sarmaten als bisherige Besitzer verdrängte.

Kap. 5.

Die bereits eingewanderten Thervinger schweiften noch immer am Ufer umher, und sahen sich an weiterm Vorrücken durch unsere hämischen Feldherrn behindert, die ihnen theils kaum die nothdürftigsten Lebensmittel zukommen ließen, theils durch ihr schändliches Mäkeln erst ganz ausplündern wollten. Sobald jene dies merkten, fingen sie unter der Hand an zu verstehen zu geben, daß sie gegen so treulose Bedrückungen sich in Verfassung zu setzen wissen würden, und Lupicin machte nun aus Furcht einer Empörung Anstalt, sie durch seine Soldaten zu nöthigen, ihren Stab weiter zu setzen. *)

Diesen günstigen Zeitpunkt benutzten die Greuthunger; sie bemerkten, daß unsere Krieger anderwärts zu thun hatten, und daß die hin und wieder gehenden Fahrzeuge nicht mehr wie bisher, ihren Uebergang verhinderten, zimmerten also Flöße, so gut sie konnten, in der Eil zusammen, setzten über den Fluß glücklich herüber, nahmen aber ihr Lager in weiter Entfernung von Fritigern. Dies

*) Nämlich tiefer ins Land hinein, aber in abgesonderten Haufen.

Dieser hatte sich mit der ihm eigenen klugen Behutsamkeit schon auf jeden möglichen Fall gefaßt gemacht, wollte den kaiserlichen Befehlen gehorsam scheinen, und wünschte sich mit den andern Königen seiner Nation zu vereinigen, *) zog also mit seinem Heere gemächlich einher, und kam endlich nach langsamen Märschen vor Marcianopel an. Hier ereignete sich ein neues Unglück, das zu einem allgemeinen fürchterlichen Brande ausschlagen sollte. Lupicin hatte die beyden Feldherren Alaviv und Fritigern bey sich zu Gaste, ließ aber durch ausgestellte Posten die übrigen Gothen in weiter Entfernung halten, so wiederholt sie auch baten, man möchte ihnen doch, als Unterthanen und friedlichen Leuten erlauben in die Stadt zu kommen, um sich Lebensmittel einzukaufen: weil aber die Einwohner bey ihrer Weigerung blieben, so kam es — erst zu heftigem Wortgezänk, und endlich zum Gefecht, wobey die aufgebrachten Wilden, die schon so oft Söhne und Töchter feindselig hatten entführen sehen, die niedergemachten Soldaten ausplünderten. Man meldete diesen Vorfall unbemerkt dem Lupicin, indem er beym schwelgerischen Schmause unter Tafelmusik halbwachend in Trunkenheit hinbrütete: er befahl also, um weitere Folgen zu vermeiden, die Trabenten, die beyde Feldherren als Ehrenwache oder Bedeckung bey sich hatten, vor dem

*) Mit andern Worten: marschirte, weil es der Kaiser so haben wollte, marschirte aber langsam, um den neu angekommenen Ostgothen eine Vereinigung antragen zu lassen.

dem Pallaste niederzumachen. Die vor der Stadt befindlichen Gothen hörten diese Nachricht mit traurigem Unwillen, verstärkten sich immer mehr, um ihre, wie sie glaubten, zurückbehaltenen Führer zu befreyen, und ihre Drohungen waren fürchterlich. Fritigern, der selbst befürchtete, man möchte ihn und sein noch übriges Gefolge als Geiseln behalten, schrie mit seiner gewöhnlichen Entschlossenheit, man mache die Sache gewiß nur noch schlimmer, wenn man ihn nicht nebst seinen Gefährten aus der Stadt entließe, um den gemeinen Haufen zu besänftigen, der bloß in dem Wahne, als ob man seine Heerführer unter dem Scheine der Gastfreundschaft umgebracht habe, so wild aufbrause. Man entließ ihn in dieser Hoffnung sehr gern, er zog mit seinen Begleitern aus der Stadt, frohlockend wurden sie von den Ihrigen empfangen, und nun setzte er sich mit Alaviv zu Pferde, um alles umher zum Kriege aufzureizen. Das Gerücht war ihm mit boshaften Uebertreibungen zuvorgekommen, und so fanden sie die ganze Nation der Trevinger desto hitziger zum Kampf; ohne sich von einer Schwierigkeit oder künftigen Gefahr schrecken zu lassen, hoben sie ihre Fahnen nach Landessitte, begannen ihre fürchterliche Feldmusik *) und rotteten sich in Räuberhorden zusammen, verwüsteten Dörfer durch Raub und Brand, und verheerten weit umher, was auf ihrem Wege lag.

Lupi-

*) Rauca cornua, Claudian. in Rufin. L. 2, v. 57.

Lupicin bot in tumultuarischer Eil seine Krieger gegen sie auf, rückte dann mehr unbesonnen als bedachtsam vor, und bot neun Meilen von der Stadt den Wilden ein Treffen an. Dieß war für die Wilden ein freudiger Anblick: und sogleich drangen sie auf unsere sorglosen Schaaren an, die Schilde fest an die Körper gedrückt durchbohrten sie jeden, der ihnen in den Weg kam, mit Lanzen und Schwertern: ihre mörderische Wut ließ die Unserigen gar nicht zu Athem kommen. Tribunen und Fahnen und der größte Theil der Armee gieng verlohren: nur unser kläglicher General, den man nicht glücklicher hätte wählen können, wenn das Talent eines Heerführers darin besteht, andere fechten zu sehen, entkam durch eilige Flucht in die Stadt. Die Feinde gewannen schon durch die erbeuteten Waffen nicht wenig: durch sie nun besser gerüstet, zogen sie ohne Widerstand in der Gegend umher.

Weil ich nach so mancherley Auftritten endlich auf diese entscheidende Entwicklung komme, so muß ich meine Leser (wenn ich mir schmeicheln darf, Leser zu finden,) gar sehr bitten, nicht eine in die kleinsten Umstände eingehende Geschichte, oder die genaueste Angabe der Gebliebenen zu erwarten, deren Zahl sich auf keine Weise zuverlässig würde bestimmen lassen. Meine Absicht war, nur die Hauptbegebenheiten anzugeben, und die Wahrheit unverhüllt darzustellen— eine Absicht, die jeder Geschichtschreiber, der für zuverlässig gelten will, vor Augen haben sollte.

Nur

Nur der ältern Geschichte Unkundige können behaupten, daß der Römerstaat nie vorher in so finstere Unglückswolken gehüllt gewesen sey; ein Irrthum, der nur Folge unserer Betäubung über unsere gegenwärtigen Leiden seyn kann. Man darf nur in die ehemaligen oder auch nächstverflossenen Zeiten zurückgehen, und man wird finden, daß eben so wichtige und eben so traurige Unglüksfälle mehr als einmal sich ereignet haben.— Teutonen und Cimbern überschwemmten von den entlegensten Gegenden am Ocean her Italien: unermeßlich war der Schade, den sie dem Römerstaate zufügten, aber am Ende doch immer von unsern großen Generalen besiegt und völlig aufgerieben, machten sie die traurige Erfahrung, wie wenig blos tapfere Faust gegen regelmäßige Kriegskunst vermöge. — Auch unter Kaiser Marcus Regierung hatten Völker von vielerley Sprachen und Zungen, und dennoch von einerley Wut beseelt, nach fürchterlichem Schlachtgetös, nach Erstürmung und Plünderung vieler Städte, nach Erlegung mehr als Einer Armee des Römerstaates in der That nur wenige Provinzen unsers Reiches unverschont gelassen *). Dennoch sah man nach so kläglichem Verlust bald alles

---

*) Dieser Sinn der Stelle, einer der verdorbensten im Ammian, soll, hoffe ich, im Ganzen den Zusammenhang nicht stöhren. Zu Berichtigung des Textes selbst liesse sich nach Casaubon, Saumaise, Valois und Gronov etwas thun, wenn man von dem einen diese, von dem andern jene vorgeschlagene Verbesserung annähme, aber eine dergleichen Künsteley wäre wenigstens hier nicht an ihrem Orte.

alles wieder in den vorigen Stand zurückgesetzt, und dies kam daher, weil unsere frugalen Väter, durch zügellose Weichlichkeit noch nicht verpestet, weder im schwelgerischen Schmause wetteiferten, noch nach niederträchtigem Gewinn gierten: vielmehr Vornehme und Geringe, von einerley Eifer belebt, in einem rühmlichen Tode für das Vaterland gleichsam einen sichern und ruhigen Hafen zu finden eilten.

Schaaren von Scythischen Nationen drangen mit zweytausend Schiffen *) durch den Bosporus und Propontis vor, und richteten zu Land und See viel Unheil an, aber sie sahen sich nach dem Verluste des größten Theiles der Ihrigen zur Rückkehr gezwungen. Im Gefecht gegen Barbaren fielen jene Kaiser, die Decier, Vater und Sohn. — Belagert wurden Pamphiliens Städte, und mehrere Inseln verwüstet; Macedonien rauchte vom Brand seiner Städte und Dörfer; die ganze Schaar lag lange vor Thessalonich und Cyzikum. Anchialos ward erobert, zu gleicher Zeit Nikopolis, ehemals von Trajan zum Denkmaal seiner Siege über Dacien angelegt. Nach mancherley blutigem Verlust oder blutigen Siegen ward Philippopolis zerstört, und wenn man den Jahrbüchern glauben darf, hunderttausend Menschen in ihren Mauren niedergemacht.

Durch

---

*) Auch Trebellius Pollio im Leben des Kaisers Claudius Hist. Aug. Th. 2. S. 365. hat diese Zahl, Zosimus hingegen B. 1. K. 42. 6000 Schiffe. Die darauf folgenden Kaiser Decius stehen wohl der Chronologie nach nicht am rechten Orte.

Durch Epirus und Thessalonien und ganz Griechenland zogen fremde Völker übermüthig einher: aber durch den neuen Kaiser Claudius, einen ruhmvollen Feldherrn, und nach dessen Heldentode von Aurelian, einem eben so muthigen als strengen Rächer ihres Frevels zurückgetrieben, blieben sie lange Zeit daher *) ruhig in ihren Gränzen, und nur einzelne Räuberhorden streiften, doch immer zu ihrem eigenen Verderben, in unsere Provinzen herüber. Doch ich komme wieder auf unsere Zeiten.

Kap. 6.

Indem über die oben erzählten Ereignisse eine Nachricht über die andere sich überallhin verbreitete, konnten sie auch einem Suerid und Collias nicht verborgen bleiben. Diese Gothischen Mägnaten, denen man längst vorher schon mit den Ihrigen unter uns zu wohnen erlaubt, und Hadrianopel zum Winteraufenthalt angewiesen hatte, wünschten sich gar nicht aus ihrer glücklichen Lage heraus, und sahen jenen entfernteren Auftritten mit ruhiger Gleichmüthigkeit zu. Desto unerwarteter mußte ihnen ein Befehl des Kaisers kommen, daß sie sich in den Hellespont begeben sollten, dem sie nichts als die bescheidene Bitte um Zehrung, Lebensmittel und einen Aufschub von zwey Tage entgegensetzten. Die erste Magistrats-

---

*) Per longa sæcula durfte ich doch nicht in ihrer gewöhnlichen Bedeutung übersetzen.

gistratsperson (Duumvir) der Stadt nahm dies sehr übel auf, (denn er hatte einen Groll auf diese Gothen, weil sie auf seinen Landgütern vor der Stadt einmal nicht zum besten gewirthschaftet hatten,) bot also den Pöbel, nebst den Fabrikanten, deren es in dieser Stadt sehr viele giebt, auf, um gegen dieselben in förmlicher Rüstung, und unter Bedrohung des traurigsten Schicksals anzurücken, wenn sie nicht, dem kaiserlichen Befehl zu Folge auf der Stelle sich entfernten. Die Gothen über diese Behandlung in Erstaunen gesetzt, faßten sich doch bald nach dem ersten Schrekken über ein mehr hitziges als überlegtes Aufbrausen des Volks, und blieben unerschütterlich; weil man sie aber nicht nur mit Schmähungen und Flüchen überhäufte, sondern auch zuweilen Pfeile auf sie herüberschoß, so fingen sie endlich an, diese Feindseligkeiten zu erwiedern, machten von ihren Gegnern, die sich jeden Muthwillen gegen sie erlauben zu können wähnten, viele nieder, trieben die übrigen in die Flucht, und erlegten sie mit jeder Art Waffen, die ihnen in die Hände fielen, zogen mit der den erschlagenen Römern abgenommenen Rüstung nun selbst einher, und verbanden sich dann mit dem in der Nähe befindlichen Fritigern als folgsame Genossen, um über die versperrte Stadt alle Leiden einer Belagerung zu bringen. Sie selbst befanden sich freilich auch dabey nicht in der bequemsten Lage, und wenn bey ihren mehrmaligen zügellosen Angriffen zuweilen eine tollkühne Verwegenheit
glückt

glücklich gelang, so wurden doch auch viele durch Pfeile oder Schleudersteine getödtet. Fritigern, überzeugt, daß Leute, die von der Belagerungskunst nicht die geringsten Begriffe hatten, nur verlieren und nichts gewinnen könnten, rieth, mit Zurücklassung eines hinlänglichen Korps die Belagerung aufzuheben, lieber seinem Grundsatze: Friede den Mauern, zu folgen, und dagegen die umherliegenden äußerst fruchtbaren und jetzt ganz wehrlosen Gegenden ohne alle Gefahr in Besitz zu nehmen. Dieser Rath eines Königes, von dem man selbst die thätigste Unterstützung hoffte, ward mit Beyfall aufgenommen, und nun zerstreuten sie sich in Thracien umher, fanden auch bald an freywillig ergebenen oder Gefangenen gute Wegweiser, die ihnen die reichsten, vorzüglich mit Lebensmitteln im Ueberfluß versehenen Dörfer nachwiesen. Außer dem ihnen eigenen Vertrauen auf eigne Kraft war auch dies ein sehr günstiger Umstand, daß mit jedem Tage ganze Schaaren ihrer Landsleute sich zu ihnen fanden, die entweder von Kaufleuten zur Sklaverey gezwungen, oder bey der ersten Einwanderung vom äußersten Hunger gedrückt, sich um einen Trunk schlechten Weines, oder ein ärmliches Stück Brod freywillig hingegeben hatten. Zu diesen allen kamen noch eine Menge Bergleute aus den Goldminen, die sich nicht mehr im Stande sahen, die ihnen zugemutheten drückenden Abgaben zu

erlegen

erlegen*): man nahm sie mit einstimmiger Willigkeit auf, und sie wurden ihnen in diesen unbekannten Gegenden sehr nützlich, weil sie ihnen
die versteckten Fruchtbehältnisse, und die geheimsten Schlupfwinkel der Eingebohrnen entdeckten.
Nichts als was ganz unzugänglich oder entlegen
war, blieb bey solchen Wegweisern unverschont.
Ohne Unterschied des Alters oder des Geschlechtes ward alles niedergemacht, alles mit Feuer
und Schwert verheeret: säugende Kinder riß man
den Müttern von der Brust hinweg, um sie zu
erwürgen, die Mütter selbst machte man zu Skla-
vinnen, Weiber sahen ihre Männer vor ihren
Augen ermorden, und sich nun Wittwen: Knaben und Jünglinge wurden über ihrer Eltern
Leichname hingeschleift. Selbst alten Männern,
so laut sie auch nach dem Verluste ihrer Güter
und schönen Gattinnen lebenssatt um ihren Tod
baten, erlaubte man nur die letzte Thräne in die
Asche ihrer Häuser hinfallen zu lassen, und führte
sie dann mit gefesselten Händen als Sklaven ins
Ausland.

Kap. 7.

J. n. Chr.
Geb. 377. So traurige Nachrichten aus Thracien setzten den Kaiser Valens in tiefen Kummer
und

---

*) S. Reitemeiers Ge-   Völkern. Gött. 785. S. 104.
schichte des Bergbaues und   105.
Hüttenwesens bey den alten

Ammian Marcell. 3. B.

und ängstliche Verlegenheit: Vor allen Dingen sandte er den General der Reiterey, Victor, nach Persien, um über Armenien nach Erforderniß der gegenwärtigen Umstände gütliche Abkunft zu treffen *): er selbst war entschlossen, Antiochien zu verlassen, und einstweilen nach Constantinopel zu gehen, wohin er den Profuturus und Trajan vorausgehen ließ, Generäle, die bey aller hohen Meinung von sich selbst doch nichts weniger als Helden waren. Anstatt daß sie bey ihrer Ankunft an dem Orte ihrer Bestimmung in einzelnen Korps und im kleinen Kriege die überwiegende Menge der Feinde hätten überlisten, und nach und nach schwächen sollen, hatten sie vielmehr den jetzt ganz unschicklichen und verderblichen Einfall, den wild schnaubenden Barbaren die aus Armenien gezogene Legionen entgegen zu stellen, die, so oft sie auch die rühmlichsten Beweise ihrer Tapferkeit gegeben hatten, dennoch es mit einer so ungeheuren Anzahl von Feinden, die auf den Ebenen hin bis an die Spitzen der Berge gedrängt da standen, unmöglich aufnehmen konnten. Bisher hatten sie noch keine

*) Wider Ammians Latinität ist es nun eben nicht, wenn der Franz. Uebersetzer die Worte: ut super Armeniæ statu pro captu rerum componere impendentium, so nimmt: um Armenien zu decken, dort Anstalten zu machen, wenn etwa die Perser die gegenwärtige Lage benutzen wollten; nur die gleich nachher vorkommenden Armenischen Legionen, die man gegen die Gothen gebrauchte, sind dawider; es muß also wirklich ein Vergleich mit dem Persischen Hofe zu Stande gekommen seyn, sonst hätte man ja Armenien nicht entblößen können.

keine Gelegenheit gehabt, die Erfahrung zu machen, was Verzweiflung mit zügelloser Wuth verbunden vermag: indeß waren sie glücklich genug, die Feinde über die steilen Aemusgebürge zurückzudrängen, und ihre Stellung in engen Bergpässen zu nehmen, theils um den an Einen Ort zusammengepreßten Wilden jeden Ausweg abzuschneiden, und sie nach und nach auszuhungern, theils auch um Frigerids Ankunft zu erwarten, der bereits auf Valens Bitte von Gratian abgesandt war, um mit einem Hülfskorps aus Pannonien und den jenseits der Alpen liegenden Provinzen die Morgenländer vom äußersten Untergange zu retten. Nach ihm war auch Richomeres, damals *) General der Haustruppen, ebenfalls auf Gratians Befehl aus Gallien aufgebrochen, und eilte mit einigen seyn sollenden Kohorten nach Thracien: denn der grössere Theil hatte, wie einige behaupten wollten, auf Merobaudes Rath, und aus Besorgniß, Gallien selbst möchte von seinen Beschützern entblößt, feindlichen Einfällen vom Rhein herüber ausgesetzt seyn, seine Fahnen auf dem Marsche verlassen. Weil Frigerid durch einen Anfall von Gicht behindert ward, oder, wie boshafte Verläumder erdichteten, absichtlich krank seyn wollte, um den Gefahren einer hitzigen Schlacht zu entgehen, ward man einig, daß Richomer das Haupt-

*) Nachher ward er ein sehr bedeutender Mann, General der Reiterey unter Gratian, dann unter Theodos Consul und General der Reiterei und des Fußvolkes zugleich. (Magister utriusque militiæ.)

Hauptkommando übernehmen, und sich mit Profutur und Trajan vereinigen sollte, die bey der Stadt Salices ein Lager bezogen hatten. Nicht weit davon standen in unzähligen Volksmassen die Barbaren, die eine grosse Menge Wagen in einem Kreise um sich her gestellt hatten, um hinter denselben, wie hinter Mauren einer Stadt ihre reiche Beute in Ruhe zu geniessen.

Die Römischen Feldherren, von guter Hoffnung belebt, bald eine günstige Gelegenheit zu einem eben so glücklichen als ruhmvollen Siege abzusehen, liessen jede Bewegung der Gothen genau beobachten: denn jetzt gieng ihr Plan nur dahin, den Feinden, wenn sie aufbrächen, (wie sie denn ihre Stellung sehr oft verändern) in den Rücken zu gehen, hoffentlich eine grosse Menge des Nachzuges niederzumachen, und ihnen einen beträchtlichen Theil ihrer Beute wieder abzunehmen. Die Feinde erfuhren dies durch häufige Ueberläufer, die ihnen überhaupt alles, was in unserm Lager vorging, verriethen: sie blieben also zwar in ihrer Stellung unverrückt, doch gegen die entgegenstehende Armee, die sie noch immer vermehrt zu sehen befürchten mussten, nichts weniger als gleichgültig, zogen sie auf die bey ihnen gewöhnliche Art von Aufgebot *) die in der Gegend umher auf Plünderung ausgesandten Korps an sich, welche dann auch sogleich, dem Befehle ihrer Magnaten gemäss, wie lodernde Brandpfeile zu ihrer sogenannten Wagenburg hin-

*) S. oben S. 154. Note

hinflogen, und den Eifer ihrer Landsleute, eine entscheidende That zu unternehmen, noch mehr belebten. Ju dieſer Erbitterung ſtanden beyde Heere gegen einander, beyde entſchloſſen, die Zeit zum Angriff ſo viel möglich abzukürzen. Die Gothen, die nach Einberufung der Jhrigen nun in ihrer Wagenverſchanzung deſto gedrängter ſtanden, reizten durch ihr fürchterliches Lärmen ſich ſelbſt zu wildem Muthe auf, und konnten zu groſſer Freude ihrer Feldherrn kaum den Augenblick erwarten, gefühllos der äußerſten Gefahr entgegen zu gehen. Weil es aber ganz ſpät am Tage war, und die einbrechende Nacht ſie zu ihrem Mißvergnügen noch einige Stunden ruhig zu bleiben zwang, ſo wandten ſie die Zwiſchenzeit blos an, um ſich durch Speiſe und Trank zu ſtärken, ohne ſich doch Schlaf in die Augen kommen zu laſſen. Auch die Römer brachten aus Furcht vor ſolchen Feinden, vor ſolchen Heerführern, die wie wütende Thiere kämpften, die Nacht ſchlaflos hin, und wenn ſie, an Zahl den Feinden bey weitem nicht gewachſen, einen gefährlichen Kampf vor ſich ſahen, ſo ließ doch die Gerechtigkeit ihrer Sache einen glücklichen Erfolg mit unerſchrockenem Muthe erwarten.

Und kaum röthete den Himmel die Morgenſonne, als die Trompete die Streiter von beyden Seiten zur Schlacht entbot, die Wilden, ſich gegen einander nach Landesſitte Tapferkeit zuſchwuren, und dann die Anhöhen zu beſetzen hineilten, um im Anfall vom Abhange herab, wie das rollende Rad, alles, was ihnen in den Weg käme, unaufhaltsam mit sich fortzureissen. Sobald unsere Krieger diese Bewegung der Feinde bemerkten, eilte jeder zu seiner Legion, und alle standen in gedrungener Masse da, ohne sich zu theilen, oder aus Reihe und Glied zu treten. So rükten nach und nach beyde Heere mit bedachtsamen Schritten einander näher, und standen dann einige Minuten unbeweglich da, um einander mit stierem Blik ins Auge zu fassen. Die Römer fiengen zuerst an, durch ihr Feldgeschrey, Barritus genannt, (B. 16. K. 12. S. 196.) das gewöhnlich sich leise erhebt, und nach und nach immer stärker wird, sich zu Kraft im Kampfe zu stärken. Ihnen folgten die Barbaren, die in kreischendem Tone Loblieder auf ihrer Väter Heldenthaten sangen. Noch bey diesem Gewirr verschiedener Sprachen kam es zu kleinen Gefechten, bald aber fing man an, Wurfspieße und Pfeile aus der Entfernung auf einander zu werfen, und endlich rükte man einander näher, schob die Schilde so fest wie ein Schirmdach zusammen, bis Mann gegen Mann zu stehen kam. Die Wilden, die ihre Lücken bald wieder füllen konnten, warfen mit vieler Gewandheit starke durch Brennen gehärtete Wurfstangen auf die Unsrigen, oder stießen bey muthigem Widerstand ihnen den Dolch in die Brust, und brachten unsern linken Flügel zum Weichen: doch ein Korps tapferer Krieger, das zur Unterstützung herbeyeilte, hielt noch das Todesschwert von ihrem

Nacken

Nacken ab. Die Schlacht ward hitziger, und der Erschlagenen immer mehr: jeder stürzte auf den Feind an, wo er ihn am dichtesten fand, machte sich unter einem Hagel von Pfeilen mit dem Schwerte Bahn vorwärts: hinter ihnen sprengten die Reiter an, die den Fliehenden mit starker Faust Schädel und Rükgrat spalteten: auf einer andern Seite schnitt man denen, die vor Furcht oder Ermüdung kraftlos an der Erde lagen, die Sehnen an den Füßen durch. Das weite Schlachtfeld, ganz mit Leichen bedekt, bot dem Auge den traurigsten Anblik dar: einige lagen halbtodt da, und trösteten sich mit der vergeblichen Hoffnung, ihr Leben zu retten: hier sah man die Stirne durch einen Schleuderstein durchbohrt, dort einen mit Eisen beschlagenen Pfeil aus dem entseelten Körper ragen: einigen war durch einen Schwertschlag der Kopf so genau gespalten, daß man nicht ohne Entsetzen die zwey Hälften auf beyden Schultern liegend fand. Vom hartnäckigsten Gefecht noch immer nicht ermüdet, würgten beyde Theile mit noch unentschiedenem Glück einander nieder, keiner fühlte seine körperliche Kraft abgespannt, so lange noch immer Muth seinen Geist belebte. Nur die eintretende Nacht konnte ein so mörderisches Gefecht unterbrechen: jeder schlich sich, so gut er konnte, ohne Ordnung davon, und wenn er sich über seines Lebens Rettung freute, so brachte er doch mehr als einen traurigen Gedanken in sein Zelt zurück. Einige Vornehme begrub man, so gut es Ort und Zeit zuließen, alle übrige wurden den Raubvögeln, denen Schlachttage gar festliche Schmaußtage sind, zu Theil, und noch jetzt ist das Schlachtfeld mit gebleichten Knochen besäet. Uebrigens muß man gestehen, daß die Römer, die bey weit geringerer Zahl mit einer fast unzählbaren Menge den Kampf aufnahmen, zwar einen beträchtlichen Verlust erlitten haben müssen, aber auch bey ihrem tapfern Widerstande den Barbaren manche Thräne entlockt, mehr als Einen Kummer mögen verursacht haben.

Kap. 8.

Nach einem für beyde Theile so traurig entschiedenem Gefecht zogen sich die Unsrigen auf Marcianopel zurück, das nicht weit vom Schlachtfelde entlegen war, die Gothen hingegen drängten sich wieder in ihre Wagenburg zusammen, und getraueten sich eine ganze Woche nicht herauszugehen oder sich nur sehen zu lassen. Diesen günstigen Zeitpunkt benutzte unsere Armee, um einen andern unermeßlichen Haufen von Barbaren durch hochaufgethürmte Schanzen in die Thäler des Aemusgebürges einzuschließen, in der guten Hoffnung, eine für uns so verderbliche Volksmenge zwischen die Donau und wüste Gegenden zusammenzupressen, und durch Besetzung aller Auswege um so eher auszuhungern, weil man alle Arten von Lebensbedürfnissen absichtlich in die festen Städte geschafft hatte, deren Belagerung

gerung die Barbaren, wenigstens bey ihrer jetzigen Unkunde in der Belagerungskunst zu unternehmen sich nicht getrauen durften.

Richomer gieng nach diesem Gefecht, das in Gratians viertem und Merobaudes erstem Consulat gegen den Herbst hin vorfiel, nach Gallien zurück, um für künftige vielleicht noch hitzigere Schlachten neue Hülfstruppen herbeyzuführen. Auch Valens übertrug auf die traurige Nachricht von so beträchtlichem Volksverlust und Länderverheerung dem Saturnin einstweilen das Kommando über die Reiterey, und ließ ihn sogleich mit derselben zu Trajans und Profuturus Unterstützung abgehen. Während seines Hinzuges waren in ganz Scythien und Mösien die wenigen noch übrigen Lebensmittel ganz aufgezehrt, und die Barbaren glühten vor Wuth und Hunger, sich durch unsere Schanzen durchzuschlagen. Nach mehrmaligen Versuchen, bey denen sie sich durch muthigen Widerstand der Unsrigen von den steilen Anhöhen aus zurückgeschlagen sahen, zogen sie endlich, durch die äußerste Noth gezwungen, einige Hunnen und Alanen unter Vorspiegelung reicher Beute an sich. Sobald Saturnin dies erfuhr, (denn er war nun angelangt, und recognoscirte die Gegend, um einen Kordon zu ziehen) beschloß er, nach und nach die entfernteren Korps an sich zu ziehen, und dann die Armee weiter auseinander zu legen. — ein Entschluß, der nichts weniger als zu tadeln war, weil er nicht ohne Grund befürchtete, die ganze Schaar der

Feinde möchte einmal plötzlich, wie ein wilder Strom, der mit gewaltigem Druck des Wassers endlich durch die festesten Dämme bricht, jene auf gefährlichen Anhöhen ausgestellten Vorposten doch endlich überwältigen.

So stürzten dann die Barbaren, sobald sie durch Abzug der Unsrigen die Bergpässe geöffnet fanden, ohne Ordnung, und ohne Widerstand auf dem ersten besten Wege in die Ebene herüber, um neue Leiden über dieselbe zu bringen; breiteten sich ungehindert als wilde Verwüster über Thraciens Flächen aus, und erfüllten von den Ufern der Donau bis zum Rhodope, und zu der zwey grosse Meere scheidenden Meerenge alles mit jedem Greuel, der sich bey Raub und Mord und Brand und Mißhandlung freyer Menschen nur denken läßt. Auftritte boten sich dem Auge dar, die sich nicht ohne Entsetzen beschreiben, vielweniger mit ansehen ließen — Weiber, vor Furcht halb todt, durch Schläge der schallenden Geißel fortgetrieben — Mütter, Kinder unter dem Herzen tragend, die noch vor dem Eintritt in die Welt mancherley Leiden fühlten — Kinder, die sich an ihre Mütter schmiegten, weinende Knaben und Mädchen, mit harten Fesseln an zarten Händen. Eine andere traurige Gruppe stellten die erwachsenen Jungfrauen dar, oder neu vermählte Weiber, die, die Wangen vor Schmerz zerfleischt, die bittersten Thränen weinten, und keinen Wunsch kannten, als ihrer nahen Entehrung selbst durch den schmählichsten Tod zuvorzukommen. Und wenn

wenn endlich ein freygebohrner Mann, wenige Tage vorher noch reich und unabhängig, wie ein Thier sich fortschleppen sah, dann seufzte er gewiß über die Härte der blinden Glücksgöttin, die ihn fast in einem Augenblicke seiner Güter, seiner Gattin, seiner Kinder beraubte, ihn aus dem Hause, das er mit eigenen Augen in Asche und Ruinen hinstürzen sah, in ein weites Ausland hinstieß, um sich von dem wilden Sieger in Stücken zerhauen zu lassen, oder als Sklav unter Geißelhieben und Quaalen zu seufzen.

Die Barbaren raseten indeß wie wilde Thiere, die ihren Behälter durchbrachen, in wütender Eil im weiten Lande umher, und zogen auch gegen die Stadt Dibaltum (. . .) hin, um den Barzimer, einen Tribun der beschildeten Gardisten, der mit Cornuten und anderm Fußvolke hier ein Lager bezogen hatte, anzugreifen. Er aber that, was sich von einem alten tapferen Krieger erwarten ließ — gab sogleich das Zeichen zum Angriff, sicherte seine Flanken, so gut er konnte, und stürzte dann mit seinem eben so muthigen als gewandten Heere gegen die Feinde an, und Sieg wäre gewiß der Erfolg gewesen, wenn nicht die immer zunehmende Menge feindlicher Reiter ihn, vor Ermüdung ganz athemlos, umringt und niedergemacht hätte. So fiel der heldenmüthige Mann nach Erlegung vieler Feinde, deren Verlust wegen ihrer großen Menge weniger bemerklich war,

Rap.

Kap. 9.

Die Gothen, bey ihrem Glük nur immer mit sich selbst nicht einig, was sie nun Neues beginnen sollten, beschlossen Frigeriden, als einen ihrer gefährlichsten Gegner aufzusuchen: und kaum hatten sie nahrhaftere Kost genossen und sich durch kurzen Schlaf gestärkt, als sie wie wütige Thiere auf ihn zugingen. Sie wußten, daß er auf Gratians Befehl nach Thracien zurükgekommen, und um sie zu beobachten, sich bey Beróa (Cara Verſa) in ein verſchanztes Lager geſetzt habe. Aber, ſo ſchnell ſie auch, ihren Entſchluß auszuführen, hineilten, ſo hatte doch Frigerid, gleich geſchikt in der Kunſt, Soldaten anzuführen und Soldaten zu ſchonen, einen ſolchen Angriff entweder ſelbſt vermuthet, oder durch ſeine Kundſchafter Gewißheit darüber erhalten: er zog ſich alſo über ſteile Gebirge und dichte Wälder nach Illyricum zurük, und ſah ſich bald durch ein unverhofft günſtiges Glük zu neuem Muthe geſtärkt. Gerade indem er auf dieſem Rükzuge ſeine Leute immer beyſammen hielt, und behutſam fortzog, ſah er den günſtigen Zeitpunkt ab, den Gothiſchen Magnaten Farnobius zu überfallen, der mit ſeinen verheerenden Schaaren ganz ſorglos umherſchweifte, und ſich vor einiger Zeit mit den Taifalen als neuen Bundsgenoſſen verſtärkt hatte. Dieſes Volk war, um auch dieſen kleinen Umſtand zu bemerken, ſeitdem die Unſrigen aus Furcht vor

dem

dem Ueberfalle ganz unbekannter Nationen sich vom Ufer entfernt hatten, über den Fluß gegangen, um die von uns verlassenen Gegenden in Besitz zu nehmen. Frigerid, der unvermuthet auf sie stieß, war anfangs behutsam genug, sich nur in der Entfernung durch Pfeile gegen sie zu vertheidigen, entschloß sich aber, so gefährliche aus zweyen Nationen zusammengesetzte Verwüster lieber in der Nähe anzugreifen, und würde sie bis auf den letzten Mann niedergemacht haben, wenn nicht die wenigen übrigen nach dem Verluste des Farnobius, eines für uns vorher so gefährlichen Mannes, und einer unzähligen Menge der Ihrigen flehentlich um ihr Leben gebeten hätten. Dies ward ihnen zugestanden, doch mußten sie sich gefallen lassen, als Landbauer in die Gegenden von Modena, Reggio und Parma sich verpflanzen zu sehen. Uebrigens sind die Taifalen als ein schändliches, äußerst unzüchtiges Volk bekannt. Die so abscheuliche Knabenliebe ist bey ihnen etwas sehr gewöhnliches, wodurch sie ihre beste Mannskraft auf die widernatürlichste Art vergeuden. Aber wenn nur einer in der Folge etwa einen Eber glücklich auflaufen läßt, oder einen wilden Bär erlegt, dann vergißt man über einer solchen Heldenthat jede Jugendsünde.

Kap. 10.

Dies waren die traurigen Unglüksstürme, die zu Ende des Herbstes in Thracien alles zu Boden warfen, — eine in der That sehr gefährliche Zeitperiode, in der die Furien selbst ihre ganze Wut aufzubieten schienen, um ein so verderbliches Uebel auch auf die entlegensten Länder hin zu verbreiten. Hatten doch auch die Lentienser, eine Alamannische Völkerschaft, an Rätien gränzend, durch tükische Streifereyen den seit langen Jahren *) mit ihnen bestandenen Frieden gebrochen, und sich sogar in unsere Gränzen herüber gewagt, und — die Veranlassung dazu war diese: Einer aus ihrer Nation diente am kaiserlichen Häfe als Trabant, bekam aber einer häuslichen Angelegenheit wegen Urlaub. Bey der ihm eigenen Redseligkeit beantwortete er die vielen Fragen über Neuigkeiten vom Hofe mit der Nachricht, daß Gratian, von seinem Oheim Valens in den Orient entboten, nächstens mit einer Armee aufzubrechen im Begriff stehe, um mit verdoppelter Kraft die zu augenscheinlichem Ruin der Römer verschwornen angränzenden Völker zurückzutreiben. Die Lentienser faßten diese Nachricht begierig auf, auch sie fühlten sich durch den Gedanken, Gränznachbaren der Römer zu seyn, zu gleichem Wagniß ermuntert, mit der ihnen eigenen hitzigen und raubgierigen Sinnesart rotteten sie sich bald in Trupps zusam-

---

*) Seit dem Jahre 354. s. oben B. 15. Kap. 4.

sammen, und gingen im Februar über den mit
Eis belegten Rhein herüber. Doch die Petulanten und Celten, die in der Gegend standen, waren so glücklich, obgleich auch mit einigem Verlust, dieselben nachdrücklich zurückzuweisen. Dieser erste unglückliche Versuch machte sie, zumal da sie wußten, daß der größere Theil unserer Armee bereits nach Illyricum aufgebrochen war, um daselbst den nachkommenden Kaiser zu erwarten, nur noch hitziger, ihren Plan sogar zu erweitern. Alles, was nur in ihrem Lande Waffen tragen konnte, ward aufgeboten, und nun drangen sie mit einem Heere von vierzigtausend, oder wie andere, um dem Kaiser eine desto größere Schmeicheley zu machen, erzählen, von siebzigtausend Mann mit desto zuversichtlicherem Stolze in unsere Gränzen vor.

Gratian erschrak über diese Nachricht nicht wenig, ließ die nach Pannonien vorausgegangenen Truppen sogleich zurückkommen, und zu den aus bedächtlicher Vorsicht in Gallien zurückgelassenen Kohorten stoßen, übertrug dann dem Nannien, einem eben so tapfern als behutsamen Feldherrn das Hauptkommando, gab ihm aber doch an Mallobaudes, General der Haustruppen, und König der Franken, einen nicht weniger muthigen und geprüften Helden als Kollegen mit gleichem Range zu. Nannien, überzeugt, wie wenig man sich auf die Unbeständigkeit des Glücks verlassen dürfe, war sehr für Behutsamkeit; Mallobaud hingegen glühte

vor

vor Begierde nach Schlacht, und hätte vor Ungeduld vergehen mögen. Fürchterlich ertönte endlich die schmetternde Trompete von beyden Seiten, das Gefecht fing sich, auf das gegebene Zeichen bey Argentaria *) an, und Pfeile und Wurfspieße streckten nicht wenige Streiter zu Boden. Indeß bemerkten doch unsere Krieger bey allem Eifer im Fechten die ihnen weit überlegene Menge der Feinde, zogen sich also, um so augenscheinlicher Gefahr zu entgehen, auf waldigten und engen Wegen einzeln, so gut sie konnten, zurück, nur um gleich nachher desto tapferer Stand zu halten: aber ihrer blinkenden Waffen Glanz verführte in der Entfernung die Barbaren zu dem falschen Wahne, daß der Kaiser selbst im Anzuge sey. Und sogleich — fingen sie an zu fliehen, und wenn sie auch bisweilen Stand hielten, um ihre äußerste Kraft aufzubieten, so war doch am Ende ihre Niederlage so entscheidend, daß von jener großen Menge, wie man glaubt, nicht mehr als fünftausend Mann in dichten Gebüschen ihr Leben retteten, und unter vielen andern kühnen und tapfern Streitern auch ihren König Priar, der sie zu einem so gefährlichen Unternehmen verleitet hatte, verlohren.

Ein

*) Die Notenmacher zu den alten Itinerarien, auch Valesius und Gibbon nehmen es für Colmar, Schöpflin aber, dem auch Mannert folgt, für Horburg, Colmar gegenüber.

Ein so glücklicher Vorfall erhöhte Gratians Muth so sehr, daß er von seinem nach dem Orient bereits angetretenen Marsche umkehrte, und links ab unbemerkt über den Rhein ging, in der guten Hoffnung, eine von je her so treulose und unruhige Nation, wenn ihn das Glück auch nur ein wenig begünstigte, auf einmal zu vertilgen. Die Lentienser, die immer eine Unglücksposst nach der andern erhielten, durch den Verlust der Ihrigen sich ihrem völligen Untergange nah gebracht sahen, und, durch die plötzliche Erscheinung des Kaisers noch mehr bestürzt, nicht wußten, was sie beginnen sollten: (denn Widerstand zu thun, oder sonst etwas zu unternehmen konnte ihnen nicht zu Sinn kommen, sie hätten sogar bey dem besten Willen nicht einmal Frist dazu gewinnen können) zogen sich unter solchen Umständen so schnell als möglich auf unwegsamen Anhöhen zurück, besetzten dann rund umher die steilsten Bergspitzen, um für ihre Habe und Weiber und Kinder mit möglichster Kraft zu kämpfen. Dies machte nun freylich den Angriff auf einer Seite schwieriger, doch beschloß man, aus jeder Legion fünfhundert Mann, die durch längere Erfahrung schon Behutsamkeit gelernt hatten, auszuheben, um sie diese Art von Mauern bestürmen zu lassen. Was ihnen am meisten Muth machte, war der Umstand, daß sie immer den Kaiser mit unter den Ersten sahen, und so strebten sie die Anhöhen hinan, von der besten Hoffnung belebt, daß sie nur diese Felsen erklimmen dürften, um dann die gehoffte Beute ohne Schwertschlag in ihren Händen zu sehen. Das gegenseitige Gefecht begann gegen Mittag, und der Abend übereilte die erbitterten Kämpfer: von beyden Seiten war der Verlust beträchtlich: viele der Unsrigen hauten tapfer ein, und wurden eben so tapfer niedergehauen, auch hatten die von Gold und hellen Farben schön in die Augen fallenden Rüstungen der kaiserlichen Leibtrabanten zum Theil nicht wenig an Glanz und Glätte verloren.

Gratian hatte mit seinen vornehmsten Generälen die Sache mehrmals überlegt, und augenscheinlich war es, daß es gefährlich und am Ende sogar vergeblich seyn würde, gegen rauhe und steile Bergmassen mit unzeitiger Hartnäckigkeit anzustreben: weil aber, wie dies immer der Fall bey dergleichen Gelegenheiten ist, die Meinungen sehr verschieden waren, so beschloß man, wenigstens den Soldaten in so fern zu thun zu geben, daß sie eine Circumvallationslinie ziehen, und den ohnedem ermüdeten Feind durch Hunger zur Uebergabe nöthigen sollten. Weil dennoch die Deutschen nichts weniger als dies zu thun geneigt waren, vielmehr die genauere Kenntniß der Gegend es ihnen leicht machte, sich auf noch höhere Berge zurückzuziehen: so ging ihnen der Kaiser auch hier mit der Armee nach, um mit gleicher Tapferkeit auch jetzt die auf diese Klippen führenden Fußsteige aufzuspüren. Die Lentienser sahen nun wohl, daß seine hartnäckige Beharrlichkeit ihrer Kehle das Messer mit jedem Tage näher bringe,

bringe, sie ergaben sich also mit demüthiger Unterwürfigkeit, erboten sich, des Kaisers Forderung, ihre jungen rüstigen Männer zu unserer Armee stoßen zu lassen, Gnüge zu leisten, und erhielten dann ohne weitere Ahndung Erlaubniß, in ihr Land zurückzugehen.

Dieser Sieg, dessen Folgen um so bedeutender waren, weil er die Empörungslust der westlichen Nationen überhaupt gar sehr abkühlte, erfocht Gratian unter Beystand der ewigen Gottheit, und kaum glaublich ist es, mit welcher Lebhaftigkeit, Muth und Geschwindigkeit er von einem bereits angetretenen Marsche umkehrte, und die Feinde demüthigte. Ueberhaupt war Gratian ein junger Mann von vortreflichem Charakter, beredt, enthaltsam, eben so sanft als tapfer; noch schlich die zarte Wolle des keimenden Bartes über die Wange hin, als er schon den besten Fürsten der Vorzeit nacheiferte, — nur daß sein natürlicher Hang zu Tändeleyen, bey denen ihm die Höflinge gern freyen Willen ließen, ihn zu den kleinlichen Lieblingsvergnügen des Kaisers Commodus hinzog, ohne ihn doch, wie dieser, blutdürstig zu machen. So wie Commodus, wenn er bey Thiergefechten, die er dem gaffenden Volke so oft zum Besten gab, hundert in das Amphitheater zugleich hereingelassene Löwen mit verschiedenen Gattungen von Wurfgeschoß, jeden auf den ersten Schuß erlegte, sich selbstgefällig über Menschen erhaben fühlte, so war beym Gratian wenigstens der Fall oft der, daß er

nur

nur um scharfgezahnte Bestien im eingezäunten Thiergarten mit Pfeilen niederzuschießen, die ernsthafteren Staatsgeschäfte vernachlässigte, und das zu einer Zeit, wo selbst ein Mark Antonin kaum ohne gleich einsichtsvolle Mitregenten, kaum ohne die bedächtlichste Ueberlegung so traurige Unglücksfälle vom Staate zu entfernen vermögend gewesen wäre.

Noch machte Gratian in Gallien die nöthigen Einrichtungen, wie Zeit und andre Umstände sie heischten, ließ den Gardisten, der seinen eiligen Heimmarsch nach Jllyricum an die Barbaren verrathen hatte, hinrichten, und nahm dann seinen Weg über das Kastell Felix Arbor genannt, und durch Lauriacum (Lorch), um den bedrängten Provinzen zu Hülfe zu eilen.

Zu eben der Zeit geschah es auch, daß Frigerid, der für die gemeinschaftliche Sicherheit durch manchen nützlichen Rath so thätig gesorgt hatte, und jetzt unthätig hineilte, um den Paß bey Succi zu besetzen, und zu verhindern, daß die umherstreifenden leichten Truppen der Feinde, nicht wie ein wilder Strom die nördlichen Provinzen vollends ganz überschwemmen möchten, einen Nachfolger an einem gewissen Maurus bekam, einem Manne, der blos brutaler Miethling anstatt des wahren Helden war, und nirgends nach festen Grundsätzen handelte, — eben dem, der, wie wir weiter oben (B. 20. K. 4.) erzählt haben, dem Cäsar Julian bey seiner Weigerung, das kaiserliche Diadem anzunehzunehmen, als damaliger Fahnenträger unter den Leibtrabanten sein Halsgehänge um den Kopf wand. So entfernte man zu einer Zeit, wo der Staat am Abgrunde des Verderbens stand, einen eben so klugen als thätigen Feldherrn, den man doch, wenn er sich auch freywillig zur Ruhe zu setzen wünschte, jetzt bey so wichtigen Geschäften vom neuen zum Dienst hätte aufbieten sollen.

Kap. II.

J. n. Chr. Geb. 378.
Dies war auch der Zeitpunkt, wo Kaiser Valens endlich aus Antiochien abgieng, und nach einer langen Reise in Constantinopel ankam. Nachdem er in den wenigen Tagen, die er sich hier aufhielt, die Kränkung eines kleinen Aufruhres erfahren hatte, übertrug er dem vorher aus Italien erbetenen Sebastian, einem Feldherrn von anerkannter Thätigkeit das bisher von Trajan versehene Kommando über das Fußvolk: er selbst aber begab sich auf das kaiserliche Landhaus Melanthias, wo er seine Soldaten durch Zahlung ihres Soldes, durch körperliche Pflege und freundliche Herablassung zu gutem Muthe ermunterte. Bey weiterem Vorrücken der Armee erfuhr man in der kleinen Stadt Nike durch die zurückkommenden Kundschafter, daß die Wilden mit reicher Beute beladen von den Gegenden am Rhodope her nach Hadrianopel sich zurückzögen, um sich auf die erhaltene Nachricht von des Kaisers Aufbruch mit den Ihrigen

zu vereinigen, aber um Beröa und Nikopolis starke Obſervationskorps ausgeſtellt hätten. Um alſo eine ſo günſtige Gelegenheit nicht aus den Händen zu laſſen, machte Sebaſtian ſogleich ſeinen Plan, hob aus jeder Legion dreyhundert Mann aus, und eilte, um einen, wie er verſprechen zu können hoffte, für den Staat glücklichen Streich auszuführen. Beym ſchleunigen Hinmarſch kam er vor Hadrianopel an, aber ſobald man ihn erblickte, verſchloß man vor ihm die Thore, weil die Einwohner in Sorgen ſtanden, er möchte ſich etwa von dem Feinde ſelbſt durch Beſtechung haben verführen laſſen, und ihrer Stadt vielleicht ein ähnliches Unglück begegnen könnte, als ehemals unter einem General Actus, der ſich durch Magnentius Armee erlaufen ließ, ihr durch ſeinen Rückzug den Weg über die Juliſchen Alpen zu öffnen. Wie man endlich den Sebaſtian erkennte, erlaubte man ihm, in die Stadt hereinzukommen: er ließ ſeine Soldaten durch Speiſe und Trank und Schlaf ſich erquicken, eilte aber mit Anbruch des Tages zu einem heimlichen Ueberfalle hin, und bereits fieng es an Abend zu werden, als ihm einige ſtreifende Korps der Gothen, am Fluſſe Hebrus gelagert, ins Geſicht fielen. Bis zu Sonnenuntergang verbarg er ſich hinter Hügeln und Geſträuchen, und dann ſchlich er in finſterer Nacht heran, überfiel die ganz ſorgloſen Barbaren unvermuthet, und ihre Niederlage war ſo vollkommen, daß nur wenige durch ihrer Füße Schnelligkeit

keit dem Tode entrannen, alle übrige auf der Stelle blieben: auch nahm er ihnen der geraubten Beute eine so unermeßliche Menge ab, daß Stadt und weite Ebene sie zu fassen nicht hinreichte. Fritigern war hierüber vor Schrecken ganz betäubt, und weil er in Sorgen stand, Sebastian, den er schon längst als thätigsten Feldherrn kannte, möchte seine auf Plünderung einzeln umher zerstreuten Korps durch ähnliche unerwartete Ueberfälle ganz aufreiben, so ließ er sie alle nach Kabyle zurückentbieten, und brach dann eiligst auf, um seine Leute nicht in einem offenen Lande dem Hunger oder feindlichem Hinterhalte preis zu geben.

Während dies in Thracien vorfiel, hatte Gratian seine glückliche Unternehmung gegen die Alamannen dem Oheim in einem Briefe bekannt gemacht, ließ dann das sämmtliche Gepäck zu Lande voraus gehen, er selbst schiffte sich mit einem Korps rüstiger Krieger auf die Donau ein, und kam über Bononien (Bonmünster) in Sirmium an: hier hielt er sich vier Tage auf, und gieng dann, obgleich von einem Wechselfieber befallen, bey Martis Castra vom neuen über den Fluß. Hier hatte er ganz unvermuthet einen Anfall der Alanen auszuhalten, bey dem er doch nur wenige Leute verlohr.

Kap. 12.

Valens fühlte doch nun auch seinen Ehrgeiz theils durch Gratians Sieg über die Lentienser, theils durch Sebastians Berichte, der doch vielleicht seine Thaten ein wenig übertreiben mochte, aufgebracht: er brach also von Melanthias auf, um recht bald durch einen glänzenden Heldenstreich sich dem Neffen, über dessen Verdienste er sich doch einen kleinen Verdruß nicht verheelen konnte, gleich zu setzen. Seine Armee war freilich etwas gemengt, aber eben so tapfer als zahlreich: bey jeder Legion befanden sich doch immer auch Veteranen, und selbst mehrere verdiente Officiere, unter ihnen auch Trajan, vor kurzem noch Oberfeldherr, der sich den Feldzug vom neuen mitzumachen erbot *). Weil man durch sichere Kundschafter erfuhr, daß die Feinde die Wege verlegen zu wollen schienen, durch die man der Armee den Proviant zubringen mußte, so ließ man es seine erste Sorge seyn, diese Absicht zu vereiteln, und es wurden sogleich Bogenschützen zu Fuß nebst hinlänglicher Reiterey kommandirt, die nächsten Difileen zu besetzen. In den drey nächstfolgenden Tagen rückten die Wilden allmählig an, hielten sich aber aus Furcht vor einem Ueberfalle in der Entfernung, und nahmen in einem Abstande von fünfzehen Milliarien von der Stadt

---

*) Anstatt praecinctus lese ich mit Valois recinctus. Denn Valens hatte ihn abgesetzt. S. Kap. 11. zu Anfange.

Stadt ihren Weg nach Nife: und weil unsere leichten Truppen, der Himmel weiß, aus welchem Irrthum, die ganze feindliche Armee nicht über zehntausend Mann stark ausgaben, so glaubte der Kaiser ihnen mit desto lebhafterer Hitze entgegen gehen zu müssen. In geschlossenen Gliedern zog er mit seiner Armee einher, und kam in der Gegend von Hadrianopel an, wo er ein durch Pallisaden und Graben befestigtes Lager bezog, um den Gratian mit Ungeduld zu erwarten. Kurz nachher erschien Richomer, der General der Haustruppen, den Gratian mit Briefen an der Kaiser hatte vorausgehen lassen, worin er bald selbst zu erscheinen versprach, und zugleich die Bitte beygefügt hatte, der Kaiser möchte nur einige Tage noch den Theilnehmer seiner Gefahren erwarten, und nicht ohne Noth sich allein in ein bedenkliches Gefecht einlassen. Valens og darüber seine Civil- und Militairbeamten zu Rathe: einige, und vorzüglich Sebastian stellte die Nothwendigkeit, sogleich zur Schlacht hinzuziehen, als sehr dringend vor, hingegen der General der Reiterey Victor, ein Sarmat von Geburt, aber ein behutsamer Zauderer, und mit ihm viele andere waren der Meynung, der Kaiser müsse den Mitregenten erwarten, um durch die Gallicanischen Legionen verstärkt, den wild aufbrausenden Hochsinn der Barbaren desto leichter herabzustimmen. Doch zum Unglück behielt des Kaisers eigene Beharrlichkeit, unt die Vorstellung schmeichelnder Höflinge die Oberhand,

daß

daß man nicht genug eilen könne, um Gratian an der Ehre eines, wie man wähnte, bereits halb erfochtenen Sieges nicht Theil nehmen zu laſſen.

Schon war man mit den Anſtalten zu einer förmlichen Schlacht beſchäftigt, als ein ſogenannter Chriſtlicher Presbyter (Aelteſter) nebſt einigen andern als Abgeſandte Fritigerns im Lager des Kaiſers ankamen. Man empfieng den Mann ſehr höflich, und das von ihm überreichte Schreiben Fritigerns enthielt geradhin die Bitte, daß man ihm und den Seinigen, die ein reißender Strom einwandernder wilder Völker von Land und Haus vertrieben, Thracien, und nur dies, mit allem, was an Vieh und Früchten darin vorräthig wäre, überlaſſen möchte, auf welchen Fall er einen ewigen Frieden einzugehen bereit wäre. Außerdem hatte dieſer Geiſtliche, der ſich überhaupt für einen Vertrauten Fritigerns ausgab, noch andere geheime Briefe an den Kaiſer bey ſich, worin dieſer liſtige, auf alle Ränke ausgelerte Fürſt dem Kaiſer, als hoffentlich baldiger Freund und Bundsgenoß zu verſtehen gab, daß e den Verwüſtungen ſeiner Unterthanen Einhat zu thun, oder ſie zu vortheilhaften Bedingungen für die Römer geneigt zu machen auf keine andere Weiſe zu verſprechen wiſſe, als wenn der Kaiſer ſich mit ſeiner Armee denſelben in der Nähe zeigte, und durch den Schrecken des Kaiſernament ihnen ihre ſo verderbliche Kampfluſt verleidete.

So

So zweydeutige Anträge wurden durch eben so zweydeutige Antworten erwiedert, und kaum brach am neunten August die Morgenröthe an, als man eiligst mit der Armee vorrückte. Das sämmtliche Gepäck blieb bey Hadrianopel mit einer hinlänglichen Bedeckung von Fußvolk zurück, die kaiserliche Kasse aber, die Reichskleinodien, der (prätorische) Präfect und die Staatsräthe (Consistorianen) befanden sich in der Stadt selbst. Lange war man auf steinichtem Boden fortmarschirt, und schon näherte sich die heisse Mittagsglut, als man in der Entfernung von achttausend Schritt die Wagenburg der Feinde zu Gesichte bekam, die nach der Versicherung unserer Kundschafter in der schönsten Ordnung wie gedrechselt da stand. Während daß, wie gewöhnlich, der Barbaren wildes fürchterliches Geheul ertönte, ordneten unsere Feldherren die Armee zur Schlacht, und zwar so, daß der rechte aus Reiterey bestehende Flügel etwas vorwärts, der größte Theil des Fußvolks aber dahinter stand. Die Reiterey, die den linken Flügel formiren sollte, war noch auf dem Hermarsche zerstreut, sammelte sich doch endlich nach vielen Schwierigkeiten, und eilte schnell herbey. Indem dieser Flügel sich ganz unbehindert ausbreitete, schickten die Wilden, durch fürchterlichen Waffenklang und gräßlichen Austoß der Schilde erschreckt, besonders aber, aus dem Grunde, weil eines ihrer detaschirten Korps unter Alatheus und Saphrax zwar zurückentboten, aber der weiten Entfernung wegen noch nicht angekommen war, Gesandte mit Friedensanträgen herüber. Der Kaiser wollte sich mit diesen Leuten gemeinen Standes nicht einlassen, verlangte vielmehr, daß zu Abschließung eines gültigen Friedens Magnaten erscheinen müßten: aber den Feinden war es überhaupt kein Ernst damit, sie suchten nur Zeit zu einem trügerischen Waffenstillstande zu gewinnen, bis ihre Reiterey, deren Ankunft sie mit jedem Augenblick erwarteten, zurück wäre, und bis unsere Krieger bey drückender Sonnenhitze und vertrockneter Kehle hinwelkten, welchen Endzweck die Wilden um so vielmehr erreicht zu sehen hofften, wenn sie die Felder umher in Flammen setzten, und diesen Brand durch Holz und andere dürre Brennmittel zu unterhalten suchten. Zu diesem Leiden kam noch ein anderer kläglicher Umstand, daß Menschen und Vieh vor Hunger fast hätten vergehen mögen.

Indeß schickte Fritigern, listig genug, den Erfolg zu muthmaßen, und in der Absicht, wo möglich, eine für ihn selbst vielleicht gefährliche Schlacht zu vermeiden, einen gemeinen Gothen als eine Art von Herold ganz für sich herüber, mit dem Verlangen, einige standesmäßige Geiseln sobald als möglich ihm zuzusenden, wogegen er ihnen, ohne sich vor seinen Leuten zu fürchten, Unterstützung an Truppen *) und Lebens-

*) Ein sonderbarer Antrag, der vielleicht nur in der Verdorbenheit des Textes seinen Grund hat.

bensmitteln wolle zukommen lassen. Dieser Vorschlag eines gefürchteten Feldherrn ward mit großen Freuden angenommen, und der Tribun Equitius, jetzt Hausmarschall *) und des Kaisers Verwandter, ward mit allgemeiner Beystimmung ausersehen, sobald als möglich als Geisel abzureisen. Dieser verbat es, weil er bereits einmal als Gefangener der Gothen ihnen in Dibaltum entkommen war, und ihre unvernünftigen Leidenschaften fürchtete: weshalb sich Richomer selbst anbot, und mit Vergnügen einer Handlung sich zu unterziehen versprach, die ihm eben so rühmlich als einem Helden anständig zu seyn schien — eine Denkart, die einen neuen Beweis für des Mannes Vortreflichkeit und edle Abkunft gab. Schon war er auf dem Wege nach dem feindlichen Lager hin, als die Bogenschützen und beschildeten Reiter unter ihren damaligen Anführern Baturius, einem Hiberier, und Kassio, zu hitzig vorrückten, mit den Feinden handgemein wurden, und dann den ersten Fehler des unzeitigen Angriffes mit dem weit schlimmern des feigen Rückzuges vermehrten, und dadurch der ganzen Schlacht eine unglückliche Wendung gaben. Dieser unzeitige Muth hatte auch den Erfolg, daß Richomer sich nicht weiter hinwagen durfte: denn in dieser Zwischenzeit war die Gothische Reiterey nebst einem Korps Alanen unter Alatheus und Saphrax

*) Cui erat cura Palatii credita.

phrax zurückgekommen, die dann blitzschnell aus den Thälern hervorbrachen, und was ihnen in den Weg kam, niederhieben oder zum Weichen brachten.

Kap. 13.

Von allen Seiten her klirrten nun Schilde und Lanzen und Schwerter, und Bellona, mehr als jemals auf Römerblut gierig, stieß selbst in die Schlachttrompete: dennoch faßten die weichenden Römer neuen Muth, hielten auf ermunternden Zuruf wieder Stand, das Gefecht griff wie auflohenders Feuer immer mächtiger um sich, und der Anblick mehrerer durch Pfeile und Wurfspieße an ihrer Seite hinsinkender Mitstreiter setzte jeden Krieger in bange Furcht. Beyde Armeen stießen dann wie zwey Schiffe mit ihren eisernen Beschlägen zusammen, und die Bestrebung, einander zurückzudrängen, bot dem Auge das Bild wallender Meereswogen dar.

Unser linker Flügel war muthig genug, bis nahe an die Wagenburg hin vorzurücken, und würde bey hinlänglicher Unterstützung noch weiter vorgedrungen seyn: aber von der übrigen Reiterey verlassen, und von feindlichen Schaaren umringt, verschwanden sie, als wäre ein hoher breiter Damm über sie hergestürzt. Zum Unglück hatte auch unser Fußvolk an ihm seinen Schutz verlohren: entblößt stand es da, und so dicht zusammengepreßt, daß kaum einer von seinem

Schwerte

Schwerte freyen Gebrauch zu machen, oder den Arm in seine ruhige Lage zurückzubringen vermochte. Vor aufsteigendem Staube sah man keinen Himmel mehr, blos hören konnte man den Wiederhall des fürchterlichen Schlachtgebrülls. Dieser Staub war auch Ursache, daß jeder mit Tod befiederte Pfeil seinen Mann desto unfehlbarer traf, weil man ihn nicht in der Entfernung sehen, oder ihm ausweichen konnte. Und wie nun endlich die Barbaren in unzählichen Schaaren sich um Roß und Mann her ergossen, und die Unsrigen sich so dicht zusammengedrängt sahen, daß sie weder zum Rückzug in geschlossenen Gliedern sich Spielraum verschaffen, noch einzeln die Flucht zu nehmen wagen konnten, so griffen sie, gegen ihr Leben ganz gleichgültig, mit desto größerer Wut vom neuen nach dem Schwerte, hieben von den andringenden Feinden nieder, wen sie konnten, und die mächtige Streitaxt spaltete bald des Gothen, bald des Römers Helm und Panzer. Ein grausenvolles Schauspiel war es, wenn man den Wilden voll Selbstgefühl seines Muthes mit kreischender Stimme und verzerrten Gesichtszügen, mit durchschnittenen Sehnen am Fuße oder mit abgehauener Hand und durchbohrten Rippen die letzten Augenblicke seines Lebens benutzen sah, wenigstens noch einmal mit wildem drohendem Blick umherzuschauen: — wenn die sterbenden Kämpfer über einander herstürzten — wenn man eine weite Fläche voll todter, oder mit dem Tode ringender

Menschen vor sich erblickte, — wenn man das Stöhnen der Sterbenden oder tödlich Verwundeten mit dem innigsten Schmerzgefühl anhören mußte. Bey so fürchterlichem Schlachtgewühl fühlte sich endlich unser Fußvolk durch Anstrengung und Gefahren so abgespannt, daß Körperkraft und Geistesbesinnung ihr ihre Dienste gleich sehr versagten: die Lanzenschafte waren bey dem langen Gefechte abgebrochen, und auf den Gebrauch des einzigen Schwertes zurückgesetzt, stürzten sie, weil sie keine Möglichkeit zu entkommen vor sich sahen, ohne weiter an Rettung des Lebens zu denken, in die dichtesten Haufen der Feinde hin. Selbst der von strömendem Blute schlüpfrige Boden konnte sie nicht zurückhalten, ihr Leben wenigstens so theuer als möglich zu verkaufen, und sie boten ihre letzte Kraft mit so gespannter Thätigkeit auf, daß sie im Gedränge einander oft selbst niederstießen. Ueberall sah man nichts vor sich, als schwarzes geronnenes Geblüt, und aufgethürmte Haufen Erschlagener, und selbst entseelte Leichname wurden ohne Schonung in Eine Masse zusammengetreten. Die nun höher aus dem Zeichen des Löwen in das Zeichen der himmlischen Jungfrau *) aufgestiegene Sonne drückte nun die noch wenigen von Hunger und Durst entkräfteten, und mit schwerer Rüstung beladenen nur noch mehr, bis sie endlich von der

noch

---

*) Eine Ziererey, die im historischen Styl ins Lächerliche fällt.

noch einmal ansetzenden Wuth der Barbaren überwältigt, zu dem äußersten Rettungsmittel zu greifen sich genöthigt sahen, und jeder, so gut er konnte, ohne Ordnung durch Flucht zu entkommen suchte.

Indem sie so auf dem nächsten Wege, der ihnen aufstieß, hinflohen, nahm auch der Kaiser, der von allen Seiten die Schreckniße der Schlacht auf sich selbst näher andringen sah, die Flucht, und warf sich, kümmerlich über Leichen hinspringend, seinen Lanceariern und Mattiariern in die Arme, die, solange nur irgend die Uebermacht der Feinde abzuwehren war, ihren Posten unerschüttert behauptet hatten. Trajan schrie sogleich nach Hülfe. — Der Kaiser, von seinen Trabanten verlassen, sey ohne Rettung verlohren, wenn nicht augenblicklich einige Mannschaft zu seiner Unterstützung herbeyeilte. Kaum hörte dies General Victor, als er in der Geschwindigkeit die nicht weit davon im Nachtreffen stehenden Bataver zur Rettung des Regenten aufzubieten hinflog, aber, weil er keine Seele mehr fand, nur sich wenigstens selbst durch Flucht zu retten suchte, was ihm auch so wie Richomern und Saturnin glücklich gelang.

Mit wildem vor Wuth blitzendem Auge setzten nun die Barbaren den Unsrigen nach, bey denen die natürliche Wärme in kaltes Entsetzen übergieng: einige wußten nicht, wie sie aus der Welt kamen, andere blieben blos vom Drange todt, noch andere liefen in das Schwert ihrer eigenen Mitstreiter, und die einhauenden Wilden kehrten sich eben so wenig an Gegenwehr, als sie den Weichenden Pardon gaben. Jeden Schritt erschwerte die Menge der Halbtodten, die über ihrer Wunden Schmerz laut jammerten, oder die Menge der Pferde, die wie aufgedämmt unter Menschen gemischt halb todt da lagen.

Dem Gefecht eines Tages, der dem Römerstaate einen so ganz unersetzlichen Verlust brachte, machte nur die einbrechende Nacht ein Ende — eine Nacht, die selbst stockfinster, von keinem Monde erhellet war. Noch am späten Abend war der Kaiser, unter gemeine Krieger gemischt, muthmaßlich (denn ein Augenzeuge fand sich nicht) von einem Pfeile tödtlich verwundet, gefallen, und sogleich todt geblieben. Wenigstens hat man seitdem nie wieder etwas von ihm gesehen: denn eine Rotte wilder Barbaren schwärmte, um die Todten zu plündern, zu lange auf dem Schlachtfelde umher, als daß ein fliehender Römer, oder auch nur ein Anwohner sich zu nähern hätte wagen dürfen. Ein ähnliches Beyspiel haben wir am Cäsar Decius,*) der auch in einem hitzigen Gefecht mit Wilden, von seinem raschen, mit ihm durchgehenden Pferde in einen Sumpf abgeworfen ward, und so tief hineinsank, daß weder Er sich selbst, noch andere ihn heraus arbeiten konnten. Andere erzählen, Valens sey
nicht

*) S. Zosimus B. 1. K. 23.

nicht auf dem Schlachtfelde gestorben, einige Adjutanten*) und Kammerherren hätten ihn nach einer ländlichen Hütte, die ein zweytes gut verwahrtes Stockwerk gehabt, zurückgeschafft, und indem er hier von ungeschickten Händen verbunden worden, hätten die Feinde das Haus umringt, ohne doch den Kaiser darin zu vermuthen. Dies habe ihn wenigstens von einer schimpflichen Gefängenschaft gerettet: denn weil man auf die im Nachsetzen begriffenen Feinde, indem sie die verriegelte Thüre einhauen wollen, von dem Dache Pfeile herabgeschossen, so hätten sie, um sich durch die vorgefundene Schwierigkeit nicht an anderweitigem Plündern hindern zu lassen, Schilf und Holz zusammen getragen, und das Haus mit seinen Bewohnern verbrannt. Ein einziger Adjutant sey aus dem Fenster gesprungen, und von den Wilden gefangen genommen worden, die sich, wie er ihnen die wahre Beschaffenheit der Sache entdeckt, nicht wenig geärgert hätten, sich selbst um den wichtigen Ruhm, einen Römischen Kaiser lebendig gefangen zu nehmen, gebracht zu haben. Dieser junge Mann fand nachher Gelegenheit, den Feinden heimlich zu entfliehen, und er ist es, dem man diese Nachricht zu danken hat. Einer gleichen Todesart starb auch einer der Scipionen: denn auch er ward nach Spaniens Wiedereroberung in einem Thurme, in den er geflüchtet war, von den Feinden

---

*) S. Note zu B. 15. K. 5.

verbrannt.*) Indessen, wie es auch mit Valens Tode zugegangen seyn mag, so ist wenigstens dies gewiß, daß er so wenig als Scipio die letzte Ehre des Begräbnisses genossen hat.

Unter der großen Menge damals gebliebener wackerer Männer verdienen vorzüglich Trajan und Sebastian bemerkt zu werden. Außer ihnen hatten wir fünf und dreyßig theils überzählige, theils dienstleistende Tribunen und Kommandeurs, ingleichem den Oberstallmeister Valerian und den Hausmarschall Equitius verloren. Noch hatte Potentius in der besten Blüte der Jahre sein Leben eingebüßt — ein junger Mann, dem jeder Rechtschaffene das willigste Lob gab, ein würdiger Sohn seines verdienstvollen Vaters, des ehemaligen Generals der Reiterey, Ursicius zu seyn. Von der Armee war ganz gewiß kaum der dritte Theil übrig geblieben, und die ganze Römische Geschichte hat, die Schlacht bey Cannä ausgenommen, keine so unglückliche Niederlage aufzuweisen, obgleich die Römer die Ungunst Fortunens, listiger Feinde Tücke, und den Unbestand des Krieges mehr als einmal erfahren, und obgleich die Griechen die Zahl der Gebliebenen in ihren Klagliedern bis zum Fabelhaften übertrieben haben.

Rap.

*) S. Livius B. 25. K. 36.

Kap. 14.

So starb Valens in einem Alter von fast funfzig, und nach einer Regierung von etwas weniger als vierzehn Jahren. Seine Fehler und Tugenden lassen sich etwa so bestimmen: Er war treu und standhaft in der Freundschaft, eifriger Verfolger der Aemtererschleicher, strenger Verbesserer der Polizey und Kriegszucht, immer bis zur Aengstlichkeit wachsam, daß nicht etwa jemand unter Vorschützung der Verwandtschaft mit ihm sich über die Gebühr erhöbe: gleich bedachtsam, Aemter zu geben, oder Aemter zu nehmen, der gerechteste Pfleger der Provinzen, deren Schaden er ohne Unterschied wie ein sorgsamer Hausvater zu verhindern suchte, ihnen die drückende Last der Abgaben abzunehmen sich angelegen seyn ließ, alle Vorschläge, dieselben zu erhöhen, verwarf, und in Beytreibung der Reste nichts weniger als streng war. Statthalter, die sich Defraudationen oder Bedrückungen der Provinzialen zu Schulden kommen ließen, hatten an ihm den gefährlichsten und heftigsten Feind, und in der That mußte der Orient gestehen, was diesen Punkt betrift, unter keinem Kaiser vor ihm glücklicher gewesen zu seyn. Außerdem war er freygebig, doch mit weiser Mäßigung, von der ich unter vielen andern Beyspielen nur Eines anführen will. Immer giebt es an Höfen Leute, die sich auf Kosten anderer zu bereichern suchen: wenn nun jemand um ein dem Kaiser heimgefallenes Gut, oder deß etwas, wie gewöhnlich, anhielt, dann ließ er vor allen Dingen die Billigkeit oder Ungerechtigkeit einer solchen Forderung untersuchen, behielt dem Beklagten seine Einrede vor, und wenn auch wider das Gesuch nichts einzuwenden war, so mußte doch Supplicant oft mit drey oder vier Abwesenden theilen: diese Verringerung der gehofften Beute hätte die gute Wirkung, daß die Höflinge, die immer auf den Beinen sind, wo sich etwas erschnappen läßt, bescheidener wurden. Die Gebäude, die er in verschiedenen großen und kleinen Städten, entweder ausbessern oder von Grund aus neu aufführen lassen, übergehe ich der Kürze wegen, weil sie selbst vor aller Augen zu seinem Lobe sprechen.

Wenn er in dem allen jedem guten Fürsten, wie ich glaube, zum Muster dienen konnte, so darf ich doch auch seine Fehler nicht verschweigen. Seine Hauptleidenschaft war — Schätze zu sammeln, Beschwerlichkeiten des Krieges auszuhalten war er nicht im Stande, und bloß Affektation war es, wenn er gegen dieselben abgehärtet schien, übrigens zur Grausamkeit geneigt, unausgebildeten Geistes, ohne Theorie der Kriegskunst, in den schönen Wissenschaften Fremdling, — ein Mann, den Seufzer anderer nicht rührten, wenn nur Er seine Habsucht befriedigen konnte, dann am tadelnswürdigsten, wenn

wenn er jedes vorfallende Vergehen sogleich in ein Verbrechen verachteter oder beleidigter Majestät umschuf, und dann gegen Leben und Güter der Reichen wüthete. Auch dies war unverzeihlich, daß er alle Civil- und Criminalprocesse den Entscheidungen der Gesetze zu überlassen, und zur Erörterung jeder Sache die ausgesuchtesten Richter niederzusetzen schien, und diese dennoch kein Urtheil fällen durften, als das er ihnen selbst angab. Noch war er bis zum Beleidigen grob, hitzig, und jeden Angeber ohne Prüfung zu hören geneigt — ein Fehler, der selbst bey Privatpersonen im gemeinen Leben sehr schädliche Folgen hat. Uebrigens war er ein ewiger Zauderer, wollte immer thun, und that — Nichts.

Seine Gesichtsfarbe fiel ins Schwärzliche, und der eine Augapfel war ohne Sehkraft, was man doch in der Ferne nicht bemerkte. Der Gliederbau war gedrungen, die Statur weder zu groß noch zu klein, die Füße etwas eingebogen, und der Unterleib vorstehend.

Doch genug von Valens geistiger und körperlicher Beschaffenheit, deren Schilderung um so zuverlässiger seyn muß, da ich mich auf das Zeugniß unsers Zeitalters selbst deshalb berufen darf. Nur Eins will ich noch bemerken, daß er bey Gelegenheit des Dreyfußes, den Patricius und Hilar, wie ich oben (B. 29. K. 1.) erzählte, um die Zukunft zu erforschen, in Bewegung gesetzt hatten, die letzten prophetischen Zeilen:

— — — — — Furien werden
Ihnen auf Mimas Fluren die Schädel zu Pulver
verbrennen

anfangs bey seiner rohen und unausgebildeten Denkart nicht achtete, in der Folge aber, da ein Leiden nach dem andern über ihn kam, bis zur Niedergeschlagenheit furchtsam, in Erinnerung dieser Prophezeiung schon bebte, wenn er Asien nur nennen hörte, wo, wie ihm die Gelehrten sagten, nach Homers und Tullius Zeugniß der Berg Mimas nahe bey der Stadt Erythräum gelegen haben soll. *) Man soll auch nach Valens Tode und nach dem Rückzuge der Feinde nahe an dem Orte, wo er geblieben seyn sollte, eine erhöhete Gräbstätte gefunden haben, worauf die Nachricht in Griechischer Sprache in Stein gehauen gewesen, daß ein alter edler Mann, Mimas genannt, unter diesem Denkmaal ruhe.

Kap.

---

*) Die aus Homers Odyssee 3. 172. genommene Stelle Cicero's steht in seinen Briefen an Atticus B. 16. Br. 13. beyde setzen aber den Berg Mimas in die Gegend von Chios. In wie fern Valois unserm Ammian einen Gedächtnißfehler mit Recht oder Unrecht beygemessen, darüber verweise ich der Kürze wegen auf Spanheims Commentar zu Kallimachus Lobgesang auf Delos Vers 67. S. 425. der Ernestinischen Ausgabe.

Kap. 15.

Die auf ein so mörderisches Gefecht folgende Nacht benutzten die Ueberbliebenen, wohin sie die Flucht trieb, zu entfliehen, um zu ihren Verwandten hinzukommen. Die Finsterniß war zwar so groß, daß jeder nur sich selbst sah, dennoch schien jedem immer ein feindliches Schwert über dem Haupte zu schweben, und gräßlich war es, bey dem allen noch vom weiten das Jammergeheul der auf dem Schlachtfelde Zurückgebliebenen, das Röcheln der Sterbenden, und das kläglich Winseln der Verwundeten zu hören.

Mit Anbruch des folgenden Tages erschienen die Sieger, wie wilde Thiere durch einmal gekostetes Blut, nur wilder gemacht, in gedrängten Schaaren, von der leeren Hoffnung, und dennoch dem festen Vorsatze geleitet, die Stadt Hadrianopel, wäre es auch mit dem ansehnlichsten Volksverluste, zu zerstören — eine Stadt, in der, wie sie aus dem Munde einiger Ueberläufer oder anderer Verräther wußten, die vornehmsten Staatsbeamten, die kaiserlichen Insignien und die Kriegskasse sich befanden. Um die erste Hitze nicht durch Zögerung verkühlen zu lassen, hatten sie mit der vierten Tagesstunde die Stadt bereits rund umher eingeschlossen: man kämpfte gegen einander mit äusserster Erbitterung, die Wilden eilten mit dem ihnen eigenen Ungestüm einem schleunigen Tode entgegen, und die Belagerten boten die lebhafteste Tapferkeit zu ihrer Vertheidigung auf. Eine große Menge, theils Soldaten, theils Troß und Packpferde, die man in die Stadt nicht aufnehmen konnte, hatten an der Aussenseite der Mauer und in den daran hingehenden Häusern ihre Stellung genommen, und sich ungeachtet des widrigen Terreins gegen die Wut der andringenden Wilden bis zur neunten Stunde tapfer gewehrt, als auf einmal dreyhundert Mann unserer Infanterie, die zunächst an der Mauer standen, sich zusammenrotteten, und zu den Feinden übergingen, von diesen aber gierig empfangen, und sogleich (aus welcher Ursache, ist unbekannt,) niedergemacht wurden. Doch dies hatte in der Folge die gute Wirkung, daß es keinem auch in der verzweifeltsten Lage, wieder einfiel, einen gleichen Schritt zu thun. Unsere Leiden hatten bereits einen hohen Grad erreicht, als starke Regengüsse mit fürchterlichen Donnerschlägen vermischt die umher wütenden Schaaren der Feinde zerstreuten: sie kehrten zu ihrer zirkelförmigen Wagenburg zurück, waren aber übermüthig genug, sich die Unverschämtheit zu erlauben, durch drohende Briefe und einen eigenen Gesandten den Unsrigen die schleunige Ergebung gegen Versicherung der Schonung des Lebens anzumuthen. Weil aber der Gesandte sich nicht in die Stadt hereinwagte, so übernahm ein Christ das Geschäft, jenen schriftlichen Antrag zu überbringen und abzulesen: weil man aber denselben so ansah, wie er es verdiente, so brachte man

den

den Rest des Tages und die ganze folgende Nacht mit Anstalten zu weiterer Vertheidigung zu. Man verschüttete die Thore von innen mit großen Kieselsteinen, befestigte jeden nicht ganz haltbaren Theil der Mauer; um Pfeile und Steine nach allen Seiten hinwerfen zu können, stellte man Wurfmaschinen an schicklichen Orten auf; und brachte hinlängliches Wasser auf die Wälle: Denn den Tag vorher waren einige der Unsrigen vor Durst verschmachtet.

Die Gothen, denen bey ihren bisherigen Erfahrungen über den Unbestand des Kriegesglückes auch jetzt die Bemerkung nicht entgeben konnte, daß sie bey einem Streite, wo ihre tapfersten Männer entweder durch Geschoß erlegt oder verwundet, und ihre Kräfte nach und nach geschwächt würden, nichts gewinnen könnten, suchten nun ihren Zweck durch eine List zu erreichen, die doch die Göttin Gerechtigkeit selbst vor ihrer Ausführung vereitelte. Sie verleiteten nämlich einige unserer Sarbisten, die den Tag vorher zu ihnen übergegangen waren, daß sie, als angebliche Ueberläufer, die wieder zu den Ihrigen zurückkehrten, um Aufnahme in die Stadt bitten, und dann einen Theil der Stadt in Brand setzen sollten: der Aufgang dieses Feuers sollte zu einem geheimen Signal dienen, um während der Zeit, daß die Bürger mit Löschen beschäftigt wären, in die wehrlose Stadt einzubringen. Diese Sarbisten ließen sich auch auf die Sache ein, kamen an unsere Mauer heran, und baten mit erhobenen

nen Händen, sie als Römer aufzunehmen. Dies that man, denn eine Verrätherey zu vermuthen hatte man keine Veranlassung: weil sie sich aber bey der Frage über die vermuthlichen Absichten der Feinde nicht gleich blieben, so brachte man sie auf die Folter, wo sie dann die Absicht ihrer Ankunft offenherzig gestanden, und — ihre Köpfe verloren.

Alle Vertheidigungsanstalten waren von unserer Seite aufs beste getroffen, als die Barbaren, als hätten sie ihre vorher erhaltenen Wunden ganz vergessen, um die dritte Nachtwache gegen die verwahrten Zugänge in vielfachen Reihen auf einander, und mit verstärkter Hartnäckigkeit ihrer Magnaten anströmten. Aber auch in der Stadt erhoben sich nicht nur Krieger, sondern auch Provinzialen und Hofbediente zur muthigsten Gegenwehr, und ihre Wurfgeschosse aller Art konnten gegen eine so dichte Menge gerichtet, auch ohne mühsames Zielen ihre schädliche Wirkung nicht verfehlen. Weil man auch bemerkte, daß die Feinde eben die Pfeile, die man gegen sie gebrauchte, nun auf uns zurückschossen, so ergieng Befehl, in die Pfeile, ehe man sie abschösse, da, wo das Beschläg von Eisen anging, einen tiefen Einschnitt ins Holz zu machen: auf diese Art behielten sie im Hinfliegen ihre Kraft, verloren auch, wenn sie ihren Mann trafen, nichts von ihrer Eindringlichkeit, brachen aber ab, sobald sie auf die Erde auffielen. Noch ein anderer unerwarteter Zufall gab dem Gefechte, indem es

am

am hitzigsten war, eine fast entscheidende Wendung. Eine der größten Wurfmaschinen Skorpion, oder auch in der Volkssprache Waldesel genannt *), die man gegen eine dichte feindliche Schaar gerichtet hatte, schleuderte einen großen Stein hinaus, der zwar ohne zu treffen auf die Erde fiel, aber doch durch seine Wirkung die Wilden so in Furcht setzte, daß sie voll Erstaunen über ein solches nie gesehene Schauspiel nicht nur von der Mauern sich zu entfernen, sondern die Belagerung ganz aufzuheben entschlossen wären. Doch ihre Magnaten ließen vom neuen in die Trompete stoßen, und das Gefecht ward fortgesetzt: aber auch jetzt hatten die Römer das Uebergewicht, weil jede Art von Wurfgeschoß, selbst jeder Schleuderstein auf die gedrängten Haufen der Feinde die beste Wirkung that. Durch das Beyspiel vorausziehender Magnaten ermuntert, die nur gar zu gern die von Valens auf ungerechten Wegen gesammleten Schätze in ihrer Gewalt gehabt hätten, folgte der ganze Schwarm willig, um hinter seinen Heerführern nicht an Beharrlichkeit in Gefahren zurückzubleiben. Obgleich mehrere halbtodt, oder von großen Lasten zermalmet, oder mit tödtlichem Pfeil in der Brust vor ihnen da lagen, so trugen sie doch muthig Leitern zusammen, um die Mauer von allen Seiten zu ersteigen, wurden aber unter herabgestoßenen Quaderstein, Säulenstücken und Säulenschaften begraben. Aber der gräßliche Anblick so blutiger

Auf-

*) S. oben B. 23. L. 4.

Auftritte konnte doch die Wüthenden nicht abhalten, ihre Tapferkeit bis zum späten Abend hin anzustrengen, und ein neuer Antrieb für sie war das Vergnügen, doch auch viele ihrer Gegner auf der Mauer von ihren Pfeilen fallen zu sehen. So kämpfte man vor der Mauren und für die Mauern mit rastloser Thätigkeit: nach und nach fing doch der Angriff der Wilden an, weniger ordentlich zu werden, sie machten nur (ein Zeichen der äußersten Verzweiflelung) noch einige Versuche in einzeln Trupps, schlichen dann beym Eintritt des Abends traurig in ihre Zelte zurück, und machten sich selbst unterwegs Vorwürfe über ihre unbesonnene Thorheit, sich ganz wider Fritigerns Rath auf eine gefährliche Belagerung eingelassen zu haben.

Kap. 16.

Die Nächt über, die freylich bey hohem Sommer nur kurz seyn konnte, besorgten sie ihre Wunden durchs Verband, und bey ihnen gewöhnliche Heilmittel, und mit Anbruch des Tags begannen sie die sehr streitige Frage zu verhandeln, wohin sie nur ihren Weg nehmen wollten. Nach vielen Vorschlägen und Gezänk beschloß man endlich Perinth, und so nach der Ordnung jede reiche Staat in Besitz zu nehmen: denn in dieser Kenntniß waren sie so wenig fremd, daß sie durch Ueberläufer nicht nur den innern Wohlstand der Städte, sondern fast jeden Winkel der reichen Häu-

Häuser kannten. Diesem ihrer Meinung nach besten Entschlusse zu Folge zogen sie in langsamen Märschen, überall Mord und Brand vor sich her, ohne Widerstand gegen Perinth an.

Indessen war unsere Besatzung in Hadrianopel nach dem Abzuge der Barbaren auf zuverlässige Kundschaft, daß in der ganzen Gegend kein Feind mehr zu sehen sey, bey Nacht aufgebrochen, und mit Vermeidung der öffentlichen Heerstraßen durch waldichte und abgelegene Gegenden theils nach Philippopolis, und von da nach Serdika *), theis nach Macedonien, ohne von ihren Habseligkeiten etwas zu verlieren, mit möglichster Geschwindigkeit und in der guten Hoffnung hingeeilt, den Kaiser Valens in einer dieser Gegenden anzutreffen; denn daß er im Gewühl der Schlacht verschwunden, oder wenigstens in ein Landhaus geflohen, wo er einer Sage nach mit verbrannt seyn sollte, war ihnen damals noch völlig unbekannt.

Die Gothen schlugen nun zwar in Vereinigung mit Hunnen und Alanen, an sich kriegerischen, tapfern, zu jeder Gefahr abgehärteten Wilden, die der betriebsame Fritigern näher an sich zu knüpfen gewußt hatte, ein Lager vor Perinth auf, wagten es aber in Erinnerung ihres vorgängigen Verlustes nicht, derselben sich zu nähern, oder auch nur einen Versuch zu machen: ihre Heldenthaten schränkten sich vielmehr nur darauf

---

*) Beyde Städte sind oben B. 21. K. 10. bereits erwähnt.

darauf ein, die weit und breit umher liegenden fruchtbaren Gegenden bis auf den Grund zu verheeren, und die Landleute hinzumorden oder als Sklaven wegzuführen. Von hieraus eilten sie, doch aus Furcht, in einen Hinterhalt zu fallen, in förmlich geschlossenen Gliedern nach Constantinopel hin, des festen Vorsatzes, nichts unversucht zu lassen, um eine Stadt, deren reiche Schätze ihre Raubgier auf einmal befriedigen müßten, zu erobern. Unverschämt genug im Anbringen, hätten sie die Thore fast gesprengt, wenn nicht die himmlische Gottheit folgenden Zufall herbeygeführt hätte. Ein Trupp Saracenen, von deren Abkunft und Sitten ich an verschiedenen Orten meiner Geschichte gesprochen habe, *) mehr geschickt zu leichtem Gefecht, als zu förmlichen Treffen, waren vor kurzem erst nach Constantinopel entboten worden, und thaten beym ersten Anblick der Barbaren einen muthigen Ausfall aus der Stadt, in dem sie mit dem Feinde das hartnäckigste Gefecht lange genug fortsetzten, bey dem zwar weder der eine noch der andere Theil sich am Ende den Sieg zueignen konnte, die Saracenen dennoch durch einen ganz neuen, nie gesehenen Auftritt sich überwiegende Achtung verschafften. Einer von ihnen von starkem Haarwuchs und völlig nacket bis auf die Schaamtheile drängte sich mit kreischender fürchterlicher Stimme und gezogenem Dolche mitten in eine Schaar der Gothen ein, beugte dann den Mund zu der

Kehle

---

*) Besonders B. 14. K. 4. und B. 24. K. 2.

Kehle des ermordeten Feindes herab, und sog das strömende Blut begierig aus. Ueber einen so barbarischen Appetit entsetzten sich selbst Barbaren so sehr, daß sie seitdem nicht mehr mit der ihnen eigenen ungestümen Hitze einherraseten, vielmehr mit furchtsam bedächtlichen Schritten sich der Mauer näherten. Nach und nach machte der Anblick der in eine unermeßliche Länge hingedehnten Mauern und geräumigen Häuser, die Betrachtung, wie wenig sie sich Hoffnung auf den Besitz einer so schönen, aber mit so einer unzählichen Volksmenge versehenen Stadt machen dürften, und die Meerenge, die das schwarze Meer von dem Aegeischen sondert, daß ihre Hitze sich abzukühlen anfieng. Selbst das Gefühl des von ihrer Seite weit beträchtlichern Volksverlustes bestimmte sie endlich, die zu Belagerungsmaschinen angelegten Arbeitshäuser abzubrechen: sie zerstreuten sich dann in einzelnen Rotten durch die nördlichen Provinzen, und setzten ihren verheerenden Zug, ohne Widerstand zu finden, bis zu dem Fuß der Julischen, ehemals Venetischen Alpen fort.

Um diese Zeit *) erwarb sich auch Julius, kommandirender General der Truppen jenseit des Taurusgebirges, nicht geringen Ruhm durch eine That, die eben so schnell ausgeführt, als in ihren

*) Kurz nach Valens Tode, doch vor Theodosius Regierungsantritt. S. Reitemeier zu Zosimus B. 4. K. 26. S. 590.

Folgen heilsam wär. Sobald er Thraciens trauriges Schicksal erfuhr, ließ er die vorher aufgenommenen und in verschiedene Städte und Lager vertheilten Gothen, denen er geheime Briefe an ihre Befehlshaber, welche — damals ein seltener Fall — sämmtlich Römer waren, mitgab, insgesammt gleichsam als auf ein allgemeines Signal und an Einem Tage in den Vorstädten, wohin man sie mit dem Versprechen zu erhaltenden Goldes gelockt hatte, niedermachen. Durch diesen ohne Geräusch und ohne Verzug ausgeführten Entschluß wurden unstreitig die Provinzen des Orients nicht geringer Gefahr enthoben.

So habe ich dann, weiland Soldat und Grieche, die wichtigern Zeitbegebenheiten von Nerva's Regierung an, bis auf Valens Tod beschrieben — eine Arbeit, bey der ich der anfangs versprochenen Zuverläßigkeit nirgends, wie ich hoffe, durch wissentliche Uebergehung oder Verstellung der Begebenheiten untreu geworden bin. Die Fortsetzung mögen bessere Köpfe liefern, die noch in der Blüte ihrer Jahre, noch in blühendem Ruhme ihrer Gelehrsamkeit stehen, die dann auch, wenn sie meinem Rathe folgen, ihre Darstellung durch mehreren Schmuck zu heben uns vergessen seyn werden.

Excerpte

Excerpte
eines Ungenannten
über
Constantius Chlorus, Constantin den Grossen und andere Kaiser.

(Note: Diese Excerpte, die bisher, seit den Valesischen Ausgaben Ammians, das Verjährungsrecht erworben haben, als Anhang desselben zu erscheinen, und von den Geschichtschreibern gemeiniglich unter dem Namen Anonymus Valesii angeführt werden, sollen, hoffe ich, auch in der deutschen Uebersetzung willkommen seyn, und es gereicht ihnen nicht wenig zur Empfehlung, daß Gibbon, der sich sonst nicht leicht im Lobe übernimmt, doch gesagt, der Mann habe, im Ganzen genommen, sehr gute Nachrichten ausgezogen. Die Abschnitte sind meine Erfindung, und ich habe sie numerirt, um den Lesern, die von meinem neu gearbeiteten Register Gebrauch machen wollen, das Auffinden der Begebenheiten zu erleichtern.)

I.

Diokletian regierte gemeinschaftlich mit Herkulius Maximian zwanzig Jahre. Constantius, des verstorbenen treflichen Fürsten Claudius Brudersohn, war erst Officier der Leibtrabanten, (Protector) dann

Tribun, und endlich Statthalter (Präses) in Dalmatien gewesen. Nachher ward er nebst Galer von Diokletian zum Thronfolger (Cäsar) angenommen. Er schied sich nämlich von seiner ersten Gemahlin Helena, und vermählte sich dagegen mit Maximians Tochter Theodora, die ihm sechs Kinder, und sechs Geschwister *) Constantinen gab, der ihm von der ersten Gemahlin Helena gebohren war, und in der Folge ein so mächtiger Regent ward.

II.

Dieser Constantin, dessen Mutter Helena sehr niedrigen Standes war, ward in Naisus gebohren und erzogen, weshalb er auch diese Stadt nachher verschönerte. Auf wissenschaftliche Erziehung hatte man bey ihm nicht gesehen. Als Geisel **) bey Diokletian und Galer hielt er sich unter ihnen bey dem Kriege in Asien tapfer: nachdem Diokletian und Herkulius die Regierung niedergelegt hatten, forderte ihn sein Vater Constantius von Galer zurück, der ihn doch, ehe er ihn herausgab, mehr als Einer Lebensgefahr aussetzte. Bey einem Gefecht mit den Sarmaten hatte der junge Mann, ein trefflicher

---

*) Drey Brüder: Dalmatius, Julius Constantius, und Hannibalian, und drey Schwestern: Constantia, Kaiser Licins, Anastasia, Cäsar Bassians, und Eutropia, des Consul Nepotians Gemahlin.

**) Als Unterpfand der Treue seines Vaters. Religionis specie obses sagt Aur. Victor Epit. c. 41.

licher Reiter, einen wilden Barbaren, beym langen Haar gefaßt, und als wehmüthigen Gefangenen dem Kaiser Galer zu Füßen gelegt. Nachher befahl ihm eben derselbe, durch einen Sumpf zu setzen: er war mit seinem Pferde der erste, bahnte dadurch auch seinen Begleitern den Weg zu den Sarmaten hinüber, und kehrte nach Erlegung vieler Feinde als Sieger zu Galer zurück. Nun erst ward er zu seinem Vater entlassen: um aber bey seiner Durchreise durch Italien dem Sever auszuweichen, eilte er nicht nur, so schnell er konnte, sondern ließ auch die auf jeder Station gebrauchten Pferde verstümmeln, *) gieng dann über die Alpen, und kam bey seinem Vater in Bononien (Boulogne), vorher von den Galliern Gesoriacum (Ammian B. 20. K. 9.) genannt, glücklich an. Noch hatte sein Vater Constantius einen Sieg gegen die Picten erfochten, als er zu Eboracum (York) starb, worauf Constantin von den Soldaten zum Kaiser ausgerufen ward.

III.

Indeß gab es bereits zwey andere Cäsaren **) Sever und Maximin. Dem letztern war der Orient zugetheilt: Illyrium, Thracien und Bithynien behielt sich Galer selbst vor: Sever bekam

---

*) Gibbon Th. 3. S. 14. erklärt dies für ein abgeschmacktes Geschichtchen: indeß bestätigen es auch Zosimus B. 2. K. 8. und Aurel. Victor de Cäsaribus K. 40.

**) Beyde hatte Galer angenommen.

bekam Italien und was Herkulius vorher besessen hatte. *) Auf die Nachricht, daß Constantius in Britannien gestorben, und sein Sohn Constantin zum Nachfolger ausgerufen wäre, ernannte sogleich die prätorische Garde zu Rom des Herkulius Sohn, Maxenz zum Kaiser, gegen den doch auf Galers Befehl Sever mit der Armee hinziehen mußte. Sever sah sich auf einmal von allen seinen Leuten verlassen und flohe nach Ravenna, worauf Galer mit einer starken Armee vor Rom rückte, und unter den heftigsten Drohungen sein Lager an der Tiber zu Interamna nahm. Von hier aus schickte er den Licin und Probus als Gesandte nach Rom mit dem bescheidenen Antrage, daß es doch schicklicher wäre, wenn der Eidam bey dem Schwiegervater, Maxenz nämlich bey ihm, Galer, die Erfüllung seiner Wünsche durch Bitten, nicht mit gewaffneter Hand zu erhalten suchte. Diesen Antrag sah er mit Verachtung abgewiesen, und weil er zugleich zu seiner Bestürzung bemerkte, daß einige der Seinigen, durch Maxentius Versprechungen verführt, ihm untreu geworden wären, so zog er ab, gab aber seinen Soldaten, um ihnen doch einige Beute zuzuwenden, alles unterwegs zur Plünderung preis. Jener wandte sich zu Constantin. **) Galer ernannte dann in

Illy-

*) Das letztere steht bey Zosimus nicht. Reitemeier S. 544.

**) Diese ganze Stelle ist verdorben, und unvollständig. Sie lautet so: Qui con-

Illyricum den Licin zum Cäsar,*) ließ ihn in Pannonien zurück, er selbst aber gieng wieder nach Serdika, wo er in einer gefährlichen Krankheit hinschwand, seine innern Theile noch lebend in Fäulniß übergehen sah, und so die gerechteste Strafe seines ungerechten Befehles einer (Christen-) Verfolgung fühlte. **) Er hatte neunzehn Jahre regiert.

IV.

Cäsar Severs sittlicher Charakter war eben so unedel als seine Abkunft, und nur seine Neigung zur Trunkenheit konnte ihn einem Galer empfehlen. Ihn also und Maximin nahm Galer zu Mitregenten an, ohne daß Constantin das mindeste davon wußte. Sever bekam Pannonien

---

contemtus agnovit promissis virorum Maxentii partes suas deseruisse, quibus perturbatus — flamminia iussit auferri. Ille ad Constantium confugit. Weil das Ille der Geschichte nach nicht auf Galer, von dem die Rede war, gehen kann, vielmehr auf Maximian, der auch wieder Lust zu der ohnedem ungern niedergelegten Krone bekam, und deswegen sich nach Gallien zu Constantin begab, so muß etwas vorher aus dem Texte herausgefallen seyn. Virorum, so wie es steht, gefällt mir auch nicht, und

für flamminia mit Baldu zu Lactanz von den Todesarten der Christenverfolger K. 27. flammis omnia, oder mit Gronov omnia in via zu lesen, will mir eben so wenig behagen. Vielleicht Flaminia (via), omnia iussit auferri.

*) Richtiger, wenigstens nach dem Zeugnisse anderer Schriftsteller, ist Licin gar nicht zum Cäsar, sondern sogleich zum August genannt worden. S. Reitemeier zu Zosimus B. 2. K. 11. Gibbon Th. 3. S. 35.

**) Lactanz a. a. O. Kap. 33. und Eusebius Kirchengeschichte. B. 8. K. 16.

nonien, nebst einigen Städten in Italien und Afrika zugetheilt. Doch bald ward Cäsar Maxentz Kaiser, denn Sever sah sich von den Seinigen verlassen, und floh nach Ravenna. Um seinen Sohn Maxenz zu unterstützen, kam Herkulius an, der treulos Severen hintergieng, ihn gefangen nehmen, in dem Aufzuge eines Gefangenen in Rom aufführen, und dann auf einem dreyßig Milliarien entfernten dem Staate zugehörigen Landhause an der Appischen Straße *) im Arrest halten ließ. Beym Einrücken Galers in Italien ward er hernach erdrosselt, und acht Milliarien von Rom in Galliens Gruft beygesetzt. — Uebrigens war Galer ein so ausschweifender Trinker, daß er nicht selten die ungereimtesten Befehle gab, aber auf Erinnerung des (prätorischen) Präfects verordnete, daß man keine nach aufgehobener Tafel von ihm gegebene Order vollziehen sollte. **)

Indeß erschien Constantin, nachdem er die Feldherren des Tyrannen (Maxenz) bey Verona geschlagen hatte, vor Roms Thoren, wo ihm Maxenz auf einer Ebene über die Tiber entgegen zog, und eine Schlacht anbot. Aber er ward völlig geschlagen, konnte im Gedränge auf der Flucht nicht durchkommen, stürzte sich mit dem Pferde in die Tiber, und ertrank. Den Tag darauf hob man seinen Leichnam auf; und trug

den

*) S. Cellar zu Zosimus B. 2. K. 10. und Wesseling zu den Itinerarien S. 167.

**) Aurel. Victor Epitome K. 40. erzählt dies nicht von Galer, sondern Maximin.

den abgehauenen Kopf in Rom zur Schau umher. Seine Mutter gestand es auf Befragen selbst, daß ein Syrer sein eigentlicher Vater gewesen sey. Seine Regierung hatte [sechs] Jahre gedauert. *)

V.

Auch Licin war von niedriger Geburt aus Neu-Dacien, und Galer hatte ihn zum Kaiser ernannt, um ihn gegen Maxenz zu gebrauchen. Nachdem aber Constantin durch Maxenzens Besiegung sich wieder im Besitz von Italien sah, verband er sich mit Licin auf die Bedingung, wenn dieser seine Schwester Constantia zur Gemahlin nähme. Sobald das Beylager in Mayland vollzogen war, gieng Constantin nach Gallien und Licin nach Illyricum zurück. Einige Zeit nachher sandte Constantin seinen Sohn Constantius an Licin, ihm seinen Entschluß, den Bassian, der eine zweyte Schwester Constantins, Anastasien zur Gemahlin hatte, zum Cäsar zu ernennen, annehmlich zu machen, so daß Bassian, wie es vorher unter Diokletian und Maximian gewesen, als Besitzer Italiens zwischen Constantin und Licin gleichsam in der Mitte stände. Licin vereitelte nicht nur diesen Entwurf durch einen ihm ergebenen Unterhändler Senicio, Bassians Bruder, sondern verhetzte sogar den Bassian zu einem förmlichen Kriege. Doch Constantin, der es gar bald erfuhr, ließ ihm den Proceß machen, und

*) Die Zahl sechs fehlt im Texte, wird aber durch anderweitige Nachrichten bestätigt.

und als überwiesenen Rebellen hinrichten. Weil auch Licin, den Anstifter dieser Treulosigkeit S i n i c i u s *) auszuliefern sich weigerte, so erfolgte nun der förmliche Friedensbruch, zumal, da noch der Umstand dazu kam, daß Licin Constantins Brust- und Standbilder in Aemona (Laybach in Kärnthen) hatte vernichten lassen. Beyde zogen dann mit feindlichen Heeren gegen einander an, und trafen in der Ebene von Cibalis (S. Note zu B. 30. K. 7.) zusammen. Licin war an Fußvolk und Reiterey fünf und dreyßigtausend, Constantin aber nur zwanzigtausend Mann stark. Lange blieb das Gefecht unentschieden, bis endlich Licin mit einem Verluste von zwanzigtausend Mann Fußvolks und geharnischter Reiter das Feld räumen mußte. Nur die finstere Nacht begünstigte seine schnelle Flucht, die er mit einem großen Theile seiner Reiterey nach Sirmium hin nahm, wo er seine Gemahlin, seinen Sohn und Schätze in Sicherheit brachte, sich dann nach Dacien zurückzog, und den kommandirenden General des Gränzkordons, Valens zum Cäsar ernannte. Valens sammlete bey Hadrianopel in Thracien ein starkes Heer, und man ließ Gesandte mit Friedensanträgen zu Constantin, der sich damals in Philippi aufhielt, hingehen; weil sie aber keine annehmliche Antwort zurückbrachten, so begann der förmliche Krieg vom neuen. auf den Ebenen vor Mardia kam es zu einer

---

*) Diese Variante hat der Text selbst. Einige Zeilen vorher hieß es Senicio.

einer zweyten Schlacht, in der die Licinianer, nach einem lange zweifelhaften Gefecht zum Weichen gebracht, nur mit Hülfe der Nacht einzeln entrinnen konnten. Licin und Valens glaubten annehmen zu dürfen, daß Constantin, um seinen Sieg zu verfolgen, sich weiter von Byzanz entfernen würde, weßhalb sie seitwärts ab nach Beröa giengen. Ihre Vermuthung war richtig: Constantin eilte mit schnellen Schritten vorwärts, bis er erfuhr, daß er sich Licinen im Rücken gelassen habe. Seine Soldaten waren durch Schlachten und Märsche ermüdet, Licin sandte also den Mestrian als Gesandten ab, um Constantinen Frieden anzutragen, und ihm die Bedingungen selbst zu überlassen, mit dem Versprechen, sich ihnen unterwerfen zu wollen. Auch jetzt war wie vorher, die erste Bedingung, daß Valens in den Privatstand zurücktreten müsse, worauf dann der Friede von beyden Theilen abgeschlossen ward, und zwar so, daß Licin den Orient, Asien, Thracien, Mösien und Klein Scythien*) zu seinem Antheil haben sollte. Constantin gieng dann nach Serdika zurück, und verglich sich von hier aus mit Licin noch dahin, daß Constantin seine Söhne, Crispus und Constantin, aber auch Licin den seinigen gleiches Namens zu Reichsgehülfen annehmen, und so jeder Theil das Seinige in ungestörtem Frieden genießen sollte. Beyde Kaiser übernahmen dann das Consulat gemeinschaftlich

*) So nannte man damals einen Theil von Mösien.

lich, (319) in welchem dennoch Licin, von einer plötzlichen Wuth befallen, alle Christen vom orientalischen Hofe vertrieb. *)

Bald nachher kam es zwischen ihm und Constantin vom neuen zu einem hitzigen Kriege. Während Constantins Aufenthalt in Thessalonich waren die Gothen **) in unsere nicht sorgsam genug verwahrten Gränzen herübergegangen, und hatten aus Thracien und Mösien viele Beute fortgeführt. Nicht nur die Furcht vor Constantius Namen, sondern auch seine wirklich anrükkende Armee nöthigte sie bald zum Rückzuge, und er gestand ihnen gegen Herausgabe der Gefangenen den Frieden zu. Dagegen beschwerte sich Licin, als über einen Friedensbruch, weil Constantin sich die Rache ihm nicht gehöriger Provinzen angemaßt hätte. Weil er auch nachher bald die demüthigsten, bald wieder die stolzesten Anträge that, so mußte Constantinen nothwendig die Geduld vergehen. In der Zwischenzeit bis zu Anfange des Bürgerkrieges erlaubte sich Licin jeden Frevel, zu dem Geiz, Grausamkeit oder Liebe ihn bis zur Wut hintrieben: mehrere ließ er bloß ihres Reichthums wegen hinrichten, oder als Verführer ihrer Weiber. Bey dem völlig ausgebrochenen Kriege sandte Constantin seinen Sohn Cäsar Crispus mit einer starken Flotte ab, um in Asien an Land zu gehen, der aber auch von Licins Seite den Amandus auf seinem Wege fand.

*) Steht auch wörtlich im Orosius B. 7. K. 28. **) Zosimus B. 2. K. 21. hat Sarmaten.

fand. Licin selbst hatte bey Hadrianopel sich mit einer zahlreichen Armee auf einer Anhöhe gesetzt. Constantin zog ihm hier mit seiner ganzen Armee entgegen: einige Zeit fiel weder zur See noch zu Land etwas Entscheidendes vor, bis es endlich zu einer förmlichen Schlacht kam, in der Constantin, obgleich seine Leute die Anhöhe mit vieler Mühe ersteigen mußten, dennoch durch die Willigkeit der Seinigen und durch sein eigenes Glück die ohne alle Regeln der Kunst wild durch einander fechtende Armee Licins völlig zerstreute, aber auch selbst eine leichte Wunde an der Hüfte bekam. Licin flohe nach Byzanz, wohin auch seine zerstreute Armee sich nach und nach wieder einfand. Seiner Meinung nach von der Seeseite gesichert, dachte er nur auf eine Gegenwehr bey einer Belagerung zu Lande, aber Constantin ließ eine Flotte aus Thracien kommen. Bey dem allen war Licin, wie gewöhnlich, unbesonnen genug, den Martinian zum Cäsar anzunehmen. Indeß erschien Crispus mit Constantins Flotte bey Kallipolis, wo er Amanden in einem Seetreffen mit solcher Entschiedenheit schlug, daß dieser kaum Zeit behielt, sich den am Ufer zurückgelassenen Landtruppen in die Arme zu werfen, um sein Leben zu retten. Licins Schiffe wurden theils versenkt, theils genommen, und er selbst flohe, weil er, wider sein Vermuthen nun auch eine Belagerung von der Seeseite befürchten mußte, mit seinen Schätzen nach Chalcedon. Constantin rückte dann, sobald er die glückliche Seeschlacht durch

Crispus mündlichen Bericht erfuhr, gegen Byzanz an. — Dennoch wagte Licin ein neues Treffen bey Chrysopolis, (Scutari) bey dem ihm besonders Gothische Hülfstruppen unter Anführung eines ihrer Prinzen Aliquaka gute Dienste leisteten: aber auch hier war Constantins Armee Siegerin, erlegte fünf und zwanzig tausend Mann ihrer Feinde, und zerstreute die übrigen, die, wie sie neue Verstärkung der Legionen Constantins auf kleinen Fahrzeugen ankommen sahen, die Waffen niederlegten, und sich zu Gefangenen ergaben. Den Tag darauf kam Constantia, Constantins Schwester und Licins Gemahlin, im Lager des siegreichen Bruders an, bat um des Gemahls Begnadigung, und erhielt sie. So ward Licin in den Privatstand zurückgesetzt, und an Constantins Tafel gezogen: auch dem Martinian ward das Leben geschenkt. Weil dennoch Constantin durch das Beyspiel seines Schwiegervaters Herkulius Maximian gewarnt, befürchten mußte, Licin möchte doch wohl noch einmal zum Verderben des Staats nach dem Purpur greifen, so ließ er ihm, zumal, da die Soldaten seinen Tod in einem förmlichen Tumulte verlangten, in Thessalonich das Leben nehmen, so wie dem Martinian in Cappadocien. — Licin hatte neunzehn Jahre regiert, hinterließ einen Sohn und die Gemahlin am Leben, und so wie alle Theilnehmer an der ungerechten (Christens) Verfolgung. bereits todt war waren, so verfolgte auch ihn die gerechte Rache, so weit sie konnte.

VI.

Constantin gab der Stadt Byzanz zum Andenken seines Sieges nun den Nahmen Constantinopel, verzierte sie, als wäre es seine Geburtsstadt, aufs herrlichste, und wünschte sie Rom gleich zu sehen: aus allen Städten hob er neue Bewohner für sie aus, und verwandte auf ihre Bereicherung so beträchtliche Summen, daß er fast seine Schätze, und kaiserlichen Einkünste darüber erschöpfte. Auch errichtete er einen Senat des zweyten Ranges, dessen Mitgliedern er den Namen Clari *) gab. Hernach unternahm er einen Feldzug gegen die Gothen, wider die ihn die Sarmaten zur Hülfe aufgerufen hatten. Diesen Krieg führte sein Sohn und Mitregent Constantin, und es kamen fast hunderttausend Menschen vor Hunger und Kälte ums Leben. Auch bekam er damals Geiseln, unter ihnen des Königs Ariarich Sohn. Nach diesem mit den Gothen abgeschlossenen Frieden wandte er nun seine Waffen gegen die Sarmaten selbst, von deren unzuverlässiger Treue er Beweise zu haben glaubte. Doch die leibeigenen Unterthanen **) der Sarmaten machten einen allgemeinen Auf-

---

*) In Rücksicht auf den Senat zu Rom, dessen Mitglieder Clarissimi hießen. S. auch Valesius Note zu Ammian B. 22. K. 9. und Wernsdorf über Himerius Lobrede auf Constantinopel S. 192. und 116. der kleinern Ausgabe.

**) Limiganten. S. Ammian B. 17. K. 13.

Aufstand wider ihre Herren, und trieben sie aus dem Lande: Constantin nahm sie mit Vergnügen auf, und vertheilte mehr als dreymal hunderttausend derselben von allen Altern und beyderley Geschlechtes in Thracien, Scythien, Macedonien und Italien.

Constantin war auch der erste christliche Kaiser, wenigstens nach Kaiser Philipp, der doch nur, wie ich glaube, deswegen ein Christ seyn mußte, um die tausendjährige Jubelfeyer der Erbauung Roms zur Ehre Christus, nicht zur Ehre der Götzen begehen zu können.*) Seit Constantin hat man hernach bis auf den heutigen Tag blos Christen zu Kaisern gewählt, Julian ausgenommen, dessen gefährlichen Absichten ein früher Tod Ziel setzte. Constantin that gerade das Gegentheil, that es aber mit menschenfreundlicher Gerechtigkeit, wovon sein Edict Beweis ist, in dem er zwar die heidnischen Tempel zu verschließen, aber doch Menschenblut zu schonen gebietet. —

Die eben so zahlreiche als tapfere Nation der Gothen demüthigte er auf ausländischem Grund und Boden, nämlich im Sarmaterlande. — Einen in Cyprus sich zum Gegenkaiser aufwerfenden Kalokärus**) unterdrückte er gar bald. —

Den

---

*) Steht auch so im Orosius B. 7. K. 28. Auf die Untersuchung einer wenigstens gut gemeinten Erzählung können wir uns nicht einlassen.

**) Einen Kameeltreiber. S. Gibbon Th. 4. S. 182. Ritter zu Guthrie und Gray Th. 5. S. 7.

Den Dalmatius, Sohn seines Bruders gleiches Namens [ernannte er zum Cäsar] und dessen Bruder Annibalian, dem er seine Tochter Constantina zur Gemahlin gab, zum König der Könige, und der Pontischen Nation. — Noch machte er die Eintheilung, daß Constantin der jüngere Gallien, Constantius den Orient, Constans Afrika, Illyricum und Italien, Dalmatius, Thracien, Macedonien und Achaja *) zu ihrem Antheile haben sollten. Endlich starb er während der Rüstung zu einem Kriege gegen die Perser nicht weit von Constantinopel auf einem kaiserlichen Landhause (Achyron) bey Nikomedien, und hinterließ seinen Söhnen den Staat in der schönsten Ordnung. Er hatte ein und dreyßig Jahre regiert, und liegt zu Constantinopel begraben.

Fernere Excerpte aus der Chronik eines Ungenannten.

VII.

Unter der Regierung des Griechischen Kaisers Zeno kam (Julius) Nepos der Patricier, bey Porto **) an, entsetzte den Glycerius der Regierung,

*) Im Texte etwas kurz Ripa Gothica.
**) Ad portum urbis Romae. Jornandes hat Ravenna.

rung, machte ihn dagegen zum Bischof *), und sich selbst zum Kaiser. Bald nachher gieng er nach Ravenna, und weil ihm Orest, der Patricier **), mit einer Armee zusetzte, und er desselben Ankunft zu erwarten sich nicht getrauete, so flohe er zu Schiffe nach Salona, wo er nach einem fünfjährigen Aufenthalt von den Seinigen umgebracht ward. Nach seinem Weggange aus Rom ward Augustus Kaiser.

VIII.

Augustulus, der vor seiner Regierung den von seinen Eltern erhaltenen Nacken Romulus ***) führte, ward von seinem Vater Orestes, dem Patricier, zum Kaiser gemacht. Aber Odoacer erschien mit einem Haufen Scyrer †), ließ dem Orest in Placenz, und dessen Bruder Paulus in dem Fichtenwalde vor Ravenna das Leben nehmen. Hierauf nahm er Ravenna selbst in Besitz, entsetzte den Augustulus des Thrones, ließ ihm

---

*) Zu Salona in Dalmatien.

**) Den er selbst zum Feldherrn ernannt, und ihm die Armee in Gallien zu übernehmen befohlen hatte. Der Mann wäre lieber am Hofe geblieben, wo ihm doch ein gewisser Ekdicius vorgezogen ward.

***) Sein Großvater mütterlicher Seite war der Comes Romulus von Petobio.

†) Waren die Bewohner des Odoacer eigenthümlichen Ländchens, die nebst den Alanen und Gothen nicht als Bundsgenossen, sondern als angeworbene Soldaten in Diensten der Römer standen, sich aber, weil man ihnen die Forderung des dritten Theiles der Felder in Italien nicht einräumen konnte, empörten.

ihm aber aus Mitleiden gegen seine Jugend das Leben, gab ihm eine jährliche Rente von sechstausend Soliden,*) und wies ihm Campanien **) zum Aufenthalt an, wo er mit seinen Verwandten ungestört leben konnte. Sein Vater war ein Pannonier, der dem Attila bey seinem Einrücken in Italien seine Dienste antrug, und von demselben zum geheimden Schreiber (Notar) gemacht ward. Seit der Zeit rückte er immer weiter auf, und erhielt endlich die Würde eines Patriciers.

IX.

Nachdem Zeno von seinem Sohne Leo, den er mit Leo's Tochter Ariadne erzeugt hatte, zum Mitregenten angenommen war, †) regierte er mit demselben Ein Jahr, und hatte es blos der Rücksicht auf Leo zu danken, daß er Kaiser blieb. Nach dieser einjährigen gemeinschaftlichen Regierung besaß er den Thron noch allein sechzehn Jahre. Er war unstreitig der edelste Mann Isauriens, würdig, des Kaisers Eidam zu wer-

---

*) Goldene nämlich, so daß die Totalsumme doch im Ganzen nach unserem Gelde zwanzigtausend Thaler betrug.

**) Ein daselbst liegendes Landhaus, das ehemals Lukull besessen hatte.

†) Leo Thrax, oder der Große, hatte keinen Sohn, ernannte aber kurz vor seinem Tode den Eidam Zeno zu seinem Nachfolger. Weil aber die Bürger von Constantinopel ihre Unzufriedenheit hierüber äußerten, so ward Leo der jüngere, Zenos Sohn, zum Regenten ernannt, doch leitete man es so ein, daß dieser den Vater zum Mitregenten annahm. Der Sohn starb aber noch in demselben Jahre.

den, und ein erfahrner Krieger. Man erzählt von ihm, er habe keine Bänder an der Kniescheibe gehabt, sie wäre deswegen so beweglich gewesen, daß er eine ganz übermenschliche Schnelligkeit im Laufen besessen habe. *) Als Regent war er sehr sorgsam, **) begünstigte aber freylich seine Nation (die Isaurier). Einen gefährlichen Feind hatte er an Basilisk, einem der ersten Senatoren, †) und sobald Zeno des Mannes gefährliche Absichten erfuhr, gieng er mit ansehnlichen Schätzen nach Isaurien, worauf dann Basilisk sich sogleich des Thrones bemächtigte, und denselben zwey Jahre behauptete. Indeß verstärkte Zeno seine Isaurier, und sandte dann nach Nova, (in Mösien) in welcher Stadt sich der Gothen Heerführer, Theoderich, Walamers Sohn aufhielt, mit der Bitte, ihm wider Basilisk beyzustehen: und nun erschien er nach zwey Jahren mit einer förmlichen Armee vor Constantinopel. Senat und Volk fürchteten seinen Zorn, verließen also, um die Stadt nicht in Gefahr zu setzen, den Basilisk, und öffneten dem Belagerer die Thore. Basilisk floh in eine Kirche, wo er sich, der Gemahlin und den Söhnen in der Taufkapelle das Leben zu retten suchte. Zeno ließ ihm end-

---

*) Wenn die Anatomie etwas dagegen einzuwenden hat, so bin ich wenigstens daran unschuldig.
**) Providentissimus. Ein Lob, in das freilich andere Geschichtschreiber nicht einstimmen.
†) Und Bruder Verinens, der Wittwe des ältern Leo.

endlich des Lebens Schonung zusichern, aber sobald er die Kirche verlassen hätte, ward er in eine trockene Cisterne *) eingeschlossen, wo er mit den Seinigen vor Kälte umkam. Die Zuneigung des Senates und des Volkes machte auf Zeno einen so lebhaften Eindruck, daß er sich durch allgemeine Freygebigkeit allgemeinen Dank verdiente. Auch Senat und Volk zu Rom begünstigten ihn, und man errichtete ihm an mehreren Orten der Stadt Bildsäulen. Uebrigens herrschte unter seiner Regierung Friede.

X.

Der vorhin erwähnte Odoacer ward nach Augustus Entthronung König, und blieb es dreyzehn Jahre. Sein Vater war Aedico. **) Man findet von Odoacer in dem Leben des Pannonischen Mönches Severin, †) der ihm Muth einsprach, und die königliche Würde prophezeihte, folgendes wörtlich: Einige Barbaren (Gothen) sprachen auf einer Reise nach Italien bey ihm vor, um sich seinen Seegen zu erbitten, unter ihnen auch Odoacer, nach der Zeit König in Italien, ein junger Mann von langer Statur, und damals schlecht bekleidet; weil er nun, um die niedrige Thüre der Mönchszelle nicht zu berüh-

---

*) Nach andern ist eine Kappadocische Festung.
**) In den Excerptis Legationum und bey Jornandes heißt er Edeko.

†) Dessen Leben noch jetzt vorhanden ist. S. Marc. Welser Opera Ausg. Nürnberg 1682. Kap. 7. und 32.

rühren sich bückte, hörte er von dem Manne Gottes, daß er künftig zu hohen Ehren gelangen würde. Und noch beym Abschied entließ er ihn mit den Worten: Geh hin nach Italien, jetzt bist du mit einer schlechten Thierhaut bekleidet, aber bald wirst du dich im Stande sehen, gegen viele sehr freygebig zu seyn. — Odoacer kam bald, wie der Knecht Gottes es ihm vorausgesagt hatte, in Italien an, und ward endlich König. Jetzt erinnerte er sich der Prophezeihung des frommen Mannes, und schrieb sogleich einen freundschaftlichen Brief an ihn, worin er ihn demüthig veranlaßte, ihm eine selbstbeliebige Bitte vorzulegen. Der Mann Gottes, durch die so herablassende und gnädige Zuschrift eines Regenten aufgefordert, bat um die Zurückberufung eines gewissen exilirten Ambrosius, und Odoachar gewährte diese Bitte mit Vergnügen. — König Odoachar führte hernach Kriege gegen die Rugier, (im jetzigen Oesterreich und Mähren) die er auch im zweyten Feldzuge völlig besiegte und ausrottete. — Weil er ein gutes Herz besaß, und die Arianische Secte begünstigte, und viele edle Männer einmal in Gesellschaft im schmeichelnden Tone sein Lob priesen, fragte der fromme Mönch, wer denn dieser so hochgelobte König wäre. Auf die Antwort: Odoacer — sagte er: zwischen dreyzehn und vierzehn — womit er den ganzen Zeitraum der Regierung desselben andeutete.

XI.

XI.

Zeno vergalt Theodorichen den geleisteten Beystand reichlich, erhob ihn zu der Würde eines Patriciers und Consuls, machte ihm ausserdem ansehnliche Geschenke, und sandte ihn nach Italien, wobey sich doch Theodorich noch dies ausbedung, daß er nach Odoacers Besiegung an dessen Statt, zum Lohne seiner Arbeit, wenigstens bis Zeno selbst ankäme, regieren dürfte. So brach dann der Patricier Theodorich aus der Stadt Nova mit seinen Gothen auf, von Zeno, dem Kaiser im Orient abgesandt, um ihm Italiens Besitz zu sichern. Odoacer zog ihm entgegen, bot ihm bey dem Flusse Sontius (Zonzo bey Aquileja) ein Treffen an, verlor es und flohe nach Verona, wo er sich auf der Ebene am sieben und zwanzigsten September verschanzte. Auch hierher verfolgte ihn Theodorich, auch hier lieferte er ihm eine Schlacht, in der von beyden Seiten viel Volk blieb, Odoacer dennoch wieder der besiegte Theil war, und den dreyßigsten September sich nach Ravenna zurückzog. Theodorich der Patricier zog nun vor Mailand, und der größte Theil von Odoacers Armee ging zu ihm über, so wie auch Tufa, sein erster General, den Odoacer nebst seinen Magnaten am ersten April zu dieser Würde erhoben hatte. Dieser Tufa ward noch in eben diesem Jahre vom Theodorich wider Odoacer selbst nach Ravenna hingesandt, und rückte von Faventia mit der ihm untergebenen Armee zur Belagerung an: Odoacer kam aber selbst nach Faventia, und stimmte ihn so um, daß er ihm Theodorichs Officiere überlieferte, die dann in Fesseln nach Ravenna abgeführt wurden.

Unter dem Consulat des Faustus und Longinus. (490) In diesem Jahre gieng Odoacer von Cremona ab, und kam nach Mailand. Die Westgothen kamen aber Theodorichen zu Hülfe, und es fiel eine Schlacht beym Fluß Addua vor, in der von beyden Seiten viel Volk, unter andern auch der General der Haustruppen Pierius blieb. Der Erfolg dieser am eilften August vorgefallenen Schlacht war Odoacers Flucht gegen Ravenna, wohin ihm doch der Patricier Theodorich bald nachging, ein Lager beym Fichtenwalde aufschlug, und den Odoacer, der seit drey Jahren bloß auf Ravenna eingeschränkt gewesen war, nun förmlich belagerte, wodurch die Theurung so zunahm, daß der Preis eines Modius Waizen auf sechs Soliden (in Gelde) stieg. Auch schickte Theodorich den ersten Senator*) Festus an Kaiser Zeno, in der guten Hoffnung, von ihm mit dem Purpurgewande beehrt zu werden.

Unter dem Consulat des Olybrius (491.) that Odoacer mit den Herulern einen nächtlichen Ausfall aus Ravenna, griff das Lager Theodorichs am Fichtenwalde an, von beyden Seiten blieben viele todt. Odoacers erster General Levila ertrank auf der Flucht im Flusse Vejens **)

und

*) D. i. Stadtpräfect. S. von ihm Corsini de Praefectis Urbi S. 366. 368. 369.

**) Bey andern Bidens, heut zu Tage Bedese, oder Roneo.

und Odoacer ging besiegt am funfzehnten Julius nach Ravenna zurück. Aufs äusserste gebracht gab er seinen Sohn Thelane zum Geisel, ließ sich aber vom Sieger seines Lebens Schonung zusichern. So hielt dann Theodorich seinen Einzug in Ravenna, weil er aber einige Tage nachher erfuhr, daß Odoacer ihm heimlich im Pallaste nachstelle, so kam er ihm mit rächendem Schwerte zuvor, und stieß ihn eigenhändig nieder. Noch denselben Tag ward Odoacers bewaffnete Mannschaft auf Theodorichs Befehl, wo sie nur aufzutreiben war, nebst der ganzen Familie niedergemacht. Auch starb Zeno in Constantinopel, und Anastasius ward Kaiser an seine Statt.

XII.

Theodorich hatte zwar den **Faustus Niger** *) an Zeno als Gesandten abgehen lassen, weil man aber des Kaisers Tod noch vor Zurückkunft der Gesandtschaft erfuhr, so machten die Gothen, ohne die Erlaubniß des neuen Kaisers abzuwarten, nach Ravennas Einnahme und Odoacers ihren Theodorich zum König. In der That war er auch ein tapferer Kriegsheld. Sein Vater war Valimir, König der Gothen, doch war er dessen natürlicher Sohn: seine Mutter hieß nach ihrem Gothischen Namen Ereriliva, sie hatte aber als Christin bey der Taufe den Namen Eusebia angenommen. Er war ein trefflicher

---

*) Ist von dem vorher angeführten Festus wohl nicht zu unterscheiden.

licher Regent mit dem besten Herzen, regierte drey und dreyßig Jahre, und Italien genoß unter ihm dreyßig Jahre lang Glückseligkeit und Frieden, der auch seinen Nachfolgern noch zu gut kam, denn alles, was er unternahm, gelang ihm. So beherrschte er zwey Nationen, die Römer und die Gothen, und ob er gleich der Arianischen Secte zugethan war, so ließ er doch bey der Armee alles wie unter den Kaisern vorher bleiben. Er theilte sehr freygebig oft baares Geld, oft Getraide aus, und so leer er auch die Schatzkammer fand, so brachte er es doch mit vieler Mühe dahin, daß sie bis zum Ueberschuß reich ward: die herrschende Religion ließ er unangefochten: er gab dem Volke Spiele in der Rennbahn und im Amphitheater, so daß die Römer in ihm einen Trajan und Valentinian, deren Regierung er sich zum Muster nahm, und die Gothen seiner löblichen Edicte wegen, in aller Betrachtung den größten König, den ihre Nation je gehabt, nicht verkannten.

Zwar war er ohne alle wissenschaftliche Kenntnisse, und dennoch besaß er so viel natürlichen Verstand, daß man noch jetzt sich mit mehrern seiner weisen Sprüche trägt, von denen ich wenigstens einige anführen will. So sagte er zum Beyspiel einmal: Beyde — der Besitzer des Goldes und der Besitzer eines Dämon können ihren Schatz nicht verbergen. Ferner: Ein armer Römer ist nichts mehr als ein Gothe, und ein reicher Gothe wird zum Römer. — Ein gewisser Mann

Excerpte 12.

Mann hatte bey seinem Tode eine Frau, und einen kleinen Sohn hinterlassen, der damals seine Mutter noch nicht kennen konnte. Dieses Kind ward von einem Anverwandten in eine andere Provinz mit hingenommen, und erzogen: und der Jüngling machte sich auf, um seine Mutter aufzufinden, die gerade jetzt sich mit einem andern Manne in ein Eheverlöbniß eingelassen hatte. Sehen und Umarmen war bey der Mutter eins, sie dankte Gott, ihren Sohn wieder zu haben, und er hatte bereits einen Monat bey ihr zugebracht, als der Mutter Bräutigam auch ankam; und auf die Frage, wer denn der unbekannte junge Mensch wäre, von der Braut die Antwort erhielt, es sey ihr Sohn. Sobald er dies hörte, fing er an, von Aufhebung des Ehevertrages zu sprechen, und endlich erklärte er ihr geradehin: Läugne den Sohn ab; oder — wir sind geschiedene Leute. Die Braut ließ sich wirklich dadurch verleiten, ihre vorherige Anerkennung des Sohnes zurückzunehmen, und befahl ihm, ihr Haus zu verlassen, weil sie ihn nur als Fremdling aufgenommen hätte: der junge Mann hingegen behauptete, er wäre nur zu der Mutter zurückgekommen, um des Vaters Haus in Besitz zu nehmen. Kurz, der Jüngling trug seine Beschwerde wider die Mutter dem König vor, der dann die Mutter vor sich kommen ließ. Beym Erscheinen sprach er sie so an: Weib dein Sohn fodert meinen Schutz wider dich auf, sage also: Ist er dein Sohn oder nicht? — Nein, sagte sie, dies ist er nicht,

nicht, ich habe ihn nur als reisenden Fremdling aufgenommen. Nachdem aber der Sohn dem König die ganze Sache nach allen Umständen erzählt hatte, fragte der König das Weib noch einmal, ob der Mensch ihr Sohn wäre. Auf wiederholte Verneinung fragte er dann weiter, wie viel sie im Vermögen hätte? — Etwa tausend Goldstücke, war die Antwort. Nun dann, sagte der König, und schwur dazu, so soll er, und kein anderer, dein künftiger Mann seyn.*) Dies brachte die Frau so sehr außer Fassung, daß sie nun den jungen Mann für Sohn anerkannte. Dergleichen Entscheidungen ließen sich mehrere anführen.

Zur zweyten Gemahlin wählte er sich Ausgoflaba, von Fränkischer Abkunft, denn ehe er König ward, hatte er schon eine gehabt, von der er auch Töchter hatte: die eine, Arevagni, vermählte er mit Alarich, König der Westgothen in Gallien, die andere, Theodegotha, gab er Sigismunden, des Königs (in Burgund) Gundebaus Prinzen. — Mit Kaiser Anastasius traf er durch seinen Gesandten Festus über Anmaßung des königlichen Titels friedliche Abkunft, und das kostbare Geräth, das Odoacer aus dem Pallaste nach Constantinopel geschickt hatte, kam zurück.

Zu eben der Zeit entstand in Rom selbst ein Streit (über die Bischoffswürde) zwischen Symmachus

---

*) Eine ähnliche Entscheidung des Kaisers Claudius findet man bey Sveton L. 15.

machus und Laurentius. Beyde waren
förmlich eingeweiht, aber durch göttliche Fügung
behielt der würdigere Symmachus die Oberhand.
Nach Beylegung dieser Streitigkeit kam König
Theoderich selbst nach Rom, wo er dem heiligen
Petrus mit der Andacht eines katholischen Christen seine Ehrfurcht bezeugte. Pabst Symmachus,
der ganze Senat, und ein großer Theil des Volkes empfiengen ihn vor der Stadt. Nach seinem
Einzuge kam er in den Senat, hielt auch bey der
Palme *) eine Anrede an das Volk, worinn er
mit göttlicher Hülfe alle von den vorigen Regenten Roms gemachten Einrichtungen unverletzlich
beyzubehalten versprach. Um das zehnte Jahr
seines Regierungsantrittes zu begehen, zog er in
feyerlichem Triumph in den Pallast ein, und gab
den Römern circensische Spiele. Dem Römischen
Volke und den Armen setzte er eine jährliche Ge-
traidevertheilung von hundert und zwanzigtausend Maas (Modien) aus, ließ auch zu Aus-
besserung des Pallastes und zu neuem Aufbau
der Stadtmauern alle Jahre zweyhundert Pfund
aus der Weinsteuerkasse auszahlen. — Seine
leibliche Schwester Amalafrigida gab er dem
Könige der Vandalen Transimund zur Gemahlin. Den Liberius, den er beym Antritt
seiner Regierung zum prätorischen Präfect gemacht
hat-

---

*) Ad Palmam, ver-
muthlich mit domus palma-
ta bey Cassiodor Var. B. 4.
Brief 30. einerley. Mura-
torius Gesch. von Italien.
Th. 3. S. 317. hält es für
den großen Saal im kai-
serlichen Pallaste.

hatte, erhob er zu der Würde eines Patriciers *)
und gab die Präfectur einem andern. — Theodor, Basilius Sohn, und Odoin, einer
seiner Generäle machten einen gefährlichen
Anschlag auf sein Leben: Theoderich erfuhr es
aber, und ließ ihm in dem so genannten Sessorischen Pallaste den Kopf abschlagen. — Die
Versprechungen, die er dem Volke in seiner Anrede gethan, ließ er auf Bitte des Volkes auf
eine eherne Tafel eingraben, und öffentlich aufstellen.

Nach einem halbjährigen Aufenthalte in Rom
gieng er nach Ravenna zurück, und gab seine
zweyte leibliche Schwester Amalabirga dem
König der Toringer Herminifrid zur Gemahlin. Bey allen Völkern rund umher war er sehr
beliebt: denn er war ein großer Liebhaber vom
Bauen, und gab vielen Städten ihren vorigen
Glanz wieder. So stellte er zu Ravenna die
ehemals vom Kaiser Trajan angelegte Wasserleitung wieder her, die seit langer Zeit kein Wasser
gesehen hatte: den Pallast daselbst vollendete er
zwar, erlebte aber die Einweihung desselben nicht:
die Säulengänge um den Pallast her sah er noch
vor seinem Tode fertig. Auch zu Verona legte
er ein warmes Bad, einen Pallast und einen
Säu-

---

*) Die Patricier hatten den Rang über die prätorischen Präfecten. Cassiodor in Formula Patriciatus; (Variar. B. 6. 2. S. 185. der Fornerischen Ausgabe Paris 1583) Prefectorios et aliarum dignitatum viros praecedit. S. auch den Theodos. Coder Th. 2. S. 72. ff. der Ritterischen Ausgabe.

Säulengang vom Thore bis zu der Burg hin an. Die seit vielen Jahren eingegangene Wasserleitung ließ er wieder säubern und Wasser hineinleiten, auch die Stadt mit einer neuen Mauer umgeben. — Ticinum (Pavia) verschönerte er durch Pallast, Badhaus, Amphitheater und neue Mauern, und auch gegen andere Städte bewies er sich als Wohlthäter. Selbst die umliegenden Völker liebten ihn so sehr, daß sie ihm Bündnisse antrugen, und ihn zu ihrem König wünschten. Auch Kaufleute mehr als Einer Provinz wandten sich an ihn, denn er hielt so genau auf Staatspolizey, daß jeder, der in seinem Gebiete, auch außer Rom seine Gelder anlegte, eben den Schutz genoß, als ob er sich in der Stadt selbst befände. Noch führte er in ganz Italien dies ein, daß in keiner Stadt Thore angelegt werden durften, oder wo dergleichen waren, dieselben doch immer offen bleiben mußten; so daß jederman ungehindert zu jeder Stunde, und bey Nacht wie bey Tage seinen Geschäften nachgehen konnte. Die Lebensmittel stunden zu seinen Zeiten in so wohlfeilem Preise, daß man sechzig Maas Waizen um einen Soliden (S. Note zu S. 25. K. 8.) und dreyßig Amphoren Wein um eben denselben Preis haben konnte.

XIII.

Der mit ihm zu gleicher Zeit lebende Kaiser im Orient, Anastasius, hatte drey Enkel, Pompejus, Probus und Hypatius.
Mit

Mit sich selbst nicht einig, welchen von ihnen er zu seinem Nachfolger in der Regierung ernennen sollte, ließ er sie an Einem Tage mit sich speisen, und für jeden ein eigenes Ruhebett im Pallaste aufstellen, um nach der Tafel Mittagsruhe halten zu können. In das eine Bett ließ er ein Diadem unter das Kopfkissen legen, und derjenige, der sich dieses zur Ruhe wählen würde, den wollte er für seinen vom Schicksal bestimmten Nachfolger ansehen. Nun warf sich der eine auf ein einzelnes, die zwey andern legten sich aus brüderlicher Liebe in ein zweytes zusammen, und so traf es, daß gerade das, worin das Diadem lag, leer blieb. Diese Bemerkung ließ den Kaiser vermuthen, daß wohl gar keiner sein Nachfolger werden würde: er betete also zu Gott, ihn einer Offenbarung zu würdigen, um noch bey seinem Leben zu erfahren, wer nach ihm den Thron besitzen würde. Indem er sich mit diesen Gedanken trug, und betete und fastete, erschien ihm in einem Traumbilde eine Menschengestalt, die ihn durch folgende Erklärung aus seiner Ungewißheit riß: der Mann, der morgen zuerst Audienz bey dir begehren wird, ist dein Nachfolger in der Regierung. Nun traf es, daß Justin, der General der Leibtrabanten, über einen vom Kaiser ihm gethanen Auftrag Rapport erstatten wollte, und deßhalb vom Oberkammerherrn am folgenden Morgen zuerst angemeldet ward, und der Kaiser unterließ bey dieser Entdeckung nicht, Gott Dank zu sagen,

daß

daß er ihm seinen Nachfolger hätte offenbaren wollen. Doch entdeckte er die Sache keiner Seele: nur konnte er sich, da er einmal öffentlich ausgehen wollte, und Justin, um die Trabanten in Reihe und Glied zu stellen, in der Eil ihm auf die Schleppe trat, nicht enthalten zu sagen: Warum eilst du denn so? — In den letzten Jahren seiner Regierung ließ er sich noch vom bösen Geiste blenden, der Eunomianischen Secte beyzutreten, aber die christliche Gemeinde rieth ihm, in den gehörigen Schranken zu bleiben, indem sie ihm in voller Versammlung zurufte: Du wirst doch deine armselige Lanze nicht gegen die Dreyeinigkeit brauchen wollen! — Nicht lange nachher starb er zu Constantinopel auf seinem Bette eines natürlichen Todes.

XIV.

König Theoderich war so ganz ohne wissenschaftliche Kenntnisse, und so schwachen Geistes, daß er zehn Jahre seiner Regierung hindurch die fünf Buchstaben, mit denen er seine Edicte zu unterzeichnen hatte, schreiben zu lernen nicht vermochte. Er ließ sich also eine durchbrochene goldene Platte verfertigen, in welcher die ersten Buchstaben seines Namens ausgeschnitten waren. Diese Platte legte er, wenn er etwas unterzeichnen wollte, auf das Papier, malte mit der Feder die Züge nach, und so schien es sein eigenes Machwerk zu seyn.

Ammian Marcellin 3ter B. Q. Theo-

Theoderich ernannte den Eutharich *) zum Consul, und hielt feierliche Einzüge in Rom und Ravenna. Eutharich war ein roher, wilder Mann, und ein Feind des christlichen Glaubens. Während daß Theoderich sich in Verona aufhielt, um die unruhigen Nationen umher zu beobachten, entstand in Ravenna ein Streit zwischen Christen und Juden deswegen, weil die Juden wider ihren Willen sich taufen zu lassen gezwungen, um die Christen wieder zu kränken, oft geweihte Hostien in den Fluß geworfen hatten.**) Darüber ward das Volk so erbittert, daß es mit Uebergehung des Königs Eutharichs, und des damaligen Bischofes Peter, sich selbst Recht verschaffte, die Synagogen stürmte, und bald nachher gar in Brand setzte. Weil auch in Rom ein ähnlicher Auftritt vorfiel, †) liefen die Juden

---

*) Mit dem Beynamen Cilliga. Er war Schwiegersohn des Königs, nämlich Amalasunthens Gemahl.

**) Sehr möglich ist es, daß ich diese Stelle bey dem sonderbaren Latein, in dem sie ausgedruckt ist, mißverstanden haben kann. Sie lautet im Originale so: quare Judæi baptizatos nolentes dum livident, frequenter oblatam in aqua fluminis iactaverunt. Mein kleiner Büchervorrath bot mir nichts dar, um ein so specielles Geschichtchen mehr aufzuklären. Doch Muratori, der doch eine große Belesenheit in den Schriften der damaligen Zeit besitzt, kann in seiner Geschichte von Italien Th. 3. S. 376. auch keine parallele Stelle eines andern Schriftstellers nachweisen.

†) Auch diese Stelle giebt im Originale keinen Sinn. Mox cas (Synagogas) incenderunt: quod et in cena eadem similiter contigit. Max Judæi currentes Veronam etc. Ich habe

Juden sogleich zu dem König nach Verona hin, und der Oberkammerherr, Triwane, nahm sich ihrer an: selbst ein Ketzer, begünstigte er auch die Juden, und trug dem König die Sache auf eine für die Christen gehässige Weise vor. Der König verordnete wegen der durch diesen Brand genommenen Selbstrache, daß das ganze Römische Volk*) das Geld zum Wiederaufbau der Synagogen in Ravenna geben, und wer das Geld nicht dazu hätte, durch Stockschläge büßen, und unter Ausrufung des Heroldes an den Pranger gestellt werden sollte. Dieser Befehl ergieng an Eutharich Cilliga, und an Bischof Peter: so lautete er wörtlich, und ward pünktlich vollzogen.

Seitdem fand der Teufel Gelegenheit, diesen sonst guten Mann, mit dessen Regierung man bisher vollkommen zufrieden gewesen war,

---

habe mir die Freiheit genommen, anders zu interpungiren, hinter incenderunt ein Punkt, und hinter contigit ein Komma zu setzen, und dann zu lesen: quod et in Roma scena eadem sim. contigit. Daß damals die Juden in Italiens Städten viel Anfechtung gehabt, sieht man aus Theoderichs Verordnungen bey Cassiodor z. B. für Mailand B. 5. Brief 37. für Rom 4, 43. So schien ich auch der Stelle mehr Zusammenhang zu geben, denn warum hätte

*) Das Röm. Volk sonst für die Ravennater büßen sollen? Doch vielleicht meint der Autor nicht gerade das Volk in der Stadt Rom, sondern die Römer überhaupt im Gegensatz gegen die Gothen.

zu überschleichen: denn kurz darauf ließ er bey dem Brunnen in der Vorstadt Verona das Bethaus des H. Stephanus und einige Altäre niederreißen; auch ließ er Befehl ergehen, daß kein Römer außer einem kleinen Messer keine Waffen führen sollte. — Eine arme Gothin lag in einem Säulengange nicht weit vom Palast in Ravenna, und brachte vier Drachen zur Welt: zwey derselben flogen von Abend nach Morgen im Angesicht des Volkes in die Wolken auf, und stürzten sich dann ins Meer; die zwey übrigen hatten beyde nur Einen Kopf. — Ein Komet ließ sich fünfzehn Tage lang sehen, und die Erdbeben waren häufig. — Ueberhaupt suchte der König seit dieser Zeit jede Gelegenheit, der Römischen Nation wehe zu thun. Cyprian, der damalige Referendar, nachher Obersteuereinnehmer und General gab aus Privatfeindschaft den Patricier Albin an, daß er mit Kaiser Justin einen seiner königlichen Würde nachtheiligen Briefwechsel geführt habe. Nicht nur der Beklagte läugnete dies ab, sondern der Patricier Boethius, damals Staatsminister, sagte dem König freymüthig ins Gesicht: „Cyprians Angabe ist falsch; ist Albin schuldig, so bin ich es auch, und der ganze Senat; aber, wie gesagt, gnädiger König,

die

die ganze Sache ist falsch." Cyprian wußte freylich nichts darauf zu antworten, stellte aber nachher falsche Zeugen nicht nur gegen Albin, sondern auch gegen dessen Vertheidiger, Boethius auf. Die eigentliche Ursache, daß der König falschen Zeugen mehr als Senatoren glaubte, war, weil er einmal gegen die Römische Nation aufgebracht war, und Gelegenheit suchte, diese Männer umbringen zu lassen. Albin und Boethius wurden also in einer Taufkapelle in gefängliche Verwahrung genommen, der König ließ den Eusebius, Stadtpräfect aus Pavia kommen, und dem Boethius ungehört sein Urtheil sprechen, das denn auch auf dem Calventianischen Landgute *) wo er weiten Arrest hatte, bald nachher vollzogen ward. Man preßte ihm die Stirne so gewaltsam zusammen, daß die Augen aus dem Kopfe heraustraten, und nach langer Qual tödtete man ihn endlich durch Stockschläge.

XV.

Nach seiner Zurückkunft nach Ravenna betrug sich Theoderich nicht als Freund Gottes, sondern als Uebertreter seiner Gesetze — hatte die ihm erwiesene Gnade und Wohlthaten ganz

---

*) Calvenzano im Mailändischen. Theoderich hatte die Todesstrafe in Verbannung verwandelt.

vergeſſen, und blos ſein Arm war ſeine Stärke. In der Ueberzeugung, daß Kaiſer Juſtin ſich vor ihm fürchten müſſe, ließ er des Apoſtoliſchen Stuhles Beſitzer, Johannes *) nach Ravenna entbieten, und that ihm den Antrag: Mache dich auf nach Conſtantinopel zum Kaiſer Juſtinus, und ſage ihm vorzüglich dies in meinem Namen, daß er die verſöhnten Ketzer wieder als Mitglieder der katholiſchen Kirche anerkennen ſolle. **) Pabſt Johannes antwortete ihm darauf: „Was „du über mich verhängen willſt, das thue bald: „du haſt jetzt völlige Gewalt über mich. Aber „einen ſolchen Auftrag, dies ſage ich dir freymü„thig, werde ich nie ausrichten. Alles, nur „dies nicht, hoffe ich mit göttlicher Hülfe von „ihm zu erhalten." Der König ward heftig, ließ ſogleich ein Schiff in Bereitſchaft ſetzen, und außer dem Römiſchen Biſchof auch den von Ravenna Eccleſius, den von Fano Euſebius und den Campaniſchen (von Capua) Sabin, und noch zwey andere, ingleichem die Senatoren Theodor, Importun und Agapet, und einen andern dieſes Namens an Bord bringen. Aber der Gott,

---

*) Der erſte Römiſche Biſchof dieſes Namens, Nachfolger des Hormisdas.

**) Andere drücken dies ſo aus: daß er den Arianern ihre Kirchen wieder einräumen ſollte.

Excerpte. 15.

Gott, der seine treuen Verehrer nie verläßt, brachte sie glücklich an den Ort ihrer Bestimmung. Kaiser Justin empfing den Römischen Bischof mit einer Achtung, wie er sie dem H. Petrus selbst erwiesen haben könnte, und bey gegebener Audienz war er zu allem willig, nur die mit der Kirche ausgesöhnten und in den Schoos derselben übergegangenen an die Arianer herauszugeben — das könne er auf keine Weise bewilligen. — Während dieser Gesandtschaft ward Symmachus, der erste Senator und Schwiegervater des Boethius von Rom nach Ravenna entboten: denn weil der König in Sorgen stand, er möchte, um den Tod seines Eidams zu rächen, einen gefährlichen Plan auf ihn selbst anlegen, so ließ er ihn auf eine falsche Klage hinrichten. — Indeß kam Pabst Johannes auch wieder aus dem Orient zurück: der König empfing ihn anfangs mit verstellter Freundlichkeit, kündigte ihm aber dann seine Ungnade an, und einige Tage darauf starb der Mann. Das ganze Volk zog vor seiner Leiche her, indem fiel ein Mensch unter dem Haufen, vom bösen Geiste besessen, zur Erde nieder: aber, sobald man mit der Bahre zu dem Orte, wo der Kranke lag, hinkam, sprang er sogleich auf, und zog völlig gesund mit vor der Leiche her. Dies machte aufs Volk und Senat einen so bedeutenden Eindruck, daß jeder, um eine Reliquie von dem heiligen Bischoffe zu haben, ein Stück seines Gewandes an sich riß. worauf man dann unter großem Jubel die Leiche vor die Stadt hinaustrug.

XVI.

Endlich machte Symmachus, ein Advokat *) und Jude von Geburt, auf seinen Befehl (in der That Befehl eines Tyrannen, nicht eines Königes) an einer Mittwoche am fünf und zwanzigsten August, in der vierten Indiction unter Olybrius Consulat im Voraus bekannt, daß die Arianer den nächsten Sonntag von den Kirchen der Rechtgläubigen Besitz nehmen sollten. Aber der Gott, der seine gläubigen Verehrer von Ungläubigen nicht unterdrücken läßt, ließ den Theodor eines gleichen Todes mit Arius, dem Stifter seiner Religion sterben: ein heftiger Durchlauf leerte ihn in drey Tagen so aus, daß er an eben dem Tage, an dem er sich die Freude machen wollte, die Kirchen zu stürmen, Thron und Welt verließ. Noch vor seinem Tode ernannte er den Athalarich **) zu seinem Nachfolger, und sich selbst hatte er noch bey seinem Leben ein Monument von außerordentlicher Größe aus Quadersteinen errichten lassen, wozu er nur noch einen Stein von verhältnißmäßiger Größe zur Aufschrift überall aufsuchen ließ.

*) Scholasticus im Texte, unter welchem Namen damals bekanntlich die Advokaten verstanden wurden.

**) Denn Eutharich war gestorben.

Ende des dritten und letzten Bandes.

I. Hof=

I.
Hof-, Civil- und Militäretat

im

Orient und Occident

zu Ammians Zeiten.

I.
Hof-, Civil- und Militäretat.

(Die erste Ziffer, mit darauf folgendem Komma, bedeutet Bücher, die folgenden gehen auf Kapitel. E. heißt Excerpte.)

A.

Actuarii. In frühern Zeiten waren sie Geschwindschreiber. Suetons Cäsar K. 55. Zu Ammians Zeiten waren sie mehr Rendanten und Rechnungsführer, besonders hatten sie bey der Armee den von den Magazinvorstehern gegen Quittung erhobenen Proviant an die einzelnen Kompagnien zu vertheilen. Sie kommen vor B. 20. Kap. 5. — auch ein Actuarius rationibus scrutandis, was wir etwa einen Rechnungsexaminator zu nennen pflegen 25, 10. — ingl ein Actuarius farcinalium Principis iumentorum, der die Herbeyschaffung der Pferde ꝛc. zu Fortbringung des kaiserlichen Gepäckes zu besorgen hatte, 15, 5. — Uebrigens haben diese Herren nicht im besten Rufe gestanden, wie denn Ammian selbst dem B. 25, 10. erwähnten kein gutes Lob giebt, noch stärker drückt sich über sie aus Aurel. Victor de Caesaribus S. 293. d. Schettischen Ausgabe (S.

(f. auch Codex Theodof. T. 2. p. 203. b. Ritterischen Ausgabe, und von den Mitteln, ihre Betrügereyen zu verhüten, ebendaf. 316. und 320.)

Admiſſionum magiſter: Oberceremonienmeiſter 15, 5. und daſ. Valeſn:3. — Admiſſionum proximus, Unterceremonienmeiſter 22, 7. (Die Admiſſionalen waren in vier Decurien eingetheilt; der Vorſteher einer Decurie hieß Proximus Admiſſionum, dieſer ſtand unter dem Mag. Admiſſionum, alle aber gehörten unter das Departement des Mag. Officiorum, Salmaſ. ad Hiſt. Aug. T. II. p. 788. d. Haakiſchen Ausgabe.)

Adparitores (auch im Abſtracto: Adparitio) ſind mit Officialen einerley, f. 27, 7. nach unſerer Art Subalternen, Officianten der Staatsbeamten, Secretärs, Rechnungsführer, Thürſteher, Boten u. ſ. w. Der Comes Orientis hatte ſechshundert derſelben. Im Ammian kommen vor:

1) Adparitor Caſtrenſis (Genitiv) 26, 8. f. Caſtrenſis.

2) Adparitor (Comitis) Largitionum 26, 8.

3) Adparitionis armorum Magiſtri Rationarius. 15, 5. und Adparitionis Magiſtri Equitum Numerarius 19, 9. ſind völlig einerley Perſonen, denn Numerar. iſt gleichbedeutend mit Rationar. Valeſ. zu 15, 5. und die Oberfeldherren der Reiterey

I. Hof-, Civil- und Militäretat.

rey und des Fußvolkes heißen auch Armorum Magiſtri. — Alſo Rechnungsführer, die die Auszahlung an das ganze Gefolge des kommandirenden Generals zu beſorgen hatten.

4) Adparitor Praefectianus — Praeſidialis. 17, 3.
5) Adparitionis Praefecturae Praetorianae princeps. 15, 3. 16, 8. ſ. Princeps.
6) Adparitio (Praefecti Vrbi) 15, 7.
7) Adparitor Rationarius. 18, 5.
8) Adparitores poteſtatis Vicariae per Italiam. 22, 7.

Advocati. Mehr als zu viel von ihnen ſtehet 30, 4.

Aediles, Rathsherren in den Municipalſtädten 28, 6. und daſelbſt Valeſius.

Agentes in rebus. Waren vom Hofe aus angeſtellte Perſonen, um das Intereſſe des Hofes zu beobachten. Einige befanden ſich unter dieſem Namen auf beſtimmte Zeit in den Provinzen, oder verbanden ihr Geſchäft mit andern Aemtern, wie denn der oben genannte Adparitionis Præfecturæ Prætorianæ princeps auch zugleich Agentium in rebus princeps war. Valeſ. zu 16, 8. Dieſe kann man Correſpondenten des Hofes (Staatsagenten) nennen. — Andre wurden in einzelnen Angelegenheiten oder Veranlaſſungen in die Provinzen abgeſandt. (Staatsboten) Auſſer mehreren andern Verrichtungen hatten beſonders die erſten vorzüglich die am Hoflager erſchienenen neuen Edicte,

die

die auf jedes neue Jahr gewählten Consuln, die Siege der Kaiser und andere Staatsveränderungen bekannt zu machen, wogegen sie auch das, was in den Provinzen vorfiel, nach Hofe berichteten. Eine Art von ihnen waren die Curiosi die doch bey Ammian nicht namentlich vorkommen. Es konnte keiner Curiosus werden, als wer Agens in rebus war; und weil sie als Spione des Hofes in verdächtigen Provinzen, in denen man etwa eine Rebellion oder Gegenkaiser befürchtete, wahrscheinlich höhern Gehalt bekamen, auch das kaiserliche Postwesen unter sich hatten, bey dem sich manchmal ein ganz artiges Profitchen machen ließ, so suchten viele Agenten Curiosi zu werden.

Bey Ammian sind die Agentes in rebus mehr als einmal genannt, aber nur einige Stellen sind einer historischen Benutzung fähig. So war wahrscheinlich Gaudentius, den Constantius bey Julian als Spion angestellt hatte (15, 3. 16, 8. 21, 7.), ein solcher Curiosus. — Daß die Agentes in rebus wie bekannt, eine scholam Palatinam ausmachten, läßt sich aus 16, 5. (consortium) abnehmen. — Daß Julian sie für raubsüchtig gehalten, erhellt aus eben dieser Stelle, und daß er beym Antritt der Alleinherrschaft sie größtentheils abgeschafft habe, bestätigt ausser andern Nachrichten auch Ammian 22, 7. (proiecti) so wie er ebendaselbst auch dafür beweiset, daß sie auch bey der Armee angestellt gewesen seyn müssen, vergl. 16, 5. (chlamys) und Cod. Theodos. Lib. 6. Tit. 35. Tomo. 2. p. 234. Ritter.

Ueberhaupt verweise ich noch auf Gothofredi Paratitlon ad Cod. Theodos. Lib. 6. Tit. 27. T. 2. p. 163. — auf Salmasius ad Scriptt. H. A. T. I. S. 103. ff. — Valesius zu 14, 11. 15, 3. 16, 5. 8. 22, 7. — und in Ansehung des übeln Credits, in dem sie standen, auf Libanius Leichenrede auf Julian, S. 567. der kleinern Reiskischen Ausgabe.

Agens scholam Scutariorum secundam, 26, 1. ist ohne Zweifel so viel als Tribunus, und nur zur Abwechslung so gesetzt, denn kurz vorher steht in eben demselben Kap. Scholæ primæ Scutariorum Tribunus. — Auch 21, 8. cum Scutarios ageret.

Agens pro Praefectis, i. e. Vicarius 14. 5. Valesius giebt daselbst den Unterschied zwischen Agens pro Praefectis und Agens pro Praefecto so an: Jener hatte einen förmlichen Bestallungsbrief vom Kaiser; der letztere ward von dem prätorischen oder Stadtpräfect nur als Stellvertreter in einzelnen Angelegenheiten gebraucht.

Alamanni kommen als Hülfstruppen (in Britannien) vor 29, 4.

Antepilani (sonst auch Antesignani) waren damals die Truppen, die das erste Treffen formirten, 16, 12. metaphorisch 28, 1. Salmasius de re milit. Romanor. p. 206. et 212. hält sie mit den Campiductoribus für einerley, s. auch Nast Röm. Kriegsalterthümer. S. 95. ff.

Arma-

Armaturae. Nach der Notitia Imperii, Gräv. Ausgabe im Thes. Antiquit. Rom. Tomo 7. p. 1502. (der Genever. 1623. S. 103.) gab es zwey Schulen dieser Hoftruppen: seniorum im Occident, juniorum im Orient, und hatten ihre Benennung von der schwereren Bewaffnungsart, größeren Schilden, und längeren Lanzen. Daß sie zu Pferde gedient, läßt sich aus Vergleichung Ammians mit Julians erster Rede an Constantius (S. 48. der Spanhem. Ausgabe) ersehen, und Zonaras, der sie zu Fuß dienen läßt, kann wohl gegen ihn nicht beweisen, s. Valesius zu 15, 5. Armaturarum Tribunus kommt vor 14, 11. 15, 5. 27, 2. auch, welches einerley ist, Armaturarum rector 15, 4.

Armeniaca (legio) *secunda.* Besatzung in Bezabde. 20, 7.

Ascarii. 27, 2. kommen nebst den Erulis et Batavis in der Notitia Imp. Occident. p. 1487. als Auxilia Palatina vor. Pancirol glaubt, daß sie vielleicht richtiger Ascurii, von Ascura, einer Stadt in Großarmenien, zu nennen wären.

B.

Ballistarii. Maschinenmeister der Wurfgeschosse, Ballisten genannt. 16, 2.

(*Bastagarii*) s. Note zu 15, 5.

Batavi. Hülfstruppen. 31, 13. et Eruli 20, 1. 4. 27, 1. 8. et Reges. 16, 12.

Braccati. 15, 5. 16, 12. waren Hülfsvölker aus den Gegenden Galliens, wo man lange Beinkleider zu tragen pflegte.

C.

C.

Caesares. Dieser Name war bekanntlich nach Abgang der Familie Jul. Cäsars — Ehrenname, den die erklärten Thronfolger zum Unterschiede der regierenden Kaiser (Auguste) führten. Ihr Verhältniß zu den Augusten läßt sich aus Ammian so angeben: Sie erhielten nicht den Namen August, blos Mark Aurel und Valentinian machten mit ihren Cäsaren eine Ausnahme 27, 6. — waren nicht viel mehr als Adjutanten der Kaiser 14, 11. 17, 11. 26, 4. Julian nennt sich selbst so 20, 8. und Galer mußte sogar einmal neben Maximians Wagen zu Fuß tausend Schritte hertraben 14, 11. — mußten über alles nach Hofe berichten 17, 15. — hatten über keine Staatskasse zu disponiren, und bekamen einen bestimmten Gehalt 22, 3. 14, 7. — Julian mußte sich sogar den Küchenzettel vorschreiben lassen 16, 5. — auch die Staatssekretärs (Notarien) mußten sie nehmen, wie sie ihnen der Kaiser gab. Vales. zu 14, 9. — Gallus mußte sich blos mit Hoftruppen begnügen, ohne Einfluß auf die Feldregimenter (Legionen) 14, 7. — sie durften keine Donative geben 17, 9. — überhaupt keine Belohnungen austheilen, weshalb Constantius gegen Gallus, der einem Wettfahrer eine Siegeskrone zugetheilt hatte, sehr aufgebracht war, 14, 11. — durften die Soldaten nicht einmal vom Tribunal ansprechen 16, 12. — mußten sich gefallen lassen, daß die Augusten die von ihnen erfochtenen Siege sich selbst zuschreiben, 16, 12. — Die Gemahlin des Cäsar Gallus heißt Regina 14, 9. Doch auch Eusebia, des regierenden Kaisers Constantius Gemahlin. 15, 2.

Ueberhaupt hat man über dieselben eine sehr brauchbare kleine Schrift: Hausfriz, Ge. Laur. Comment. de Caesare, designato successore imperii antiqui. Norib. 737. 4. auch fand ich mehr als eine angenehme Belehrung in des so hoffnungsvollen Gelehrten, Herrn Sickels Diocletianus et Maximianus Exercit. I. Lips. 792. S. 31. ff. wo doch auch die Rechte und Vorzüge der Cäsaren nicht vergessen sind.

Campidoctores. Exercitienmeister 15, 3. Auch kommen Campiductores vor 19, 6. die, wenn es nicht Schreibfehler ist, durch Antesignanen (vorausgehende Mannschaft, Furierschützen) zu erklären sind, s. Saumaise über die Hist. Augusta B. 1. S. 1012. 1014. B. 2. S. 474. Valois zu 15, 3.

Candidati. Bey Ammian kommen nur militares vor. Sie gehörten zu den Hoftruppen, (Garden) machten zwey Scholas, iuniorum et seniorum aus, waren ein Aushub der schönsten, längsten Leute, und nach unserer Art schön Subalternofficiere, die die nächste Anwartschaft auf Tribunsstellen hatten, s. 15, 5. 23, 3. 31, 13. 15.

Capita Scholarum 25, 10. Valesius hält sie in der untergesetzten Note mit den Capitibus contuberniorum bey Veget B. 2. K. 8. und 13. für einer

I. Hof=, Civil= und Militäretat. 259

einerley. Sonach wären es eine Art von Unterofficieren, die die Aufsicht über die zu Friedenszeiten in Einem Zimmer, im Felde in Einem Zelte befindliche Garbisten führten.

Castrensis (sacri Palatii) sc. Comes, etwa Hausmarschall. Hatte Titel und Rang eines Viri spectabilis, und unter ihm standen sämmtliche Hofdiener, diejenigen nämlich, die die eigentliche Bedienung der Kaiser zu besorgen hatten, ihnen zur Hand giengen, und sie überallhin begleiteten, (in officio erant) Pagen, (Pädagogiani) Kammerdiener, Tafeldecker, Mundköche, Leibschneider, Bettmeister, Portiers u. s. w. Diese Hofdiener hießen auch Castrensiani; was mit dem Apparitor-Castrensis 26, 8. wie Valesius daselbst in der Note sagt, vielleicht auch mit dem Adiutor einerley ist, den die Notitia Imperii Occident. S. 1888. Gräv. (S. 76. Generer) dem Castrensis unterordnet. Man sehe auch Cod. Theodos. Lib. 6. Tit. 32. Tom. 2. p. 255. und Salmas. ad scriptt. Hist. Aug. T. I. p. 981. sq.

Cataphractarii (auch Clibanarii) schwere, gepanzerte Reiterey. 16, 2. 10. 12.

Celtae et *Petulantes*, Truppenkorps 20, 4. 21, 3. 22, 12. 31, 10.

Centurio rerum nitentium 16, 6. war der Schaarwache vorgesetzt, die besonders bey Nacht durch Patrouilliren verhindern mußte, daß man die öffentlichen Gebäude, Bildsäulen und andere Verzierungen der Stadt nicht beschädigte.

Späterhin hatte man einen Tribunus, (Notitia Imp. Occid. p. 1818.) dann einen Comes rerum nitentium. Cassiodor. Variar. Lib. 7. Ep. 13. Valef. a. a. O. Corfini de Praefectis Vrbis Praef. p. XLVII.

Clarissimi. Benennung zu Bestimmung des Ranges. Die Staatsbeamten waren nämlich Illustres, Spectabiles, Clarissimi, Perfectissimi, Egregii. Die übrigen Beamten, denen man den Titel Clarissimi gab, liegen außer meinem Gesichtskreis; bey Ammian kommen sie nur zweymal als Senatoren vor, 26, 6. und 28, 1. ingl. Clarissimatus als Amt, das zu dem Range eines Clarissimus berechtigte 21, 16. s. Cafaubonus ad Scriptt. Hist. Aug. T. 1. p. 797. T. 2. p. 459. In den Excerpten des Ungenannten, die dem Ammian beygefügt sind, nach meiner Abtheil. Abschn. 6. steht, daß Constantin den in Constantinopel eingeführten Senatoren nur den Namen Clari gegeben habe, s. auch Valef. zu 22, 9. Ritter zu Zosimus 3, 11. S. 572. der Reitmeier. Ausgabe. Gibbon Th. 4. S. 44.

Comes. Bereits unter Roms republikanischer Verfassung findet man dieses Wort in doppelter Bedeutung. Die kommandirenden Generäle hatten nämlich zweyerley Personen in ihrem Gefolge: die einen waren Anverwandte, oder sonst Freunde vom Hause, Volontärs, Redner, Dichter, Philosophen u. s. w. und dann heißt Comes so viel als Gesellschafter; die andern
was-

I. Hof-, Civil- und Militäretat.

waren den Feldherren vom Staate, der sie auch besoldete, zugegeben, (auch cohors prætoria.) was wir heut zu Tage Stab nennen, Adjutanten, Sekretäre, Feldärzte, Wahrsager, Herolde ꝛc. Ernesti Exc. 15. zu Suetons Lieber K. 46. — Zuerst in dieser Stelle Suetons findet man unter den Kaisern drey Classes Comitum genannt. Ernesti schränkt dies mit Ausschluß der cohortis aulicae & urbanae auf obige Comites ein, die den Kaiser nur auf Feldzügen oder sonst auf Reisen begleitet hätten, und meint, die drey Classen hätten nur ihre Beziehung auf den größern oder geringern Gehalt, den Tiber ihnen gegeben habe. Hausbold hingegen de Consistorio Principum Spec. I. p. 25. coll. Spec. 2. p. 3. beweiset aus Seneca de Clementia 1, 10. de Benef. 6, 33. 34. und andern Gründen, daß man unter Tiber schon Dignität. annehmen müsse, die auch unter den folgenden Kaisern geblieben, mithin nicht erst unter Constantin aufgekommen seyn könne. Es sey überhaupt Benennung geworden, die man allen höhern Hof-, Civil- und Militärbeamten gegeben, und z. B. der Mann, der vorher Magister largitionum geheißen, habe nach dieser Einrichtung den Namen Comes Largitionum erhalten. Noch bemerke ich den Unterschied zwischen Comitibus und Amicis: die letztern waren schon nähere Vertraute des Fürsten; der Amicus war immer auch Comes, nur nicht umgekehrt. Dieser Unterschied kommt selbst im Ammian, doch nur bey König Chnodomar 16, 12. vor, der unter zweyhundert Comitibus nur drey Amicos hatte.

Nun in alphabetischer Ordnung die Comites, deren Ammian erwähnt.

1) Comes Aegypti (ex Duce) Sebastianus 23, 3. Heißen auch in der Notitia Imperii Comites litimis vel rei militaris per Aegyptum. Ein mehreres von ihnen bey Gothofred ad Cod. Theodos. T. 2. p. 99. sie waren primi ordinis Comites ib. p. 104.

2) Comes Africæ, Romanus 29, 5.

3) Comes maritimi tractus in Britannia 22, 8. (auch Comes limitis Saxonici per Britanniam in der Not. Imp. p. 1939.)

4) Comes rei castrensis (per Africam) 30, 7. ist wohl mit Com. rei militaris einerley. — Waren auch zuweilen Vicarii Magistri militum 14, 11. 15, 13.

5) Comes Domesticorum, Kommandeur der Haustruppen. Latiaris 14, 10. Lucillianus 14, 11. Barbatio ib. Excubitor 20, 4. Serenianus 26, 8. Daß es vor Constantin dem Großen Comites Domesticor. gegeben, läugnet Corsini de Præff. Vrbis S. 67. 103. 111. 134. und beweist, daß die in einigen Inscriptionen als solche aufgeführte Comm. Domesticor. in spätere Zeiten zu setzen seyen.

6) Comes Isauriæ. Castricius 14, 2. Lauricius 19, 13.

7.) Co-

I. Hof-, Civil- und Militäretat. 263

7) Comes largitionum sacrarum 14, 7. 16, 8. 18, 5. auch: qui largitiones curat 21, 8. qui aerarium (publicum) tuebatur 20, 11. et ibi Vales. (sonst auch) Comes sacrarum remunerationum. Die irgendwo gelesene Uebersetzung: Graf der geheiligten Schenkungen, wollte ich doch nicht gern nachmachen, ich habe es nach Chursächsischer Einrichtung durch Obersteuerdirektor übertragen, was mir doch auch nicht mehr recht gefällt.) Ein solcher Mann hatte bey so weitläuftigem und verwickeltem Rechnungswesen ein vielumfassendes Departement, und eine ganze Schaar Officianten unter sich, v. Notitia Imperii p. 1520, 1927. Graec. Gibbon Th. 4. S. 115. — Er war auch Comes Consistorianus. Haubold. l. c. Spec. 2. p. 43. Von ihm ist zu unterscheiden

8) Comes rei privatae, auch Comes privatarum 15, 5. der die Aufsicht über die Kammergüter und Schatullengelder des Kaisers hatte 22, 3. Notitia Imp. 1552. Auch er war Comes Consistorianus. (Ein dritter dieser Art Comes patrimonii, der das ererbte Privateigenthum der Kaiser verwaltete, kommt wenigstens bey Ammian nicht vor.)

9) Comes Orientis. Sein Amt war eigentlich Civil- nicht Militäramt. Vales. zu 14, 1. doch in Abwesenheit des kommandirenden Generals nahm er sich auch des Kriegswesens an, 14, 2. am Ende. Er hatte seinen

Sitz in Antiochien, und gehörte dem Range nach, unter die Spectabiles. — Ueber sich hatte er den Præf. Prætorio Orientis und den Proconsul Asiæ; unter sich (ausser 600 Officianten) alle übrige Statthalter des Orients, von denen die Appellationen an ihn ergingen. Zosimus 5, 2. Auch hatte er die so genannte Seleucische Flotte unter seiner Aufsicht, s. überhaupt Notitia Imp. p. 1618. — Ammian rechnet 14, 8. Aegypten auch mit zum Orient, und Valesius bringt zu dieser Stelle eine Inschrift bey, in der Placidus (Consul 343) Comes Orientis Aegypti et Mesopotamiæ genannt wird. — Uebrigens kommen als C. O. bey Ammian vor Honoratus 14, 1. 7. Nebridius 14, 2. Modestus 19, 12. Philagrius 21, 4. Iulianus, (Mutterbruder des Kaisers) 23, 1. Aradius ibid.

10) *Comes rei castrensis* kommt vor 30, 7. wo von Gratian, Valentinians Vater, die Rede ist. Es ist aber einerley mit dem gewöhnlichern Comes rei militaris, worunter die Befehlshaber detachirter Korps zu Vertheidigung einzelner Provinzen verstanden werden, und bey Ammian an unzähligen Orten vorkommen. Sie waren Comites primi et secundi ordinis, und besonders hatten die Comites rei militaris per transmarinas provincias (und ein solcher war Gratian in Afrika, und dann in Britannien gewesen) vor

vor den übrigen den Rang. Cod. Theodos. Tom. 2. p. 252.

11) *Comes Thesaurorum*, (auch sonst Præpositus.) Diese Beamten waren doppelter Art: 1) die am Hoflager befindlichen, welche Schmuck, Tafelgeräthe, purpurne Decken ꝛc. unter sich hatten, s. Saumaise zu der Hist. Aug. Band 1. S. 970. Codex Theodos. B. 3. S. 542. wo doch Gothofred den Comes Vestiarii, der eigentlichen Garderobe noch vom Comes Thesaurorum unterscheidet; 2) in den Städten und Provinzen waren sie Steuereinnehmer, die dann die erhobenen Gelder an den Comes Largitionum, unter dem beyde Gattungen standen, zu berechnen hatten. Bey Ammian kommen nur die letztern vor: einmal B. 22, K. 3. qui Gallicanos (v. etiam 15, 5.) tuebatur thesauros, welchen Ursulus als Comes largitionum bevollmächtigte, dem Cäsar Julian alles zu reichen, was er begehrte, und B. 29. K. 1. Comes Thesaurorum per Thracias, v. Cod. Theodos. T. 2. p. 111.

12) *Comites sagittarii*, die im Gefolge des Kaisers, wenn er selbst zu Felde zog, befindlichen Bogenschützen 18, 9.

13) *Comitum turma equestris*, war ein Korps berittener Truppen, das, wie Ammian 18, 9. selbst sagt, aus einem Aushub freygebohrner Ausländer bestand. Dies trift auch mit 15, 4. zu, wo Seniauch, ein Ausländer,

als Kommandeur der Comitum Sagittariorum vorkommt.

Comitatensis miles. Sie werden unterschieden theils von den Palatinis, welche letztere noch den Rang über jene gehabt zu haben scheinen, ob man gleich die Comitatenses den Palatinis auch mehrmals vorgesetzt findet. Vielleicht sind Palatini die am Hoflager selbst befindlichen Comitatenses, in so fern sie, wie auch unsere Garden, mit zu Felde ziehen. In der letztern Bedeutung werden sie den limitaneis oder ripensibus (Grenz- und Garnisonsoldaten) entgegengesetzt. Das weitere findet man im Cod. Theodos. T. 2. p. 286. Salmas. ad Hist. Aug. T. 2. p. 663. Cuiac. observat. I. 25.

Compulsores. Exequirer. 22, 6. Cod. Theodos. T. 2. p. 318.

Consiliarius 25, 3. 28, 1. 6. ein allgemeiner Name, der von jeder Gattung Beysitzer im Staatsrathe gebraucht wird. Haubold de Consistor. Princ. Spec. 2. p. 8.

Consistorium. kommt bey Ammian B. 14. K. 7. ingl. 15, 5. 25, 10. 31, 12. vor. Gewiß befriedige ich meine Leser am sichersten, wenn ich ihnen aus H. Prof. Haubolds schon oft gerühmter Abhandl. de Consistorio Principum Lips. 1788. und 1789. einen kleinen Auszug gebe.

Das Wort selbst bedeutete 1) jeden Ort, wo mehrere Menschen sich beysammen befanden: so nennt Tertullian ein lupanar — Consistorium libidinum. 2) Die Versammlung der um des

Fürsten Thron herstehenden Minister. 3) Das Zimmer selbst, worin der Kaiser sich mit seinen Räthen berathschlagte, in welcher Bedeutung es Ammian zuerst braucht. 4) Auch das Zimmer, das den diensthabenden Kammerherren u. s. w. angewiesen war, um bey Tag und Nacht sogleich bey der Hand zu seyn. Sidonius Appollin. Lib. 2. Ep. 2. p. 102. edit. Savaron.

Die ersten Kaiser hatten keinen bestimmten Ort, wo sie Recht sprachen, viel weniger bleibende Beysitzer. Wenn sie Recht sprachen, so thaten sie dies nicht sowohl als Kaiser, sondern als Consuln, oder wenn man von den ordentlichen Richtern an sie appellirte, und zwar größtentheils auf dem großen Markte pro tribunali. Auch wenn sie im Pallaste ein Staatsgeschäft abthaten, zogen sie zwar Räthe dazu, aber nicht in dem Sinne der nachher erst aufgekommenen Consistorianorum, (dies war der Fall bey August in seinen höhern Jahren. Dio Cassius B. 53. K. 21.) und ohne sich an ein bestimmtes Zimmer zu binden.

Dies dauerte mit einigen Abänderungen bis auf Kaiser Trajan fort. Hadrian war der erste, der einen eigentlichen und beständigen Staatsrath niedersetzte, und in demselben nicht nur gewöhnliche bürgerliche Rechtssachen entscheiden, sondern auch neue Verordnungen geben, und andere Staatssachen verhandlen ließ, ohne daß doch noch zu seiner Zeit die Benennung

nung von Auditorium oder Consistorium erweislich ist. Dieser Staatsrath schien zwar dem Römischen Senat nichts von seinen Rechten zu benehmen, dieser blieb dem Scheine nach das höchste Collegium, und die gewählten Beysitzer des Staatsrathes wurden demselben zur Approbation vorgestellt: im Grunde aber verlohr er nicht wenig von seinem Ansehen, wie denn in der That seit dieser Zeit die Senatsconsulte in dem Verhältniß seltner, als die Constitutionen häufiger zu werden anfangen.

Zuerst unter Mark Aurel findet man das Wort Auditorium, und unter ihm kam zugleich die Gewohnheit auf, daß der Praefectus Praetorio, der bereits unter Hadrian Mitglied des Staatsraths gewesen war, nun in Abwesenheit des Kaisers den Vorsitz führte, so daß schon von dieser Zeit an mit der prätorischen Präfectur, einer vorher bloß militairischen Würde auch nun nicht geringe Gewalt in Staats- und Civilsachen verbunden ward.

Von dieser bis auf Constantin den Großen fortgeführten Geschichte geht dann H. D. Haubold auf die (in ihrem ganzen Umfange) ihm eben so eigene als wahre Bemerkung über, daß, ob man gleich in Gesetzen und bey Schriftstellern Auditorium und Consistorium oft verwechselt finde, dennoch dieselben verschieden gewesen seyen, und zwar so, daß Consistorium (Spartianus in vita Hadriani c. 18. nennt es auch contubernium imperatoriae maiestatis)

aus

aus weniger Personen bestanden, und sich mit bloßen Staatsfachen beschäftigt; (geheimes Cabinet) Auditorium hingegen das Rechtsprechen und die Gesetzgebung, in so fern die letzte nicht Staatssachen betraf, zu besorgen gehabt habe (Landesregierung.) Der Name Consistorium sey erst seit Dioclctians und Maximians Zeiten üblich geworden, Auditorium aber seit Mark Aurel in Gebrauch gewesen — jedes Mitglied des Consistor. sey auch Mitglied des Auditor. gewesen, nur nicht umgekehrt.

Consistoriani. Wenn sie, wie bey Ammian 15, 5. 6. den Militaribus entgegengesetzt werden, so sind darunter die höhern Mitglieder des Staatsrathes, die den Titel Illustres führten, zu verstehen, nämlich der Praef. Praetorio, Praef. Vrbi, die Magistri militum, der Praepositus Sacri Cubiculi, der Magister Officiorum, der Quaestor S. Palatii, und die Comites SS. largitionum und rei privatae. Haubold Spec. 2. p. 25. et 28.

Constantiacae duae (legiones) Sirmii 22, 11.

Consules. Ammian erzählt 22, 7. daß die Consuln am Tage ihres Amtsantrittes in Procession, der der Kaiser selbst beygewohnt, aufgeführt worden, dann Spiele gegeben und Sklaven frey gesprochen hätten. Dies war auch fast der ganze Glanz, den man ihnen von dem ehemaligen Consulat übrig gelassen hatte. Sie waren ohne Einfluß in die Geschäfte, wahre

Nullen. Mamertin selbst, von dem bey Ammian in der angeführten Stelle die Rede ist, sagt in seiner Dankrede an Kaiser Julian K. 2. in Consulatu honos sine labore suscipitur. Indessen hatte man ihnen wenigstens von ihrem Range nichts entzogen, sie blieben, so lange sie es waren, die nächsten nach dem Kaiser, und selbst die Patricier und Präfecten mußten ihnen nachstehen. Siehe auch Gibbon Th. 4. S. 55. ff. und Curtius de Senatu Romano p. 89. sq. edit. Genev.

Consulares, damals Statthalter in den Provinzen, die dem Kaiser gehörten, ob sie gleich nicht allemal Consuln gewesen wären, s. Salmas. ad Scriptt. Hist. Aug. T. 1. p. 198. 375. T. 2. p. 346. Bey Ammian kommen vor Consularis Baeticae 28, 1. Pannoniae 16, 8. vergl mit 15, 3. 21, 10. Piceni 15, 7. Syriae (Coeles) 14, 7. 15, 13.

Cornuti. 15, 5. 16, 12. 31, 8. Truppenkorps, von Cornutum, einer Stadt in Illyricum benannt. So sagt wenigstens Pancirol zu der Notitia Imp. p. 1466.

Correctores. Statthalter geringeren Ranges in einigen kleinern Provinzen: im Orient nur in Paphlagonien und Augustamnica, im Occident nur in einigen Districten Italiens. Bey Ammian kommt nur der Corrector Tusciae 15, 5. und 27, 3. vor: auch qui rexit Tusciam 28, 1. Mehreres von ihnen findet man in einem kleinen Schriftchen: Dresig Ep. de Correctoribus Imp. Rom. L. 739.

Cubi.

Cubicularii, nach unserer Art Kammerherren, Kammerjunker, Pagen u. s. w. sind erwähnt 20, 8.

Cubiculi praepositus. Oberkammerherr, 14, 10. 15, 3. 16, 7. 20, 2. 8. ingl. praefectus 14, 11. Auch ist cubiculum und thalamus einerley: denn 22, 3. heißt es von Eusebius, der immer vorher unter dem Namen Praefectus oder Praepositus vorkam, cui thalami cura commissa, vergl. 15, 11. am Ende vom Gorgonius. Doch der 29, 2. genannte cubiculariis officiis praepositus scheint nur die Aufsicht über die Officianten gehabt zu haben.

Cura (für Curator. s. Salmas. ad Hist. Aug. T. 2. p. 360.) *palatii.* Ammian 22, 3. auch agens curam palatii 14, 7. cui palatii cura credita 31, 12. qui Palatium curabat ib. c. 13. Dieser Beamte hatte zwar das ganze Bauwesen unter sich, weshalb ihn Gutherius de Officiis Domus Augustæ p. 818. mit Maitre des Batimens vergleicht; ich habe lieber Hausmarschall gewählt, in der Voraussetzung, daß ein solcher Mann nicht blos die nöthigen Baue am Pallaste zu besorgen gehabt, sondern auch, wenn der Hof außer dem gewöhnlichen Hoflager sich irgendwo aufhalten wollte, vorausgieng, um die gehörigen Einrichtungen zu machen. (In dieser Rücksicht wäre er Reisemarschall.) Am Byzantinischen Hofe hießen sie Curopalatæ. So hatten auch die höhern Magistratspersonen eine Curam (Curatorem) Prætorii, s. vorzüglich Cod. Theodos. T. 2. p. 98.

Curans summitatem necessitatum castrensium. Hatte wohl die Oberaufsicht über die Verpflegung der Armee. (Oberproviantkommissar) 26, 1.

Curator urbis (auch Procurator) 14, 7. wo ich sie bereits in der Note nach Valesius zu dieser Stelle, und seinen von Burmann herausgegebenen Emendationen S. 83. beschrieben habe, womit noch Cod. Theodos. T. 4. p. 381. zu vergleichen ist. Indeß waren sie zwar mehr als die Decurionen (gemeine Rathsherren) aber doch wie Ritter, ein sehr gültiger Zeuge in diesem Fache, zu Guthrie und Gray Th. 5. B. 1. S. 37. sagt: nicht die vornehmsten obrigkeitlichen Personen: diese waren die Duumviri, nach welchen die Defensores civitatum, dann erst die Curatores folgten, welche für die Polizey und öffentliche Sicherheit der Städte sorgten.

Curiales. Auch von diesen ist das Nöthige in der Note zu 22, 9. angegeben.

D.

Decentiaci et Magnentiani. Truppen, vom Decentius und Magnentius benannt 18, 9.

Decimani. Die zehnte Legion, ebend. s. auch Fortenses.

Decurio palatii, 20, 4. mit dem Zusatze, qui ordo est dignitatis, weil sie den Rang der Clarissimorum hatten. Uebrigens beziehe ich mich auf die am angef. Orte untergesetzte Note, die ihre

völ-

I. Hof-, Civil- und Militäretat.

völlige Richtigkeit hat, weil sie aus Haubold genommen ist.

Diogmitae, leichte Truppen zum Nachsetzen 27, 9. Note.

Divitenses et Tungricani 26, 6. 7. 27. 1. Notitia Imperii p. 1483.

Domestici, Haustruppen. S. meine Note zu 14, 7. Bereits unter Kaiser Aemilian gab es dergleichen, wie Valesius zu 14, 10. aus einer Inschrift beweiset, und Kaiser Diocletian soll nach Zonaras und Aurel. Victor Zeugniß vorher Comes Domesticorum gewesen seyn. — Sie waren theils equites, theils pedites. — Einige versahen die Wache im Palaste (praesentales) andere wurden zu Verschickungen gebraucht, um z. B. Staatsgefangene aus den Provinzen zu transportiren 15, 3. 5. oder den kommandirenden Generälen als Adjutanten zugegeben, 16, 10. am Ende. Ihr Korps heißt bey Ammian Ordo 25, 5. Schola 26, 5. Consortium 16, 10. 25, 10. — Ihr Kommandeur war der Comes Domesticorum, (umschrieben: qui Domesticorum praesuit scholae 26, 5.) der den Rang der Illustrium hatte, Latinus, 14, 10. Barbatio 14, 11. Excubitor 20, 4. (welches ich für nomen propr. halte: Domest. Comes Excubitor nomine.) Auf den Comes folgte der Tribunus, dann der Primicerius; ex Primicerio Protectorum Tribunus. 18, 3. Die folgenden Officiere decem sequentes oder primi, so Domesticor. ordinis

Ammian Marcellin 3ter B.   S   pri-

primus 25, 5. (als solcher ward Jovian Kaiser, ebendas.) Domesticor. omnium primus 27, 10. (Ob der primicerius unter den decem primis mitbegriffen gewesen, getraue ich mir nicht zu bestimmen.) Man vergleiche mit diesem Artikel auch unten Protectores.

Draconarius 20, 4. Träger der seit Trajans Zeiten bey den Cohorten aufgekommenen Fahnen unter Drachengestalt. Daß sie nicht blos gestickt gewesen, sieht man aus der Beschreibung des Draco selbst, nicht nur bey Ammian 16, 10. und 12. S. 195., sondern auch bey den Dichtern, z. B. Claudian im Rufin. B. 2. V. 177. und daselbst Gesners Note, Lipsius de militia Rom. Lib. 4. Dial. 5. p. 266. edit. Antv. 1596. Salmasius ad Hist. Aug. T. 1. p. 383. seq. Daß nach Valesius Meinung auch flatternde Bänder daran gewesen, ist ganz wahrscheinlich.

Duces. Ein weitschichtiges Wort, das oft überhaupt Anführer der Armee bedeutet. In engerem Sinne unterscheidet man Duces militares und Duces provinciarum. Jene auch limitanei genannt, waren von den Comitibus unterschieden, und dem Range nach geringer — so steht 23, 3. Sebastianus Comes ex Duce — wie denn im Orient zwey Comites, hingegen 13 Duces, im Occident 6 Comites und 12 Duces waren. Doch findet man auch oft das generellere Wort Dux für Comes.

Duces provinciarum waren mehr Statthalter, und bey Ammian kommen vor: Dux Aegypti

gypti Artemius 22, 11. Sebaſtianus 23, 3. Puſaeus 24, 1. — Comes Osdroënae Secundinus ib. — Phoenices 25, 1.

E.

Equeſtris turma Comitum 15, 4. ſ. oben unter Comes n. 13.

Erulorum numerus 25, 10. Eruli et Batavi 20, 1. 4. 27, 1. 8.

Eunuchi, Verſchnittene, auch Spadones 14, 11. und daſ. Lindenbrogs Note. it. 16, 7. waren damals an den Höfen, was am Türkiſchen Hofe die Haremswächter, nach unſrer Art Kammerherren. Doch ſind nicht gerade nur phyſiſch Verſchnittene dergleichen Hofbeamte geweſen. Von ihren Sitten ſ. unten das hiſtoriſche Regiſter.

Ex. Dieſes Vorwort, einem Amtsnamen vorgeſetzt, in der Bedeutung, wie wir jetzt Exminiſter, Exjeſuit brauchen, kommt nahe an dreyßigmal bey Ammian vor. Ich will aber mit Uebergehung der übrigen, von denen ich wenigſtens für meinen Zweck keinen Nutzen abſehe, nur die wenigen ausheben, aus denen ſich wenigſtens das Aufſteigen von einem geringern Amte zu einem höhern, folglich auch die Rangbeſtimmung einiger Beamten beſtimmen läßt. So ex Advocato Conſularis Syriae, ex Conſulari Magiſter Memoriae, deinde Proconſul Aſiae 29, 2. — ex Campidoctore Tribunus vacans 15, 3. — ex Duce Aegypti Comes

mes 23, 3. — (Agilo) ex gentilium Scutariorum Tribuno in Magiſtri peditum (Urſicini) locum promotus, aber, wie Ammian hinzuſetzt, immodico ſaltu 20, 2. — ex Magiſtro Officiorum Proconſul. 28, 4. — ex Miniſtro Triclinii Rationalis. 15, 3. — ex palatino milite Senator, 26, 6. — ex Praefecto Praetorio Praeſ. Vrbi (Lampadius) 27, 3   ex Praepoſito Martenſium militum Patricius. 26, 6. — ex Primicerio Protectorum Tribunus. 18, 3.

Nota: Wenn einige Beyſpiele darunter ſind, wo das zweyte Amt geringer iſt, als das vorherſtehende, ſo kommt dies daher, weil damals die Aemter nicht auf Lebenszeit verliehen wurden, und alſo höhere Beamte nachher auch wieder geringere Aemter annahmen.

F.

Fabricae. Gewehrfabriken. Dergleichen waren in Antiochien 14, 7. 9. in Cremona 15, 5. in Trier 29, 3. Die übrigen ſ. in der Notitia Imperii p. 1507. — Die Arbeiter hießen Fabricenſes 31, 6. die Directoren derſelben Fabricarum tribunus 14, 7. 9. 15, 5. Praepoſitus 29, 3. (auch vielleicht) Primicerius in Cod. Theodoſ. Lib. X. Tit. 12. l. 3. de Fabricenſibus, wo überhaupt Tom. 3. p. 554. auſſer Valeſius zu 14, 7. die beſte Nachricht zu finden iſt.

Flavia prima. Beſatzung in Singara, muß ſich gefangen ergeben 26, 6.

Flavia ſecunda. Beſatzung in Bezabde 20, 7.

Fortenses 18, 9. Tricesimani Decimanique Fortenses, beſſer doch Fretenses, wie Lindenbrog und Valeſius zu dieſer Stelle aus einer Säule im Kapitol beweiſen, worauf unter mehreren Legionennamen auch X. Fretenses vorkommen. Das vorſtehende Tricesimani ſteht indeß für ſich (legio XXX. Vlpia) und iſt nicht mit Fretenses zu verbinden, ſ. auch Salmaſ. ad Hiſt. Aug. T. 1. p. 383.

G.

Gentiles 14, 7. waren Korps unter den Hoftruppen dienender Ausländer aus Provinzen, die nicht zum Römiſchen Reich gehörten, Scythen, Gothen, Franken, Deutſche u. ſ. w. Notitia Imperii p. 1502. 2010. Gibbon Th. 4. S. 104 Gentiles scutarii kommen vor 20, 2. am Ende, doch der Stellen ſind mehr, wo ſie von den Scutariis unterſchieden werden. 14, 7. 16, 4. 20, 4. Sie hatten ihre eigene Schola. 27, 10. und ein Kommandeur derſelben Gentilium tector (Malarichus) iſt 15, 5. genannt, ſ. Cod. Theodoſ. T. 1. p. 348.

H.

Haſtati 16, 12. Valeſius zu dieſer Stelle behauptet, die Haſtati wären zu Ammians Zeiten mit den Signiferis und Draconariis einerley geweſen, und beruft ſich deshalb auf die Stelle 20, 4. wo Maurus, Haſtatus Petulantium auch zugleich als Draconarius vorkommt.

Herculiani et Joviani. 22, 3. Diese Legionen haben ihren Namen von Diocletian und Maximian, von denen jener auch Jovius, und der Sohn Herculeus genannt ward, s. Zosimus 3, 30.

Honorati. So hießen vorzüglich diejenigen, die Civilwürden bekleidet hatten, s. 14, 5. wo sie den militaribus entgegengesetzt sind, und das. Valesius Note z. Kommen auch vor 22, 7. 9. 29, 1. Cod. Theodos. T. 1. p. 59.

J.

Joviani et Herculiani 25, 6. s. Herculiani.

Jovii et Victores 25, 6. 26, 7. 27, 8. 29, 3.

Judices. Dieses Wort braucht Ammian überhaupt von höheren Civil- und Militärbeamten 30, 5. judices celsiores 20, 9. Judices ordinarii et militares 16, 8. 20, 8. (auch castrenses et ordinariae potestates 21, 16. ordinarii judices, militiæque moderatores 20, 8.) Für kommandirenden General steht es von Ursicin. 18, 6. Besonders braucht es Ammian von auswärtigen Völkern für Regent, von den Quaden 17, 12, und das. Valesius, von den Gothen 27, 5. 31, 3.

L.

Lancearii et Mattiarii, kommen zweymal in Gesellschaft vor 21, 13. und 31, 13. auch so bey Zosimus 3, 22. Die Lancearii (in den besten Handschriften Lanciarii) wurden vermuthlich von

I. Hof-, Civil- und Militäretat.

von ihrer Bewaffnungsart, langen Lanzen, so benannt, und in der Notitia Imperii sind sie theils unter den Hoftruppen, theils unter den Legionen unter verschiedenen Provincialbenennungen aufgeführt, s. vorzüglich S. 1433.

Largitionum Comes, s. Comes n. 7.

Libellis respondens, Requetenmeister 20, 9. ist einerley mit Magister libellorum, s. unten. Unter ihm stand der Proximus libellorum (Unterrequetenmeister) 22, 9.

M.

Magister. Ist überhaupt nach der wahrscheinlichsten Etymologie is, qui in focietate aliqua *magis* valet, so wie Minister, qui *minus* poteft. Gesner Thes. h. v. also Lehrer, Vorsteher u. s. w. In dieser Bedeutung findet sich bey Ammian selbst 14, 6. magister chori (Balletmeister.)

Dann war Magister eine Benennung, die vielen, sowohl Hof- und Civil-, als Militarbedienungen vorgesetzt wird, wovon wir hier nur die im Ammian selbst vorkommenden angeben können.

1) Magister admissionum. (Oberceremonienmeister) 15, 5. stand unter dem Departement des Magister Officiorum, und führte die Vornehmen und andere Audienz begehrende Personen beym Kaiser ein. Unter ihm stand der Admissionum proximus (Unterceremonienmeister) 22, 7.

2) Magister armorum. Unter diesem Namen kommen bey Ammian die Magistri equitum et peditum vor, s. 15, 5. 16, 7. 20, 1. 9. 21, 8. 25, 8. 26, 5. 29, 6. 31, 13. — auch findet man andere Benennungen bey ihm, z. B. magister rei castrensis 27, 10. pedestris militiae rector 15, 5. 18, 3. qui equorum copias tuebatur 28, 3. am Ende; doch braucht er auch einigemal die gewöhnlichen Namen equitum z. B. 16, 4. peditum 14, 11. 16, 2. 18, 3.

Valesius zu 16, 7. bemerkt aus Zosimus 2, 33. daß Constantin zwey derselben eingeführt, weil die vorherigen prätorischen Präfecten nun Civilbeamten geworden, daß aber Constantius Söhne und Nachfolger ihre Zahl vermehrt hatten, wie denn bey Ammian zu gleicher Zeit in dem 16ten Buche vorkommen: Arbetio in Praesenti Kap. 6. Ursicin im Orient Kap. 10. Sever in Gallien an Marcells Stelle ebendas. Barbatio an Silvans Stelle Kap. 11. vid. Notitia Imperii 1410. s. et 1824. Reitemeier ad Zosimum 4, 27. p. 591. — Noch füge ich die Bemerkung bey, daß Constantius, um die Militärbeamten nicht zu begünstigen, den mag. militiae nicht erlaubt habe, zu verlangen, daß ihnen die Statthalter entgegen kommen sollten oder daß sie sich überhaupt in Civilgeschäfte mengten. B. 21. K. 16.

3) Magi-

I. Hof=, Civil= und Militäretat. 281

3) Magister Officiorum. Namentlich sind genannt Florentius 20, 2. Pentadius 20, 8. Felix, zwar von Constantius bestimmt, von Julian aber nicht angenommen, 20, 9. vielmehr Anatolius, ib. und 25, 3: Ursacius 26, 4. 5. Remigius 27, 9. 28, 6 29, 5.

Ich habe diese Herren immer durch Oberhofmarschall übersetzt, und dies soll, da ich das Lateinische nicht gern beybehalten wollte, wie ich hoffe, noch immer das beste seyn. Sie hatten nach der Notitia Imperii 1498. ff. und 1862. ff. die Hoftruppen (Scholas Palatinas) die Staatsagenten, die vier Expeditionen (Scrinia) die Ceremonienmeister, die Gewehrfabriken, das kaiserliche Postwesen und die Dollmetscher unter sich. Auch ließen sie bey solennen Vorfällen den Staatsrath, von dem sie Mitglieder waren, ansagen, führten die fremden Gesandten zur Audienz ein, (Ammian 26, 5.) hatten überhaupt alle Gesandtschaftssachen zu besorgen, und die ganze kaiserliche Kanzley stand unter ihnen, s. Salmas. ad Hist. Aug. T. 1. d. 322. T. 2. p. 239. Christ Noctes Academ. Hal. 1729. p. 1. ff. Ritter zu Guthrie B. 5. S. 97. Haubold l. c. Spec. 2. p. 43.

Die unter ihnen in den oben genannten vier Departements (Scriniis) arbeitenden Beam=

Beamten waren: der Magister memoriae -- epistolarum — libellorum und dispositionum.

4) Magister memoriae. Hat wohl nicht seinen Namen davon, daß er die baldige Resolution, oder verdienstvolle Männer bey dem Fürsten in Erinnerung brachte, wie einige behauptet haben, vielmehr, in so fern er die verhandelten Acten und darauf ergangenen Dekrete zur Nachachtung auf künftige Fälle verwahrlich beylegte, also Canzley-Director, oder geheimer Archivarius. Außerdem giebt die Notitia Jmperii p. 1582. seine Geschäfte so an: Adnotationes omnes dictat, et emittit, et precibus respondet, das heißt: er dictirte (daher er auch unter dem Namen Dictator vorkommt) den gewährenden oder abschläglichen Bescheid, oder andere Resolutionen des Kaisers der Expedition zur Ausfertigung, und ließ sie dann unter des Kaisers, oder des Hofcanzlers (Quästor) oder seiner eigenen Unterschrift an die Behörde abgehen. — Die preces, die er zu besorgen hatte, betrafen gesuchte Begnadigungen, auch hatte er auf Ansuchen um Aemter die Bestallungsdecrete für die Staatsagenten, und die den Comitibus largitionum und rei privatae untergebenen Beamten auszufertigen. Zu weiterem Nachlesen

lesen dient: Mangelsdorf (Praef. Klotzio) Diss. de Magistro Memoriae Hal. 770.

Die bey Ammian genannten sind Aedesius 15, 5. Rusticus Julianus 26, 7. Eupraxius ib. Festus 29, 2.

5) *Magister epistolarum.* Nach der Notitia Imperii l. c. legationes civitatum, consultationes et preces tractat, hatte also das Departement der Städte unter sich, rescribirte in den Fällen, wo man um Verhaltungsbefehle in streitigen Fällen angesucht hatte, und beantwortete die (vermuthlich von Städten und Gemeinheiten) eingereichten Bittschriften. Nach Pancirol ad Notit. Imp. p. 1585. hatte er auch Bestallungsdecrete für die Illustres und Spectabiles auszufertigen. (kommt bey Ammian nicht vor.)

6) Magister libellorum. Cognitiones et preces tractat, d. i. er führte in eigentlichen Proceßsachen, in denen man an den Kaiser appellirt hatte, das Protokoll, und fertigte den Partheien die im Staatsrathe gefällten Urtheile zu. Vielleicht hatte er alle eingehende Supplifen anzunehmen, dann dieselben in die gehörigen Departements abzugeben, für sich aber nur auf die Bittschriften einzelner Personen zu verfügen. Noch gehörten die Bestallungsdecrete für die Magistros militum, Comtes et Duces limitaneos und den größten

Theil

284 I. Hof-, Civil- und Militäretat.

Theil der Hofbeamten zu seinen Geschäften, s. auch oben Libellis respondens.

7) *Magister* auch *Comes dispositionum.* Kommt bey Ammian nicht vor, war aber das, was man nachher Referendar nannte, v. Pancirollus ad Notit. Imperii p. 1592. Haubold l. c. Spec. 2. p. 48.

Magnentiaci et *Decentiaci* 18, 9. zwey Magnentiacae legiones standen mit in Amida, und waren vor kurzem aus Gallien mitgekommen 19, 5.

Martenses milites. 26, 6. wahrscheinlich von einer kleinen Völkerschaft in Babylonien so benannt, s. Notitia Imp. p. 1474.

Mattiarii, sind ein Truppenkorps, entweder nach Valesius von einer Art Waffen, Mattium oder Mattiobarbulum, Stewech. ad Veget. Lib. I. c. 17. — oder nach Pancirol zu der Notitia Imperii p. 1840. von einer Stadt in Deutschland Mattium (Marburg) so benannt. Ammian erwähnt derselben zweymal 21, 13. und 31, 13. beydemal in Gesellschaft der Lancearier, s. oben.

Medicus Scutariorum 16, 6. Die Legionen sowohl als die Cohorten hatten bey den Alten, so wie bey uns, Feldärzte. Valef. zu der angef. Stelle. Sie kommen oft in den Inschriften vor, z. B. bey Fuchs in s. Alten Gesch. von Mainz B. I. S. 18. und 37.

Militiae pedestris rector 15, 5. s. oben unter Magister armorum.

Mini-

I. Hof-, Civil- und Militäretat.

Minister triclinii. Tafeldecker 15, 3. auch 14, 11. kommen vor tori et mensæ ministri.

Minister fucandæ purpuræ. Pupurfabrikanten in Tyrus 14, 9. und daselbst Lindenbrogs Note. Der Vorsteher derselben heißt ebend. Tyrii textrini præpositus.

Moesiaci. (Legionen) 20, 1. 29, 6.

Monetæ præpositus. Münzdirector 22, 11. auch procurator 28, 1. v. Salmas. ad Hist. Aug. T. 2. p. 519. Möhsen Beschreib. einer Berlin. Medaillensamml. Th. 1. S. 64. 70.

N.

Navicularii. Ammian erwähnt sie nur einmal gelegentlich 27, 3. — waren Gesellschaften, die die Obliegenheit hatten, Getreide aus fremden Ländern nach Rom und Constantinopel herbeyzuführen. Sie standen unter der Aufsicht und Jurisdiction des Præf. Annonæ und Vrbis s. Corsini de Præf. Vrbi Præfat. p. XL. et XLV. Weitläuftig wird von ihnen im Cod. Theodos. Lib. 13. Tit. 5. gehandelt, wo Gothofredus in dem vorgesetzten Paratitlon T. 5 p. 64. alles, was sie betrift, zu besserer Uebersicht zusammengestellt hat.

Notarii, qui in Consistorio acta excipiebant, aber von den Exceptoribus, Geschwindschreibern, Kanzelisten, zu unterscheiden sind. Vales. zu 14, 9. nach unserer Art also Staats- oder Cabinetssekretäre; die im Staatsrathe die Feder führten. Es waren derselben außer dem Primicemicerius Notariorum, (primus omnium Notariorum 26, 6.) der die Generaltabelle über alle Civil- und Militärbeamte, und den jedesmaligen Bestand der Armee zu führen hatte, und dem Secundicerius, (secundum inter Notarios adeptus gradum 29. 1. und beyde zusammen Summates Notariorum 26, 6.) drey Classen: 1) Tribuni et Notarii *Principis*, die in Staatssachen arbeiteten 30, 2. auch militans inter primos 29. 2. Zosimus 5. 34 & 40. 2) Tribuni et Notarii *Praetoriani*, die den Praefectis Praetorio zugegeben waren. 3) Domestici et Notarii, die Militärsachen zu besorgen hatten.

Die Wörter Tribunus und militare sind also bey ihnen nicht in eigentlicher militarischer Bedeutung zu nehmen; Tribunus ist vielmehr nur Rangbenennung, und Militia wird überhaupt auch von Hofämtern gebraucht, wie denn das Amt unserer Notarien im Cod. Theodos. Lib. 6. Tit. 10. l. 4. p. 91. ausdrücklich militia nobilis genannt wird, und bey Ammian selbst von Syagrius 28, 2. der Ausdruck: sacramento exutus est, gebraucht ist.

Ausser mehreren Stellen Ammians, wo Notarien allein vorkommen, finden sich beyde Benennungen Tribunus et Notarius beysammen 17, 5. 20, 4. 28, 6. Ein einzigesmal steht es umgekehrt: Notarius et Tribunus 25, 10. aber es ist von zwey verschiedenen Personen die Rede, und die Stelle beweist wenigstens

I. Hof-, Civil- und Militäretat.

dafür, daß die Notarien vor den Tribunis militaribus den Rang hatten.

Sie wurden zu auswärtigen Versendungen in Staatsgeschäften gebraucht, z. B. um bey zu besorgenden Rebellionen die verdächtigen Personen zu beobachten, oder sonst eine Gefahr von den Provinzen abzuwenden 20, 9. 22, 11. 26, 5. — sie mußten Staatsgefangene aufspüren und einliefern, 14, 5. waren auch bey den peinlichen Verhören in dergleichen Fällen gegenwärtig 14, 9. 11. 15, 3. 28, 1. — selbst bey Cäsar Julian hatte Constantius immer seine Notarien, um ihn observiren zu lassen. 17, 9. 21, 7.

Numerarius adparitionis magistri equitum, 19, 9. ist mit Rationarius einerley: so steht Rationarius adparitionis armorum magistri 15, 5. Ein solcher Mann hatte die Auszahlung an das ganze Gefolge des kommandirenden Generals zu besorgen, s. oben Adparitores.

Numeri, waren bald kleinere, bald größere Abtheilungen von Soldaten aus den Legionen (numeri Joviorum 29, 3.) ausgehoben, oder auch Ausländer. Nach unserer Art — nicht bloß Kompagnien, Cohorten, wie Vales. zu 14, 7. und Lipsius an mehrern Orten über Tacitus meint, sondern auch Bataillons, und Legionen s. unten Victores.

O.

Officiales 27, 7. sind einer höhern Magistratsperson zugegebene Officianten, Subalternen.

Officiorum Magister, f. Magister.

Ordinariæ dignitates, i. e. civiles, oppositæ militaribus 14, 10. et ibi. Valef. it. 16, 8. f. oben Judices.

Ordinum primi 16, 12. ſind Officiere. Frontin Strateg. I, 11. ſetzt ſie in die Mitte zwiſchen Tribunen und Centurionen. Ammian ſagt auch einmal 19, 6. Ordines primi in dieſer Bedeutung.

P.

Paedagogiani pueri, Pagen. 26, 6. 29, 3. ſ. Cod. Theodoſ. Lib. 6. de Caſtrenſianis Tomo 2. p. 227. Gutherius de Offic. Dom. Aug. p. 815.

Palatini. 1) Hofbediente überhaupt, 22, 4. wo von Julian die Rede iſt, der ſie beym Antritt ſeiner Regierung insgeſammt abſchaffte. Ihre Sitten ebendaſ. 2) In engerem Sinne diejenigen, die unter den Comitibus largitionum und rei privatae die Einnahme der Gelder und anderer Gefälle zu beſorgen hatten, und nach gewiſſen Jahren Senatoren wurden, 26, 6. und daſ. Valeſius. Von eben dieſen iſt auch B. 29, 1. die Rede, qui de aerario intercepxant. 3) Hoftruppen, im Gegenſatz der Feld- und Gränztruppen, von denen Palatinae ſcholae und primi Palatinarum ſcholarum 14, 7. vorkommen.

Pannonica et Moeſiaca (legiones) 29, 6.

Parens publicus, welches einmal 29, 2. vorkommt, nimmt Gothofredus ad Cod. Theodoſ. T. 2. p. 75.

p. 75. für das gewöhnlichere Parens principis, i. e. Patricius, s. Salmas. ad Hist. Aug T. 2. p. 292. Haubold de Consist.Spec. 2. p. 4—6.15. Ich weiß aber doch von dieser Bedeutung in Ammians angeführter Stelle keinen Gebrauch zu machen, trete also lieber Valois und Ernesti's (im Glossar) Meinung bey, daß der Kaiser, selbst (Pater patriae) darunter zu verstehen sey.

Parthica (legio) prima. Besatzung in Singara, muß sich gefangen ergeben 20, 6. — secunda, Besatzung in Bezabbe 20, 7. — quinta, Besatzung in Amida 18, 9.

Patricii. Bekamen von Constantin dem Großen außerordentlichen Rang selbst über die prätorischen Präfecten, worüber eine klassische Stelle bey Zosimus 2, 40. steht, welches auch in den unserem Ammian beygefügten Excerpten (nach meiner Abtheil. Abschn. 12.) von den Zeiten Königs Theodorichs bestätigt wird Ammian selbst hat dieses Wort, wenn ich recht gesehen habe, nur ein einzigesmal 26, 6. und Patriciatus columina prima (die angesehensten, ältesten unter ihnen) 29, 2. cf. Cod. Theodos. T. 2. p. 75. Curtius de Senatu Rom. p. 110.sq. Gibbon B. 4. S. 62—66. und eine eigene Abhandlung: Pudor de Patriciis medii aevi. Lipf. 1758.

Perfectissimi, gehört unter die damaligen Titulaturen zu Bestimmung des Ranges. Aus der einzigen Stelle, wo Ammian derselben gedenkt

21, 16. ergiebt sich das Bekannte, daß sie weniger gewesen sind, als die Clarissimi.

Petulantes et Celtae 20, 4. und das. Note, daß sie ihren Namen mit Recht geführt, weil sie in Ausgelassenheit keine Grenzen gekannt, 22, 12. auch 21, 3. 31, 10.

(Phylarchus) gehört eigentlich freylich nicht in ein Verzeichniß Römischer Beamten, indeß habe ich ihn und einige andere auswärtige nicht übergehen wollen. Unter diesem Namen kommt 24, 2. ein Saracenenfürst vor: Malechus Podosaces nomine, Phylarchus Saracenorum Assanitarum, wo ohne Zweifel Malech der orientalische, Phylarch der griechische Amtsname, Podosaces aber der Geschlechtsname des Mannes ist. Dieses Wort kommt nicht nur bey den Griechen, namentlich mehrmals bey Strabo, sondern auch bey andern Lateinern vor, s. Gesner Thes. h. v.

Praefectus Aegypti 22, 7. Aegyptus, quae inde uti Romano imperio iuncta est, regitur a Praefectis. Auch Procurator Aegypti 17, 4.

Praefectus Annonae, hatte die für Rom erförderliche Getreideeinfuhr, die Uebernahme in dem Hafen, die Preise des Kornes und Brodes u. s. w. zu besorgen. So wie er in einigen Dingen vom Praef. Vrbi abhängig war, oder wenigstens mit ihm gemeinschaftlich arbeitete, so hatte auch er die Rechnungsführer, die Schiffer, Becker, Kornmesser u. s. w. unter sich. Corsini de Praef. Urbis Praefat. p. XLV. cf. Cod. Theodos.

I. Hof-, Civil- und Militäretat.

odoſ. T. 5. p. 253. ſq. Aus Ammians Stelle 28, 1. der einzigen, wo ein Praef. Annonae erſcheint, läßt ſich nichts weiter nehmen, als daß er dem Range nach nicht nur unter dem Praef. Urbi, ſondern auch dem Vicarius Romae geſtanden habe, ſ. S. 449.

Praefectus Aſiae. Aſiam rexerat pro Praefectis. 29, 1.

Praefecti Britanniae. So ſteht es im Plurali: Martinus agens illas provincias pro Praefectis 14. Alypius, qui Britannias curaverat pro Praefectis 23, 1. recturum Britannias pro Praefectis 27, 8. und Valeſ. erklärt es durch Vicarius Britanniarum, wie denn in der erſten Stelle Martinus gleich darauf Vicarius heißt. Dabey macht aber Valeſius noch die Bemerkung, daß man einen Unterſchied machen müſſe zwiſchen agere pro Praefecto, und pro Praefectis. Jenes werde gebraucht, wenn jemand die Stelle eines Praef. Urbi oder Praetorio in einem ſpeciellen Falle vertritt: dieſes von denen, die ſchon wirkliche kaiſerliche Beſtallung als Vicarii hatten. Ob dies überall der Fall iſt, weiß ich nicht, wenigſtens macht mich eine Stelle 28, 1. (p. 417 Erneſti.) zweifelhaft, wo vom Maximin ſteht: Maximino Romae agere dispoſito pro Praefectis, der doch nur einſtweilen die Stelle des kranken Olybrius vertreten ſollte, ſ. auch unter Vicarius.

Praefectus Cubiculi, Oberkammerherr 14, 11. ſ. oder Cubiculum.

Praefectus Praetorio. Bereits August übertrug zween Männern aus dem Ritterstande anfangs nur das Kommando über die Leibwache und die in Italien stehenden Soldaten. Die folgenden Kaiser behielten diese Männer, doch bald zwey, bald nur Einen bey, bis Commodus, um seinen Vergnügungen desto ungestörter nachgehen zu können, noch einen hinzufügte, und ihnen auch die Civilgewalt bestätigte, die sie schon unter Hadrian sich anzumassen angefangen hatten. Nach der Zeit waren, nach Beschaffenheit der Umstände, bald mehrere, bald wenigere, bis endlich Constantin der Große nicht nur die Leibwache, die seither bey erledigtem Throne zu so vielen Bürgerkriegen Gelegenheit gegeben hatte, abschaffte, sondern auch den prätorischen Präfecten die Militärgewalt nahm, und dieselbe den Magistris Equitum et Peditum übertrug. Constantin zerlegte nämlich das ganze Reich in 4 Haupttheile, schlug zu denselben die einzelnen Provinzen, und setzte einem jeden Haupttheile einen Praefectus Praetorio vor 1) per Orientem. 2) Illyrici 3) Italiae. 4) Galliarum. Die einem jeden untergeordneten Provinzen und Unterstatthalter anzugeben — würde mich hier zu weit führen; man findet sie in der Notitia Imperii, in Guthrie und Gray Weltgesch. Band 4. am Ende, bey Reitemeier über Zosimus klassische Stelle von diesen Männern B. 2. K. 33. Ihre Geschichte überhaupt hat Ritter in einem

Programm: Historia Praefecturae Praetorianae ab origine dignitatis ad Constantinum M. Vit. 1745. gegeben, und Zosimus, der a. a. O. diese ganze Einrichtung Constantins tadelt, hat an Dieze, nachher Prof. in Göttingen, einen Gegner gefunden: de imperii administrandi forma a Constantino M. recte atque sapienter mutata adv. Zosimum, Lips. 1752.

Die Praeff. Praetorio waren (die jedesmaligen regierenden Consuln ausgenommen, die wenigstens den Rang vor ihnen hatten, ob sie gleich, als solche, in Staatsgeschäften keinen Einfluß hatten, s. oben Consules) die nächsten nach dem Kaiser: amplissimus magistratus 21, 6. cui Augustus summam commisit rerum 17, 3. cunctae castrenses et ordinariae potestates, ut honorum omnium apicem, priscae reverentiae more Praefectos suspexere Praetorio 21, 6. — beruften auch deswegen in dringenden Fällen den Staatsrath zusammen, und führten in Abwesenheit des Kaisers in demselben den Vorsitz 15, 5. und das. Note. — als nunmehrige Civilbeamte hatten sie die Oberaufsicht über die Staats- und kaiserlichen Revenüen 17, 3. so wie über das für den Hof, die Armeen und die Bürger in Rom benöthigte Getreide (annona palatina, militaris et civica) weshalb sie auch den Cäsaren und ihrer Hofstatt die Diäten reichten. Vales. zu 14, 7. und 10. — Sie waren oberste Richter, auch in Inquisitionssachen 22, 3. und von ihnen konnte man nicht weiter appelliren.

Daß es einen Praef. Prætorio Praesens gegeben, läugnet Valesius zu 14, 1. weil nur die Mag. militum diesen Namen geführt hätten. Einen fünften über die 4 gewöhnlichen anzunehmen, wäre freylich falsch, aber die ganze Stellung des Wortes 14, 1. wo Praesens von dem eigenen Namen Thalassius durch mehrere Wörter getrennt ist, erlaubt doch nicht füglich anzunehmen, daß Praesens ein persönlicher Beyname des Thalassius gewesen sey. Pancirol, auf den ich mich in der dieser Stelle untergesetzten Note berufe, beweist zwar nicht gerade für das Wort Praesens, er sagt nur, daß der Praef. Praet. Orientis und Italiae auch den Namen Praef. Praetorio *Comitatus* geführt, weil sie, als solche, immer auch ihren Sitz in den gewöhnlichen Residenzstädten der Kaiser gehabt hätten, und beweiset dies aus der l. praecipimus 32. C. de appell. Aber, wie mann nun Ammian sich unter Praesens eben dasselbe gedacht hätte, nämlich die am Hoflager befindlichen? Thalassius war ja in der That Praef. Orientis, in einer andern Stelle 23, 5. kommt ein Sallustius Praef. Praetorio Praesens vor, und auch die Stelle 20, 4. ab Jmperatore nusquam disjungi debere Praefectum in ardore terribilium rerum schien mir einigermaßen meine Meinung zu begünstigen, s. auch Cod. Theodos. Tomo. 2. pag. 132.

Auch

Auch davon, daß ein prätor. Präfect mehr als Eine Präfectur zugleich verwalten können, findet sich ein Beweis im Ammian 26, 5. wo Mamertinus als Præfectus Italiæ, Africæ et Illyrici vorkommt, so wie 27, 3. Lampadius ein Beyspiel giebt, daß prätorische Expräfecten nachher die geringere Würde der Stadtpräfecten nicht verschmähet haben.

Mit den Namen der bey Ammian vorkommenden prätorischen Präfecten könnte doch wohl auch irgend einem Geschichtsliebhaber gedient seyn — hier sind sie:

1) *Orientis.* Ablabius, wird nur gelegentlich 20, 11. erwähnt, und war es schon unter Constantin dem Großen gewesen — Thalassius 14, 1. — Domitianus 14, 7. 15, 13. — Musonianus (auch Strategius) 15, 13. 16, 9. 17, 5. — Hermogenes 19, 12. — Helpidius 21, 6. Secundus s. den hist. Index unter Sallust. — Nebridius 26, 7. — Araxius, vom Gegenkaiser Procop ernannt. 26, 7. — Modestus 29, 1. 30, 4.

2) *Italiæ.* Lampadius 15, 5. — Mavortius (auch Lollianus genannt) 16, 8. 21, 6. 9. Mamertinus (zugleich in Jllyricum) 26, 5. — Maximinus, s. das hist. Register, — Liberius unter König Theoderich Exc. Abschn. 12.

3) *Jllyrici.* Anatolius 19, 11. 21, 6. dessen unmittelbarer Nachfolger, vorher in Gallien 21, 6. — Probus, s. hist. Reg.

4) *Galliarum.* Rufinus 14, 10. 11. 16, 8. — Florentius 16, 12. 18, 2. f. das hist. Register. — Sallustius. v. Ind. histor. — Germanianus 21, 8. 26, 5. — Nebridius 20, 9. zwar vom Constantius ernannt, aber von Julian bald wieder abgesetzt, f. hist. Reg. — Florentius (vielleicht besser Florentinus) 27, 7. — Viventius 30, 5. f. auch hist. Register unter Juventius.

Praefectus Urbi, auch umschrieben: urbem aeternam regens, 15, 7. regens urbem, und urbis moderator 27, 3. — war der oberste Richter in der Stadt und den umliegenden Gegenden (suburbicariis regionibus) und zog selbst die Senatoren vor seine Gerichtsbarkeit. 28, 1. — Er hatte die Oberaufsicht über die Lebensmittel, weshalb das Volk bey eingetretenem Kornmangel dem Tertullus sehr zusetzte 19, 10. 21, 10. vergl. 21, 12. ingl. dem Orfitus, weil es an Weine gebrach 14, 6. — Er sorgte für die Richtigkeit des Gewichtes 27, 9. — Er reisete alle Jahre einmal nach Ostia zu dem großen Volksfeste (Maiumae genannt, f. A Rivinus de Maiumis in Graevii Syntagmate variar. Diff. p. 537. ff.) wo er im Tempel des Kastor und Pollux opferte 19, 10. — Es war es einer mehrmals, auch einige Jahre nach einander 17, 4. 16, 10. 19, 10. vergl. mit 21, 10.

Die bey Ammian genannten Stadtpräfecten sind folgende: Adelphius (unter Magnentius) 16, 6. — Ampelius 28, 1. 4. — Apronianus

nus 23, 1. 3. 26, 3. — (Junius) Baſſus 17, 11. — Cerealis 14, 11. — Claudius 27, 3. 29, 6. — Juventius (Viventius) 30, 5. Leontius 14, 11. 15, 7. — Lollianus (auch Mavortius) 16, 8. — Maximinus 28, 1. 29, 2. 3. 6. — Maximus 21, 12. — Olybrius 28, 1. 4. — Orſitus 14, 6. 16, 10. — Patruinus 15, 7. — Prætextatus 27, 9. 28, 1. — Ruſinus Vulcatius 27, 7. 11. — Symmachus 27, 3. — Tarratius Baſſus 28, 1. — Tertullus 19, 10. 21, 10. — — In Conſtantinopel: Sophronianus 26, 7. Cæſarius ib. Phronemius ib. & c. 10.

Außer Drakenborch de præfectis urbi Trai. ad Viadr. 1752. und Baireuth 1787. iſt vorzüglich Eduard Corſini de Præff. Urbis Piſis 1766. 4. ſchätzbar, weil er nicht nur das Verzeichniß dieſer obrigkeitlichen Perſonen weit richtiger und vollſtändiger als ſeine Vorgänger gegeben, ſondern auch eine generelle Abhandl. von ihnen dem Werke vorgeſetzt hat.

Præpoſitus Cubiculi, ſ. Cubiculum.

Præpoſitus Fabricæ, ſ. Fabrica.

Præpoſitus Martenſium, dergleichen Præpoſiti militares waren weniger als die Tribuni. Valeſ. zu 26, 6.

Præpoſitus Tyrii textrinl. ſ. Miniſter.

Præſes. i. e. Proconſul *Africæ.* (Ruricius) 27, 9. 28, 6.

Præſidalis, ſo nannte man die Männer, die die Würde eines Præſes bekleidet hatten. Valeſ.

zu 22, 14. — Heißen auch Præsidiales 29, 1. — Noch kommen præsidialis apparitor 17, 3. und præsidiale officium 28, 1. vor.

Præventores & Superventores 18, 9. scheinen leichte Truppen gewesen zu seyn, die man zum Recognosciren vorausgehen ließ, oder zu geschwinden Ueberfällen brauchte.

Primanorum legio. 16, 12. Valesius zu dieser Stelle beweist aus der Notitia Imperii Orient. daß die Primani unter dem Magister militum zu den Hoftruppen gerechnet worden. Als solche zogen sie doch auch mit zu Felde, und sie kommen a. a. O. in der Schlacht bey Strasburg vor.

Primates sind Consistoriani 15, 5. Genäe 24, 7. Primates urbium 14, 7. und ordinis 28, 6. Senatoren, die letztern auch Ordinis vertices 14, 7.

Primicerius Protectorum. 18, 3. Mit den Officieren der Protectoren hat es eben die Bewandtniß, wie mit den Officieren der Domestiker; sie folgen so auf einander: Comes — Tribunus — Primicerius — Decem primi s. Valeſ. und oben Domestici.

Primus ordinis Domesticorum, 25, 5. s. oben Domestici.

Princeps, ad apparitiōnis Præfecturæ Prætorianae 16, 8. Jeder erste Officiant einer höhern Magistratsperson heißt Princeps Officii, s. Salmas. ad Hist. Aug. T. 2. p. 239 und sie wurden bey den Praeff. Praetorio aus der schola Agentium in

re-

I. Hof-, Civil- und Militäretat. 299

rebus genommen, blieben es auch gemeiniglich nur zwey Jahr, weshalb auch Rufin a. a. O. als Ausnahme angeführt wird.

Principia, principales milites, qui privilegiis muniuntur. Principiorum vertices sind also Tribuni, Centuriones, Draconarii. Valef. zu 15, 5.

Pro, mit nachgesetztem Amtsnamen bedeutet einen Vicarius, z. B. pro Magistro Equitum, der in Abwesenheit des Oberfeldherrn kommandirende General 15, 3. — pro Magistro Officiorum agens 15, 5. — pro Praefectis 14, 8. 23, 1, 27, 8. wo überall von Britannien die Rede ist, s. oben Praefecti Britanniarum. — von Rom 28, 1. — von Asien 29, 1.

Proconsularis, ein gewesener Proconsul 28, 4. doch war es bey vielen bloß Titel, die nie Statthalter gewesen waren, s. Codex Theodos. T. 2. p. 188.

Proculcatores i. q. Speculatores, Kundschafter. 27, 10. Auch Exculcatores bey Vegetius vid. Salmas. de re milit. Rom. p. 222.

Procurator Monetae, s. Moneta.

Promoti. So nannte man diejenigen, die in Civilämtern oder bey der Armee nach der Anciennetät oder auf Gutachten ihrer Vorgesetzten höher aufgerückt waren. Vegetius 2, 3. sagt: Legionum nomen — permanet, sed — robur infractum est, cum virtutis praemia occuparet ambitio, et *per gratiam promoverentur* milites, qui *promoveri* consueverant *per labores*.

Bey

Bey Ammian kommen nur die militarischen (Reiterey) vor 15, 4. Promotos ducens, welches einerley ist mit Promotorum Tribunus 31, 13. s. meine Note zu der ersten Stelle, und die Notitia Imperii p. 1417. Graev. Auch in Fuchs alter Gesch. von Mainz S. 96. kommt dies Wort in einer Inschrift vor.

Protectores. Leibtrabanten, s. Note zu 14, 7. und oben Domestici. Sie hatten Officiersrang, weshalb sie in Verbindung mit Tribunen vorkommen 15, 5. Sie waren Söhne aus edlen Häusern: so kommt 14, 10. Herkulan, der Sohn eines Generals der Reiterey vor. — Sie wurden kommandirt, um Staatsgefangene abzuholen 15, 3. — Protectorum schola 14, 7. Protector. Tribunus 18, 3.

Proximi. Von den Proximis überhaupt, die zunächst nach den verschiedenen Departements vorstanden, s. Salmas. ad Hist. Aug. Tom. 2. p. 239. auch T. 1. p. 933. Im Ammian kommt Proximus admissionum (Unterceremonienmeister) 22, 7. und Proximus libellorum (Unterrequetenmeister) 22, 9. vor.

Q.

Quaestor (auch Quaesitor) Palatii 27, 3. vergl. mit 26, 4. wo von einem und eben demselben Juventius die Rede ist. Sie waren Hofkanzler, und hatten vorzüglich die Ausfertigung der kaiserlichen Constitutionen, und überhaupt die

I. Hof-, Civil- und Militäretat.

Abfassung der Gesetze zu besorgen, s. Vales. zu 20, 9 und 28, 1. ingl. Casaubonus ad Hist. Aug. T. 2. p. 799. Namentlich führt Ammian als Quästor an Montius 14, 7. Taurus 14, 11. Leonas 20, 9. Juventius 26, 4. 27, 3. Eupraxius 28, 1. aus welcher Stelle sich ergiebt, sowohl, daß der Quästor ein Mitglied des Staatsrathes gewesen, als auch, daß er, wie ich oben angab, die kaiserlichen Befehle auszufertigen hatte.

R.

Rationalis 15, 3. wo ich es Hofwirthschaftsrendant übersetzt habe, weil der Mann, vorher Tafeldecker, vermuthlich nun im Hofdienste nur höher aufrückte. In den Provinzen, wie z. B. 15, 5. habe ich es lieber Rechnungsbeamter gegeben, doch bemerke ich noch zum Verstand dieser Stelle aus Valesius, daß sie in den Provinzen unter andern die eingezogenen und dem Aerar anheim gefallenen Güter der Geächteten an sich nahmen. Noch kommt es 22, 4. und 28, 2. vor.

Rationarius adparitionis armorum magistri 15, 5. war der beym kommandirenden General befindliche Kriegszahlmeister, qui numerorum militarium rationes tractabat 26, 1. — Rationarius apparitor 18, 5. wo Ammian selbst das Geschäft eines solchen Mannes so beschreibt: circa ratiocinia versabatur, qui, quarumve virium milites ubique agerent, s. auch Numerarius.

Rector. braucht Ammian nur zur Abänderung anstatt eigentlicher Amtsnamen: für Statthalter in Provinzen, Rector Aegypti 22, 14. secundæ Pannoniae 15, 3. wofür 16, 3. das eigentliche Wort Consularis steht; rector provinciae (Phoenices) 18, 7. — für militärische Befehlshaber, rector pedestris militiae, i. e. Magister Peditum 15, 5. Armaturarum 15, 4. Gentilium 15, 5. Scutariorum 14, 10. v rgl. mit K. 11. wo der eigentliche Name Tribunus steht.

Referendarius, kommt nicht im Ammian selbst, wohl aber in den beygefügten Excerpten des Ungenannten vor (p. 561. Ernesti. nach meiner Abtheil. Abschn. 14.) unter König Theoderich, und dann kann der Hofkanzler desselben, Cassiodor, über diese Herren die beste Auskunft geben. Bey ihm lautet Variar Lib. VI. c. 17. edit. Aurel. Allobr. 1622. p. 420. die Formula Referendariorum so: Per eum nobis causarum ordines exponuntur, per eum interpellantium vota cognoscimus, et ipsis responsa reddimus. Sie waren überhaupt das, was vorher die Magistri Dispositionum gewesen waren.

Reges. Ein Truppenkorps, das in Gesellschaft der Bataver 16, 12. S. 197, vorkommt, wo ich meine Note nachzusehen bitte.

Regina. Die Gemahlin des regierenden Kaisers 15, 2. doch auch die Gemahlin des Thronfolgers 14, 9.

S.

Sacerdotalis, gewesener Oberpriester. Die obern

Mitglieder der Rathscollegien in den Städten waren Aediles, Sacerdotes, Flamines, Duumviri. Die Sacerdotes sind von den Flaminibus so unterschieden, daß jene die Oberaufsicht über die sacra des ganzen Stadtgebietes, diese nur der Stadt hatten. Weil das Amt der Sacerdoten ein munus onerosum war, so blieben sie es nicht immer, behielten aber nach Abgang vom Amte den Titel Sacerdotalis nach der Analogie von Consularis, Præsidalis etc. bey, und ein solcher Ex-Sacerdos kommt in Afrika 28, 6. vor.

Sarcinalium principis iumentorum Actuarius 15, 5. s. Actuarius.

Scholæ. Um mich nicht selbst auszuschreiben, verweise ich meine Leser auf die bey 14, 7. untergesetzte Note, und füge nur noch einige einzelne Stellen an: Scholæ Palatinæ et Protectorum, et Palatinarum Scholarum primi 14, 7. — Domesticorum 26, 5. Scutariorum prima et secunda 22, 11. prima 26, 1. secunda 25, 10. Scholarum capita 25, 10. Agens scholarum 26, 1.

Scurra. s. Note zu 29, 4.

Scutarii. Gehören unter die Hoftruppen, und haben den Namen von ihrer Bewaffnungsart (beschildete Garde). Sie kommen im Ammian oft vor, ich führe aber nur die Benennung ihrer Kommandeurs an: Rector 14, 10. Tribunus ib. c. 11. it. 16, 11.

Semper Augustus. Diesen Titel giebt sich Constantius in einem Briefe an Sapor. 17, 5. Meine in der Note daselbst geäußerte Meinung, daß diese Stelle der erste Beweis aus der Geschichte für diesen Titel sey, bitte ich auf eigentliche histor. Schriftsteller mit Ausschluß der Inschriften und Münzen einzuschränken. Auch bleibt, so viel ich weiß, Constantius das erste Beyspiel eines Kaisers, der sich diesen Namen selbst gab. Um gegen Sapor, der in seinem Briefe an ihn sich, nach orientalischer Sitte, der Könige König, Steuergenoß, der Sonne und des Mondes Bruder genannt hatte, nicht eine gar zu ärmliche Figur zu machen, setzt er seinem Namen wenigstens einige Titel bey: Victor terra marique Constantius semper Augustus, so wie nach ihm Justinian in der Constitution, die sich mit Deo auctore anfängt, sich ebenfalls inclytus victor ac triumphator semper Augustus nennt, s. Curtius de Senatu Rom. p. 11. und vorzüglich eine seit der Zeit, als ich jene Note schrieb, erschienene Schrift unsers verehrten Herrn Domherrn Püttmann: de Titulo Semper Augustus Diatribe Lips. 1791. 8.

Senatus, heißt coetus amplissimus 28, 1. Senati Caput i. e. Consul. Anonym. Vales. Abschn. 15.

Spadones s. Eunuchi.

Stabuli Tribunus auch Comes. Oberstallmeister 14, 10. 20, 4. 28, 2. 30, 5. qui stabulum curabat 31, 13.

Strator, kömmt bey Ammian in doppelter Bedeutung vor. 29, 3. wo miles dabey steht, (weil die Statores ad Scholas Palatinas gehörten,) ist es der Stallbediente, der das Leibpferd des Kaisers zu besorgen hatte, es vorführen, und dem Kaiser beym Auffsteigen helfen mußte. — Hingegen 30, 5. ist es ein Unterstallmeister, Gereiter, der in den Provinzen die Remontespferde übernahm, v. Cod. Theodos. T. 2. p. 224. Salmas. ad Hist. Aug. T. 1. p. 718. T. 2. p. 180. Fuchs in der alten Gesch. von Mainz S. 42. hat die Bedeutungen dieses Wortes, die auch beym Straßenbau verschieden sind, sehr gut angegeben.

Superventores 18, 9. s. Praeventores.

(*Surena*) nicht Geschlechts= sondern Amtsname, der nächste nach dem Könige am Persischen Hofe. s. Note zu 24, 2.

Susceptores überhaupt Untereinnehmer, 17, 10. sind sie Magazinvorsteher, die dann das Getreide gegen Quittung an die einzelnen Regimenter ablieferten. Valesius. — B. 19, K. 11. heißen sie Suscipientes.

T.

Tabularias praesidialis officii, Buchhalter, Rechnungsführer über die Gefälle der Provinzen. 28, 1. und das. Valesius.

Tertiacorum equestris numerus 25, 1. wo doch Lindenbrog lieber Tertianorum lesen will. Ammian Marcellin 3ter B. U We=

Wenigstens steht es so in der Notitia Imp. Occident. p. 1440.

Thalamus s. Cubiculum.

Thebaä legiones. 14, 11. die Not. Imp. ordnet sie dem Magister militum per Thracias unter.

Thesaurorum Comes, s. Comes n. 11.

Tribunus, ein vieler, besonders militärischen Beamten gemeinschaftlicher Name. Ich gebe die bey Ammian vorkommenden nach alphabetischer Ordnung, und bitte, die Angabe ihrer Amtspflichten unter jedem dabeystehenden Worte zu suchen.

    Armaturarum 14, 11. 15, 5. 27, 2.
    Domesticorum 20, 4.
    Fabricarum 14, 7. 9. Fabricæ Cremonensis. 15, 5.
    et Notarius, s. Notarius.
    Protectorum. 18, 3.
    Scutariorum, s. Scutarius.
    Stabuli 14, 10. 20, 4. 28, 2. 30, 5.
    Vacans. ubi vide.
    Vexillationum 25, 1.

Tricesimani, die dreyßigste Legion 18, 9.

Tungricani 26, 6. 27, 1.

V.

Vacans Tribunus. Wie sie bey Ammian vorkommen, scheinen sie mir solche zu seyn, die zwar, weil sie bereits Anwartschaft hatten, den Titel führten, und Tribunengehalt bekamen, aber doch noch bey keiner Legion oder andern Abtheilung von Truppen angestellt waren. Wenigstens läßt sich Maximus, der ex Campidoctore 15, 3. Tribunus ward, nicht anders nehmen, s. auch 16, 17. am Ende 18, 2. 31, 13. Indeß weiß ich auch sehr wohl, daß Vacans sonst auch nicht einen Ueberzähligen, sondern bereits ausgedienten Beamten, besonders bey Civil- und Hofämtern, z. B. den Comitibus Consistorianis bedeute, denen als emeritus frey stand, dem Staatsrathe beyzuwohnen oder wegzubleiben.

Velusi. Dieses Wort finde ich einigemal im Ammian bey Amts- und Ehrennamen, z. B. Diodorus quidam veluti Comes 22, 11. wo vielleicht Ammian selbst nicht recht gewußt hat, ob der Mann Comes oder etwas anderes gewesen sey. Veluti regulus 29, 5. scheint mir aber mit Subregulus 17, 12. einerley zu seyn.

Vexillationum tribuni 25, 1. (Vexillationes (Vexillarii) waren zu Ammians Zeiten Reiterey, denn sie werden den Legionibus et Numeris entgegengesetzt, s. Cod. Teodos. T. 2. p. 314. In frühern Zeiten war es freylich anders, s. Ernesti Exc. I. ad Tacitum T. 2. p. 669. edit. secundæ.

Vicarius. Ammian drückt dieses Wort auf mehrere Arten aus: pro Praefecto 14, 5. agens vicem 15, 4. agens pro 15, 5. curans vicem 29, 5. vicariam curans 17, 11. potestas vicaria per Italiam 27, 7. regens vicariam praefecturam 28, 1. Ritter zu Guthrie und Gray B. 5.

S. 104. sagt: Alle Vicarii waren Vicarii Praefectorum Praetorio oder illustrissimae Praefecturae, und jeder hatte in seinen Provinzen die bürgerliche und peinliche Gerichtsbarkeit zu besorgen, indem die Partheien von den untern Gerichten an dieselben zur endlichen Entscheidung gewiesen werden mußten. Sie waren aber dem Range nach niedriger als die Proconsuls, v. Notit. Imp. et Notit. Dignitat. Cod. Theodos. T. 6. P. 2. p. 25. Im Ammian kommt vor ein Vicarius Asiæ 27, 9. Hispaniæ 23, 1. Vicarius urbis Romæ 28, 1. aus welchem Kap. 449. auch erhellet, daß der Vicarius urbis Romæ vor dem Praef. Annonae den Rang hatte, und gleich auf den Praef. Urbi folgte.

Victores. Legiones Joviorum et Victorum 25, 6. 26, 7. 27, 8. 29, 3. Auch kommt 24, 4. de Victorum numero (i. e. legione) miles vor.

Z.

Zabdiceni sagittarii 20, 7. die Notitia Imperii führt sie unter dem Dux Mesopotamiae an.

Ziannorum legio 25, 1. stand unter der Disposition des Magistri militum per Thracias. Zianner ist Name einer an Armenien gränzenden Nation, doch ist Zanner gewöhnlicher.

II.

II.
Historisches Register.

A.

Abanner, Volk in Afrika. 29, 5.

Abarne, kleine Stadt in Mesopotamien—warme Bäder daselbst. 18, 9.

Abdera, (St.) berühmt durch Protagoras und Demokrit. 22, 8.

Abdigidus, Tribun. 18, 6.

Abienus, Senator. 28, 1.

Abii, Persische Völkerschaft. 23, 6. (IX.)

Ablabius, prätorischer Präfect (im Orient) 20, 11.

Aboras, auch Chaboras (Hermas od. Alhavali) 14, 3. 23, 5.

Aborigines in Gallien. 15, 9.

Abydos am Hellespont. 22, 8.

Abydum, St. in der ägyptischen Landschaft Thebais. 19, 12.

Achäer am Pontus Euxinus, im ersten Trojanischen Kriege dahin verschlagen. 22, 8.

Achajachala, Festung auf einer Insel des Euphrates. 24, 2.

Acheron, Fl. fällt in das schwarze Meer. 22, 8.

Acherusische Grotte im Pontus. 22, 8.

Achilleos Dromos am Pontus Euxinus. 22, 8.

Achyron, kaiserliches Landhaus in Bithynien, wo Constantin der Große starb. E. n. 6.

Acilius Glabrio, der erste, dem man zu Rom eine vergoldete Bildsäule setzte. 14, 6.

Acimincum, St. in Pannonien (bey Slankemen) 19, 11.

Acincum, St. ebend. (bey Alt-Buda) 30, 5.

Acone, Hafen am schwarzen Meere. 22, 8.

Acontiá, Schlangengattung in Aegypten. 22, 15.

Acontisma, enger Paß in Macedonien. 26, 7. 27, 4.

Acropatene, Landschaft in Medien. 23, 6. (III.)

Actus, Comes. 31, 11.

Adaces, Persischer Satrap. 25, 1.

Adda, Municipalstadt in Mauritanien. 29, 5.

Adelphius, Präfectus Urbi unter Magnentius, (A. C. 350.) 16, 6.

Ad Gradus, Meerbusen in Gallien (Gras) 15, 11.

Adiabas, Fluß in Assyrien, daher die Provinz Adiabene. 23, 6.

Adiabene, Provinz in Assyrien. 18, 7. 23, 3 vorzüglich 23, 6. (I.)

Adonis, Fest desselben. Ammian scheint es für eine Art von Erndtenfest zu halten. 19, 1. verglichen 22, 9.

Adrast, König in Argos. Adrasteische Todtenblässe. 14, 11.

Adrastea Nemesis. Göttin, 14, 11. Bemerkerin menschlicher Handlungen. 22, 3.

Advocaten, Schilderung derselben. 30, 4.

Aedesius, ex Magistro Memoriä. 15, 5.

Aediko, Odoacers Vater. E. n. 10.

Aegdi

II. Historisches Register.

Aegäische Meer, Beschreibung desselben. 22, 8.
Aegos Potamos, 22, 8.
Aegypten. Beschreibung, alte und neue Eintheilung, auch Naturgeschichte des Landes. 22, 15, 16.
Aegyptier, das älteste Volk, 22, 15. Nationalcharakter 22, 16. vorzüglich proceßsüchtig, 22, 6. hatten geheime Bücher, aus denen Pythagoras und andere schöpften. 22, 16.
Aegyptus, beym Homer der Nil. 22, 15.
Aelian, Comes, 18, 9. wird nach Einnahme der St. Amida von den Persern gekreuzigt. 19, 9.
Aemus, Gebirge in Thracien, 21, 10. 22, 8. auch Aemimons, 31, 7. Aemimontana Celsitudines, 27, 4. (die Gegend um dieses Gebirge nennt Ammian Aemimontum. 26, 10. 27, 4.)
Aenus, St. in Thracien, wo Aeneas eine Stadt anlegen wollen. 22, 8. vergl. 27, 4.
Aequitius, s. Equitius.
Aeruli, Gallische Völkerschaft. 20, 14. s. Eruli.
Aeskulap in Memphis verehrt, 22, 15.
Aeschines, alter Athenienf. Redner. 30, 4.
Aesop, Geberdenspieler. 30, 4.
Aethiopien, hier soll es gar nicht, oder selten einmal regnen. 22, 15.
Afrikanus, Statthalter im zweyten Pannonien, 15, 3. 16, 8. ein Advocat dieses Namens. 29, 3.
Agabana, Kastell in Persien. 27, 12.
Agathokles, erst König in Sicilien, dann Töpfer. 14, 11.
Agathyrsen, Nation am Mäotischen See. 22, 8. 31, 2. man findet bey ihnen viel Eisensteine. 22, 8.

II. Historisches Register.

Agazaca, St. der Parapamisaten, 23, 6. (XVII.)

Agenarich, s. Serapio.

Agilimundus, untergeordneter König der Quaden 17. 12.

Agilo, Tribunus Stabuli, 14, 10. dann Tribun der beschildeten Hoftruppen, und an Ursicins Stelle Oberfeldherr des Fußvolkes, 20, 2. 21. 12. 13. 22, 3. hatte sich zur Ruhe gesetzt, ward aber vom Gegenkaiser Prokop wieder angestellt. 26, 7. 9. 10.

Aginatius, ein Patricier, Vicar zu Rom, wird vom Stadtpräfect Maximin verfolgt, und endlich hämisch umgebracht. 28, 1.

Agrippina, s. Colonia.

Aidalthes, Tribun. 18, 8.

Alamannen und Germanen, sind bey Ammian Ein Volk, 16, 4. 21, 3. 26, 5. 31, 10. werden bey Strasburg geschlagen, 16, 12. empören sich vom neuen, 21, 3. werden aber gedemüthigt, 21, 4. fallen unter Valentinian in Gallien und Rätien ein, 26, 4. 5. 27, 1. werden von Jovin geschlagen, 27, 2. Krieg wider sie, 27, 10. befragen im Kriege die Götter, 14, 10. Lentiensische Alamannen, 15, 4. Krieg gegen sie unter Gratian. 31, 10.

Alanen, Nation am Mäotischen See. 22, 8. hießen vorher Massageten, 23, 5. 6. 31, 2. Ammian theilt sie in nördliche und östliche, ebendas.

Alatheus, Gothischer Heerführer, 31, 3. 12.

Alavivus, desgleichen 31, 4.

Alaune

II. Historisches Register.

Alaune, hält das Feuer ab. 20, 11. (s. meine Note, und Nasts griech. Kriegsalterthümer, S. 166.)

Albaner, Volk in Asien, am kaspischen Meere. 23, 6. sind nebst ihrem Könige mit bey der Belagerung von Amida. 19, 2.

Alexander der Große, eine seiner Mutter gegebene weise Antwort. 14, 11. träumt von unzähligen Welten. 15, 1. Art, sich zu nächtlichem Studieren wachend zu erhalten (was doch auch vom Aristoteles erzählt wird) 16, 5.

Alexander Heliopolites, Präfect in Syrien. 23, 2. (mehrere dieses Namens zu Ammians Zeiten s. bey Wernsdorf üb. Himerius S. 866.)

Alexandri Vicus, dreytausend Schritt von Rom. 17, 4.

Alexandrien, St. in Aegypten, Beschreibung — Pharus — Bibliothek — Serapeum — unter Aurelian verfallen — Wissenschaften und Künste, geheime Bücher. 22, 16. sehr zum Aufruhr geneigt. 22, 11.

Alexandrien, St. in Arachosien. 23, 6. (XIX.)
  , St. in der Provinz der Arianer 23, 6. (XVI.)
  , St. in Carmanien. 23, 6. (VII.)
  , St. in der Provinz Persis. 23, 6. (IV.)
  , St. in Sogdiana. 23, 6. (XII.)

Alicodra, St. in Bactrien. 23, 6. (XI.)

Aligild, Comes. 21, 15. heißt Aliguld. 22, 1.

Aliquaka, Gothischer Prinz zu Constantius des Großen Zeiten. Exc. Abschn. 5.

Aliso, Tribun, sprengt die Kette im Hafen zu Enzicum. 26, 8.

Alitrophagen, Völkerschaft im Sererlande. 23, 6. (XV.)

Allobroger, 15, 12.

Alpen, Cottische — Maritimä — Poeninä — Grajä 15, 10. Juliä 21, 10. 31, 16. Hülfsmittel, sie zu passiren. 15, 10.

Alpheus, Fl. in Arcadien. 15, 4.

Alypius, aus Antiochien, Vicar (pro Präfectis) in Britannien. 23, 1. 29, 1. (Noch einer dieses Namens, ein junger Mann von edler Abkunft kömmt vor 28, 1.

Amalabirga, Schwester des Königes Theoderich, mit Herminfrid König der Toringer vermählt. Exc. Abschn. 12.

Amalafrigda, zweyte Schwester Theoderichs, Transimunds Königes der Wandalen Gemahlin. ebendas.

Amanus, Gebirge. 14, 8.

Amantius, Zeichendeuter (Haruspex.) 28, 1.

Amardus, Fluß in Medien. 23, 6. (III.)

Amastris, Stadt am schwarzen Meer. 22, 8.

Amazonen, wohnen am Tanais bis an das kaspische Meer hin, 22, 8. ihr unglücklicher Krieg in frühern Zeiten gegen die Athenienser. ebend.

Ambiani, Stadt im zweyten Belgien (Amiens) 15, 11. 27, 8.

Amicenser, Sarmatische Völkerschaft. 17, 13.

Amida, Stadt in Mesopotamien, 18, 6. war alle Jahre ein großer Markt da. 18, 8. Lage derselb

II. Historisches Register

selben. 18, 9. Belagerung. 19, 1—8. hat vielleicht auch Constantia geheißen. 18, 9. (s. doch Theoph. Siegfr. Bayer Opuscula S. 547. ff.)

Aminias, Griech. General in den ältern Persischen Kriegen. 24, 6.

Amisos, St. am Pontus Euxinus. 22, 8.

Ammian, ein Grieche von Geburt. 31, 16. 22, 15. von edler Abkunft. 19, 8. ist im Gefolge Ursicins. 14, 9. geht mit ihm nach Italien zurück 14, 11. dann als Protector Domesticus nach Gallien gegen den Gegenkaiser Silvan. 15, 5. ferner nebst Ursicin in den Orient. 16, 10. ist in Aegypten gewesen. 17, 4. 22, 15. geht mit Ursicin nach Italien zurück, bleiben doch auf erhaltene Gegenbefehle im Morgenlande, ohne doch etwas unternehmen zu dürfen. 18, 6. geht mit nach Nisibis, wird beynahe gefangen genommen, rettet sich aber durch eine artige List, ebendas. geht auf Rekognosciren nach Corduene ebendas. kommt bey Amida vom neuen in Lebensgefahr, rettet sich aber in die Stadt. 18, 8. hält die Belagerung mit aus, entkommt aber auch hier, und langt wieder in Antiochien an. 19, 8. ist auch bey Julians Feldzuge gegen die Parther. 23, 5. beym Rückzuge. 25, 10.

Ammonius Saccas, aus Alexandrien, Plotins Lehrer. 22, 16.

Ampelius, Stadtpräfect. 28, 1. 4. (Corsini S. 250. Wernsdorf zu Himerius. S. 286.)

Amphiaraus, alter Wahrsager. 14, 1. Note.

Amphilochius, gewesener Tribun, aus Paphlagonien, sonderbare Art seines Todes. 21, 6.

Amphisbäna, Schlangenart in Aegypten, 22, 15.

Amphitheater, in Rom. 16, 10. ward auch zu Criminalverhören gebraucht. 15, 7. 26, 3. und daselbst Valois.

Amphitus, Spartaner, Wagenlenker des Kastor und Pollux. 22, 8.

Amudis, kleine Festung in Mesopotamien. 18, 6.

Amykus, Tyrann. 22, 8. Note.

Anaphe, Insel durch ein Erdbeben entstanden. 17, 7.

Anastasianische Bäder in Constantinopel, von Constantius Schwester so benannt. 26, 6.

Anastasius, Kaiser im Orient. E. Abschn. 13.

Anatha, Bergfestung in Assyrien. 24, 1.

Anatolius, prätorischer Präfect in Illyricum. 19, 11. Magister libellorum, dann zum Magister Officiorum von Julian ernannt. 20, 9. stirbt 21, 6. Ist zu unterscheiden von

Anatolius, auch Magister Officiorum, der in der Schlacht gegen die Perser blieb. 25, 3. vergl. 6. (Von beyden s. Wernsdorf üb. Himerius. S. 297.)

Anatolius Palatinus. 29, 1.

Anaxagoras, Philosoph, glaubte unzählige Welten 15, 1. sagte vorher, daß in Aegos Potamos Steine vom Himmel fallen würden. 22, 8. 16. ingl. Erdbeben, 22, 16.

Anazarbus, St. in Cilicien, von ihrem Erbauer benannt. 14, 8.

II. Historisches Register.

Anchialus, St. in Thracien. 22, 8. 27, 4. 31, 5.

Ancorarius, Berg in Mauritanien. 29, 5.

Ancyra, St. in Galatien, wo sich die Kaiser oft aufhielten. 22, 9. 25, 10. (s. Jac. Gothofredi Opuscula. 1, S. 26.)

Andocides, alter Griechischer Redner. 30, 4.

Andriscus, Adramytenus, erst Walker, dann König in Macedonien. (Pseudophilipp.) 14, 11. 26, 6.

Andronicus, Gelehrter und Dichter. 19, 12. Vales.

Anepsia, Gemahlin Victorins. 28, 1. s. Victorin.

Anicier, vornehme Familie. 16, 8. am Ende. (u. das. Valesius. Gibbon Th. 7. S. 346. ff. Corsini von d. Stadtpräfecten. S. 182. 185.)

Annibi, Völkerschaft im Sererlande. 23, 6. (XV.)

Anniva, Gebirge, ebendas. (XV.)

Anthemusien, Gegend in Mesopotamien. 14, 3.

Anthropophagen, Volk in Scythien. 31, 2.

Antinou (polis) St. in Aegypten, von Hadrian zu Ehren seines Lieblings erbaut. 22, 16. (nicht erbaut, s. Saumaise zu Spartian S. 138. 184.)

Antiochien, Hauptstadt in Syrien, 14, 8. 22, 9. war bey Nacht erleuchtet. 14, 1. Aufenthalt Julians daselbst. 22, 9. und Verschließung des Tempels der Christen. 22, 13. Spottschrift Julians auf dieselbe. 22, 14.

Antiochien, Stadt in der Persischen Provinz Margiana. 23, 6. (X.)

Antiphon, alter Griechischer Redner, nahm zuerst Geld von seinen Klienten. 30, 4.

Antipolis, Stadt in Gallien (Antibes) 15, 11.

Antonin, erst Rechnungsbeamter, dann Officier bey den Haustruppen, geht zu den Persern über. 18, 5.

Antoninupolis, 18, 9. (Bayer Opuscula S. 547.)

Antonius, Tribun. 26, 5.

Antumacum, St. in Deutschland (Andernach) 18, 2.

Anzaba, Fluß in Mesopotamien. 18, 6. 7.

Apamea, St. in Assyrien, auch Mesene genannt. 23, 6. (I.) 24, 3.

———— St. in Parthien. 23, 6. (V.)

———— St. am Propontis. 22, 8.

———— St. in Syrien. 14, 8.

Apis, Stier bey den Aegyptiern göttlich verehrt. Umständliche Beschreibung desselb. 22, 14. Sein Geburtstag, als Fest begangen, während dessen die Krokodille zahm und sanft sind. 22, 15.

Apodemius, Staatsagent, macht viele Menschen unglücklich. 14, 11, 15, 1. 5. wird lebendig verbrannt. 22, 3.

Apollinarius. Vater und Sohn. der Vater Statthalter in Phönice. 14, 7. der Sohn, gewesener Hausmarschall des Cäs. Gallus ebend. beyde unschuldig angeklagt und hingerichtet. 14, 9.

Apollo Comeus. Seine Bildsäule aus Seleucien nach Rom in den Tempel des Palatinischen Apoll gebracht 23, 6. (1.) **Daphnäus** 22, 13.

Note.

II. Historisches Register.

Note. Palatinus in Rom, deſſen Tempel zu Julians Zeiten abbrennt. 23, 3. Sminthius 22, 8. Note 4.

Apollonien, Stadt in Thracien. 22 8.

Apollonien, Stadt in Aſſyrien 23, 6. (I.)

Apollonius von Tyana. 21, 14. 6. (I.)

Apri, Stadt in Thracien 27, 4.

Aproman, Stadtpräfect zu Rom, 23, 1. 3. 26, 3. 27, 3. (Corſini S. 227. 229.)

Aprunculus, ein Gallier, Redner und Zeichendeuter, dann Statthalter im Narbonenſiſchen Gallien 22, 1.

Aquileja, empört ſich, wird aber von Julian belagert und erobert 21, 11. 12. 22, 8. am Ende.

Aquitani, Galliſche Nation. 15, 11. 12.

Arabien. Beſchreib. des Landes, Städte darin 23, 6. (VI.) — von Trajan zur Römiſchen Provinz gemacht 14, 8.

Araber. Beati, (Bewohner des glücklichen Arabiens 23, 6. (VI.) — Scenitä 22, 15.

Arabius, Fluß im Lande der Drangianer (kommt aus Arabien) 23, 6. (XVIII.)

Aracha, St. in der Perſ. Provinz Suſiana 23, 6. (II.)

Arachoſien, Provinz Perſiens 23, 6. (XIX.)

Arachatoskrene, Landſee in Arachoſien 23, 6. (XIX.)

Aradius, Comes Orientis 23, 1.

Araharius, Sarmatiſcher Prinz 17, 12.

Araris, Fl. in Gallien auch Sauconna genannt. (Saone) 15, 11.

Ara-

Arator, Römischer Befehlshaber 28, 2.
Aratus, Dichter, Stelle aus ihm 25, 4.
Araxates, Fl. in der Persischen Provinz Sogdiana. 23, 6. (XII.)
Araxius, prätorischer Präfect im Orient unter dem Gegenkaiser Prokop. 26, 7. 10.
Arbaca, St. in d. Pers. Provinz Arachosien. 23, 6. (XIX.)
Arbela, St. in der Pers. Provinz Adiabene. 23, 6 (I.)
Arbetio, erst gemeiner Soldat. 15, 2. 16, 6. nachher General der Reiterey. 14, 11. 15, 2. 4. 5. 16, 6. 21, 13. Consul (A. C. 355.) 15, 8. wird angeklagt, als strebe er nach dem Throne. 16, 6. tückischer Mann. 14, 11. 15, 2. 16, 8. Criminalrichter. 20, 2. 22, 3. wird auf seine alten Tage noch von Valens gebraucht, um wider den Gegenkaiser Prokop zu Felde zu ziehen. 26, 9.
Arbor ... verstümmelter Name einer Stadt in Gallien. 16, 2. Arbor Felix, (Arbon am Bodensee. 31, 10. Mannert Germanien. S. 695.)
Arboreus, Hofbeamter des Constantius (muß hohen Ranges gewesen seyn, weil er vor dem Oberkammerherrn steht) 15, 3.
Arcadius, Fl. der ins schwarze Meer fällt. 22, 8.
Archelaus, General des Königes Mithridates. 16, 12.
Archimedes, Mathematiker. 26, 1.
Ardea, St. in der Provinz Persis. 23, 6. (IV.)

Ara-

II. Historisches Register.

Areani, scheinen eine Art von Eilboten gewesen zu seyn. 28, 3. Note.

Arelate, St. im Viennens. Gallien (Arles) 15, 11. (der gewöhnl. Sitz der Statthalter und Kaiser)

Areopagus, Gerichtshof in Athen. Merkwürdiges Urtheil über eine Frau, die ihren Mann und Sohn vergiftet hatte. 29, 2.

Arethusa, Stadt in Thracien, wo der Dichter Euripides begraben ist. 27, 4.

Arevagni, Tochter des Königes Theoderich, an Alarich, König der Westgothen vermählt. E. Abschn. 12.

Argäus, Gebirge in Cappadocien. 20, 9.

Argentaria, St. in Alamannien (bey Colmar) 31, 10. (Mannert Th. 2. Heft 1. S. 237.)

Argentoratus (um) Stadt in Germania prima. (Strasburg) 15, 11. 16, 2. Schlacht daselbst. 16, 12.

Aria, Provinz in Persien. 23, 6. (XVI.)

Ariarich, König der Gothen unter Constantin dem Großen. E. Abschn. 6.

Arias, Fluß und Landsee in der Pers. Provinz Aria. 23, 6. (XVI.)

Ariaspe, Stadt im Lande der Drangianer. 23, 6. (XVIII.)

Arimaspä. Nation, Gränznachbarn der Perser, einäugig und wild. 23, 6. S. 186. (Etymologie Saumaise von der Hellenist. Sprache S. 394.)

Arimphäi, Völkerschaft am Pontus Eux. 22, 8.
Arinchi. desgl. ebendas.

Ammian Marcell. 3. B.   X   26,

Arinthäus, Tribun, 15, 4. Feldherr unter Julian. 24, 1. 7. 25, 7. General der Reiterey. 26, 5. 8. Feldherr des Fußvolkes. 27, 5. (Valeſ. zu 26, 8. Gothofred üb. Philoſtorgius. S. 335.)

Ariſtänetus, Röm. Statthalter in Nikomedien, (ſoll Verf. der noch vorhandnen Briefe ſeyn) komt bey dem großen Erdbeben ums Leben. 17, 7.

Ariſtarch, Grammatiker aus Alexandrien. 22, 16.

Ariſtobulus, Conſul mit Diokletian. 23, 1. Note.

Armenien, war dem Großvater Sapors durch Galerius abgenommen worden. 17, 5. Sapor will es unter Valentinian wieder zu ſeinem Reiche ſchlagen. 27, 12. vergl. 30, 3.

Arraces, Perſiſcher Geſandter an Valens. 30, 2.

Arſaces, Stifter des Parthiſchen Reiches. — Sein Lob — wird nach ſeinem Tod als Gott verehrt, und noch zu Ammians Zeiten hatten ſeine Nachkommen das Vorrecht auf den Perſiſchen Thron, und waren unverletzlich. 23, 6. S. 183.

Arſaces, König von Armenien zu Ammians Zeiten. Conſtantius ſucht ſeine Freundſchaft. 20, 11. 21, 6. auch Julian. 23, 2. wird von den Perſern gefangen. 25, 7. ſein kläglicher Ende. 27, 12.

Arſacia, St. in Medien. 23, 6. (III.)

Arſiana, St. in Suſiana. 23, 6. (II.)

Arſinoe, auch Teuchira, St. in Aegypten. 22, 16.

II. Historisches Register.

Artabannes, Persischer Statthalter in Armenien. 27, 12. 30, 11.
Artabius, Fl. im Lande der Gedrosier. 23, 6. (XX.)
Artakana, St. in Parthien 23, 6. (V.)
Artaxerxes Makrochir. Läßt bey Lebensstrafen anstatt der Köpfe nur die Turbane abhauen, und anstatt der Ohren nur die Bänder an den Helmen abschneiden 30, 7.
Artemis, Fl. in Bactrien. 23, 6. (XI.)
Artemius, Vicestadtpräfect in Rom 17, 11. ep Duce Aegypti 22, 11.
Artogerassa, feste Stadt in Armenien 27, 12.
Arverni, St. in Aquitanien (Clermont) 15, 11.
Arzanena, Distrikt in Mesopotamien 25, 7.
Arzneykunst, gleichsam hohe Schule derselben in Alexandrien 22, 16. (Abdallatif S. 234.)
Asbamäus Jupiter. Sein Tempel in Cappadocien. 23, 6. (I.)
Ascalon, St. in Palästina 14, 8.
Ascanimia, Berg in Persien im Sakerlande 23, 6. (XIII.)
Ascarier, eine Art von Haustruppen 27, 2. Note.
Asklepiades, Philosoph 22, 13.
Asklepiodotus, Comes 15, 6.
Asmira, Gebirg im Sererlande. — Asmiri Volk auf demselben wohnend 23, 6. (XV.)
Aspabota, St. im Persischen Scythien 23, 6. (XIV.)
Aspacará, Volk im Sererlande 23, 6. (XV.)
Aspacuras, Persischer Magnat 27, 12. 30, 2.

Asparata, St. im Sererlande. 23, 6. (XV.)
Aspis, Schlangengattung in Aegypten. 22, 15.
Aspuna, Municipalstadt in Galatien. 24, 10.
Assanitá Saraceni. 24, 2.
Assyria, Barbations Gemahlin. 18, 3.
Assyrien, Provinz Persiens, damals auch Ablabene genannt. Beschreibung. 23, 6. (I.)
Astacia, St. in Bactrien. 23, 6. (XI.)
Astacus, St. am Propontis, nachher Nikomedien. 22, 8.
Atacotti beunruhigen nebst den Picten, Sachsen und Scoten Britannien. 26, 4. 27, 8.
Athagoren, Volk im Sererlande. 23, 6. (XV.)
Athanarich, Fürst der Gothen. 27, 5. stirbt in Constantinopel ebendas.
— — — Fürst (Judex) der Thervinger. 31, 3.
Athanasius, Bischof zu Alexandrien. Vorwürfe, die man ihm machte. 15, 7.
Athos, Berg 22, 8. Note 1.
Athribis, St. in Aegypten. 22, 16.
Athyras, Hafen an Propontis. 22, 8.
Ati, Volk an den Katarakten. Zog, weil es durch das Rauschen der Wasserfälle am Gehör litt, weiter. 22, 15.
Atlantei, Bewohner des Atlasgebirges, sollen nie träumen. 15, 3. Note.
Atlantis, Insel größer als Europa, durch ein Erdbeben verschlungen. 17, 7. u. das. Vales.
Atocotti, s. Atacotti.
Attuarii, Fränkische Völkerschaft. 20, 10. (Mannert Germanien. S. 228 — 230. 269.)

Ava-

II. Historisches Register.

Avastomaten, Volk in Africa. 29, 5.
Audiense Castellum in Mauritanien. 29, 5.
Aventicum, St. auf den Alpen (Avenche) 15, 11.
Aufwandgesetze in Rom. 16, 5.
Augoflada, König Theoderichs zweyte Gemahlin. E. Abschn. 12.
August, Kaiser. Verbesserung des Kalenders durch Einschaltung. 26, 1.
Augustamnica, Provinz in Aegypten. 22, 16.
Augustocuum, Stadt in Lugdunensi prima. (Autûn) 15, 11. 16, 2.
Avitianus, Vicestatthalter in Africa. 27, 7.
Aulion, Grotte am schwarzen Meere. 22, 8.
Aureolus, Gegenkaiser unter Gallienus. 21, 16.
Ausci, Stadt in Gallien. (Auch) 15, 11.
Austurianer, Maurische Völkerschaft in Africa. 26, 4. 28, 6.
Autosidorum, St. in Gallien (Auxerre) 16, 2.
Axius, Fluß in Macedonien. 21, 10.
Azmorna, St. in Hyrcanien. 23, 6. (VIII.)

B.

Babylon, die Burg daselbst hat schon Belus gebaut, und Semiramis die Mauern. 23, 6. (I.) (Niebuhr Reisebeschr. II. S. 287. setzt es in die Gegend, wo Hella liegt, 13 bis 14 Meilen von Bagdad.)
Bacchus kommt nach seinem Zuge in Indien am Flusse Kallichorus an, und stellt die Orgien wieder her. 22, 8.
Bacchylides, Dichter. Sentenz aus ihm. 25, 4.

Bactra, St. in Bactrien — Bactrianer, Volk. 23, 6. (XI.)

Bäder in Rom so groß wie Provinzen. 16, 10. Vales.

Bäre in Persien bis zur Wut wild. 24, 5.

Bática, Spanische Provinz, muß damals consularische Provinz gewesen seyn. 28, 1.

Bagrada, Fluß in Persien. 23, 6. (IV.)

Bainobaudes, Tribun der Scutarier, 14, 11. 16, 11. wird abgesetzt, 16, 11. ein Tribun der Cornuten, 16, 11. der letztere bleibt in der Schlacht bey Straßburg. 16, 12.

Bajurä, Völkerschaft in Africa. 29, 5.

Balchobaudes, Tribun der Armaturen. 27, 2.

Ballisten, (Wurfmaschinen) Beschreibung derselben. 23, 4. Ballistarien, dazu verordnete Meister und Gehülfen. 16, 2.

Bappo, Tribun 15, 4. (soll hernach A. C. 372. Stadtpräfect zu Rom gewesen seyn. Corsini S. 251.)

Baraba, Stadt in Arabien. 23, 6. (VI.)

Barbatio, Anführer der Haustruppen. 14, 11. 18, 3. Feldherr des Fußvolkes an Silvans Stelle, ebendas. und 17, 6. ist bey Julian in Gallien, schikanirt ihn aber auf alle Weise. 16, 11. Sein Tod (Enthauptung) 18, 3. schlechter Character. 17, 6. 18, 3.

Barbitanisches Gebirge in Persien nach Indien hin. 23, 6. (XX.)

Barchalba, Tribun. 26, 9.

Barden, Gallische Dichter. 15, 9.

Bar-

II. Historisches Register.

Barritus, Feldgeschrey, beschrieben 16, 12. ingl. 21, 13. 26, 7 31, 7.

Barzala, verschanzter Ort in Mesopotamien. 18, 7.

Barzimeres, Tribun der beschildeten Garde. 30, 1. 8.

Basilia (Basel) 30, 3.

Basilica Sicinini zu Rom. 27, 3.

Basilina, Julians Mutter. 25, 3.

Basiliskus, Senator zu Constantinopel. E. Abschn. 9.

Basilisken, Schlangen in Aegypten. 22, 15.

Bassian, Notarius militans inter primos. 29, 2.

Bassus, Stadtpräfect in Rom. Stirbt als solcher. 17, 11. (Corsini S. 224.)

Batne (auch Batna 23, 2.) Stadt in Osdroene, reicher Handelsplatz, wo alle Jahre im September eine große Messe war, und Indianische und Serische Waaren umgesetzt wurden. 14, 3. Note.

Battus, Spartaner, Erbauer der Stadt Cyrene in Aegypten. 22, 16.

Bautis, Fluß im Sererlande. 23, 6. (XV.)

Bebase, Landhaus (Villa) in Mesopotamien. 18, 7. 10.

Bebryker in Bithynien, durch Pollux von des Amykus Tyranney befreyt. 22, 8.

Belagerungsmaschinen. 23, 4.

Beleuchtung, nächtliche, der Gassen in Antiochien. 14, 1.

Belgen, die tapferste Nation in Gallien. 15, 11.

Belgica prima et secunda. 15, 11. 17, 3.

Belias, Fluß in Mesopotamien. 23, 3.
Bellenes, ein Mauritanischer Fürst. 29, 5.
Bellovädius, Tribun, wird den Persern als Geisel gegeben. 25, 7.
Berenice, Stadt in Libyen. 22, 16.
Beröa, St. in Thracien. 27, 4. 31, 9. 11. E. Abs. 5.
Berytus, Stadt in Phönice. 14, 8.
Besa, Name eines Gottes. 19, 12. Note.
Besbykus, Insel auf Propontis. 22, 8.
Besen, fangen an zu blühen. 28, 1.
Bessi, Thracische Völkerschaft. 27, 4.
Betä, Volk im Sererlande. 23, 6. (XV.)
Bezabde, vorher Phönice genannt, Stadt am Tigris, 20, 7. 11. hat einen Bischof — wird von Sapor erobert, ebendas. Constantius belagert sie vergebens. 20, 11.
Bibliothek zu Alexandrien. 22, 16.
Biene, bedeutet in Hieroglyphen einen König. 27, 4. Bienenschwarm wird, wenn er sich wo anlegt, für unglückliche Vorbedeutung gehalten. 18, 3. (Livius B. 21. K. 46.)
Bildsäule, vergoldete. Die erste ward zu Rom dem Acilius Glabrio errichtet. 14, 6.
Bineses, Persischer Magnat, Geisel bey den Römern, 25, 7. Deputirter bey Uebernahme der Stadt Nisibis. 25, 9.
Bingium, St. in Deutschland (Bingen) 18, 2.
Bischöffe zu Rom, hatten schon zu Ammians Zeiten gute Tage. 27, 3.
Bisontii, Stadt im Sequaner Gebiete, (Besançon) 15, 11. 20, 10.

II. Historisches Register.

Bisseptum, Beschreibung 26, 1.
Bisula, Fluß (Weichsel) 22, 8.
Bitara, Stadt in der Pers. Provinz Aria 23. 6. (XVI.)
Bitherid, deutscher Magnat. 29, 4.
Bithynien, in ältern Zeiten Mygdonien 22, 8.
Biturigä, St. in Lugdunensi prima (Bourges) 15, 11.
Bizes, Fl. fällt in das schwarze Meer 22, 8.
Blemmyer, Volk an den Katarakten des Nils 14, 4. 22, 15.
Boa, Insel in Dalmatien 22, 3. Note. 28, 1.
Boethius, Mag. Officiorum unter König Theoderich, hingerichtet. E. Abschn. 14.
Bolbitische Mündung des Nils. 22, 15.
Bonitus, ein Franke, Vater des Gegenkaisers Silvan. 15, 5.
Bonna, Stadt in Deutschland (Bonn) 18, 2.
Bononien, Stadt in Gallien (Boulogne) 20, 1. 27, 8. E. Abschn. 2.
— — — Stadt in Pannonien, (Bonmünster nach Wesseling) 21, 9. 31, 11. (Mannert Germanien S. 753. Banostar bey Peterwaradein.)
Borion, Vorgebürge in Aegypten 22, 15.
Borysthenes, Fluß, sein Ursprung und Lauf 22, 8. 31, 3. Stadt gleiches Namens 22, 8. (Wesseling Observat. S. 192.)
Bospori, Thracius und Cimmerius; Grund ihrer Benennung 22, 8. Note.
Bostra, Stadt in Arabien 14, 8.
Braccati, Gallier 15, 5. 16, 12.

Brachmanen, bey ihnen hat Zoroaster seine Weisheit geholt 23, 6. (III.) gehen sehr gravitätisch einher 28, 1.

Branchidarum, Oracula 29, 1.

Brandpfeile, (Malleoli) beschrieben 23, 4.

Bregetio, (auch Bregitio 30, 5. bey Jdatius Virgitio) St. in Pannonien (Sjöny bey Comorrn) 17, 12.

Brigantia, Landsee (Bodensee) 15, 4. (Mannert Germanien S. 664.) Stadt gleiches Namens am Bodensee 14, 4. (Bregenz. Mannert S. 694.)

Brigantium, Bergkastell auf den Alpen (Briancon) s. Virgantia).

Brisoana, Fl. in der Provinz Persis 23, 6. (IV.)

Britannien, führte schon ehemals viel Getreide aus 18, 2. Perlenfischerey daselbst 23, 6. am Ende, von Scoten und Picten beunruhigt 20, 1. 26, 4. 27, 8.

Brocomagus, St. in Germania prima (Brusmat) 16, 2.

Bruchion, in Alexandrien 22, 16.

Bucinobanten, Alamannische Völkerschaft Mainz gegenüber auf der Nordseite des Mains 29, 4. Mannert Germanien S. 294.

Budiner, Scythisches Volk 31, 2.

Büffel, (Bubali) in Aegypten 22, 15.

Bura, St. von einem Erdbeben ganz verschlungen 17, 7.

Burdegala, St. in Aquitanien (Bourdeaux) 15, 11.

II. Historisches Register.

Burgundier, Volk, hatten mit den Alamannen Streit über Salzquellen. Ihr König hieß Hendinos, ihr Oberpriester Sinistos 28, 5. (Mannert Germanien bes. S. 434.)

Busan, Römisches Kastell in Mesopotamien 18, 10.

Bizanz, eine Colonie der Athenienser 22, 8. von Constantin dem Großen verschönert E. Abschn. 6. imgl. von Julian 25, 3. Größe und Schönheit der Stadt 31, 16.

Byzaren, Nation am schwarzen Meere. 22, 8.

C.

Cabillonus, St. in Lugdunensi prima, (Chalons sur Saone) 15, 11.

Cabyle, Stadt in Thracien 31, 11.

Cadusier, Volk im Norden von Persien 23, 6.

Cälestis Dea. 22, 3.

Cäni Gallicani, Stadt in Bithynien 14, 11.

Cäsarea, in Cappadocien, vorher Mazaka. 20, 9. 26, 7.

——— in Mauritanien 29, 5.

——— in Palästina, von Herodes zu Ehren Augusts erbaut. 14, 8.

Cäsaren, Thronfolger, Ausnahme machten Marcus, der den Verus, und Valentinian, der den Valens und Gratian sogleich den Namen August gab. 27, 6.

Cäsariensis. District in Mauritanien 29, 5.

Cäsarius, Stadtpräfect in Constantinopel 26, 7.

Cassius,

Cäsius. Numerarius Adparitionis Magistri Equitum 19, 9.

Cafaves, Völkerschaft in Africa 29, 5.

Calatis, St. im Europäischen Scythien 27, 4.

Caledonien, s. Dicaledonen.

Calicadnus, Fluß in Isaurien 14, 2. schiffbar 14, 8.

Callichorus, Fluß am Pontus, woher er den Namen hat. 22, 8.

Callimachus, Griech. Feldherr früherer Zeiten 24, 6.

Callinicum, gute Handelsstadt in Mesopotamien 23, 3.

Callipolis, Stadt am Eingange des Hellespontes 22, 8. Schlacht daselbst zwischen Constantin dem Großen und Licin. E. Abschn. 5.

Callisthenes, Philosoph im Gefolge Alex. des Großen 18, 3.

Callistratus, alter Griechischer Redner. 30, 4.

Calon-Stoma, Mündung der Donau. 22, 8.

Camariten, Völkerschaft am schwarzen Meere 22, 8.

Cambyses, König in Aegypten. Art seines Todes 17, 4.

Cambyses, Fl. in Persien (Medien) 23, 6. (III.)

Camenius, Clarissimus (Senator) 28, 1.

Canini Campi, 15, 4. (Mannert Germanien S. 713.)

Canopus, Stadt in Aegypten. 22, 16.

Cantaurianer, Völkerschaft in Afrika. 22, 5.

Cantichus, Meerbusen in Armenien. 23, 6.

II. Historisches Register.

Capellatii, Landstrich in Alemannien an der Gränze von Burgund, auch Palas genannt. 18, 2. Note. (Mannert Germanien S. 293.)

Capersana in Syrien, 18, 8. auch Capessana 21, 7.

Caphareus, Vorgebürge in Euböa. 22, 8.

Caprariensische Gebirge in Afrika. 29, 5.

Capreoli, (Gazellen) in Aegypten. 22, 15.

Carambis, Hügel im Taurischen Chersones. 22, 8.

Carcinites, Fluß und Meerbusen am schwarzen Meere. 22, 8.

Carmanien, Provinz von Persien. 23, 6. (VII.)

Carmana, Stadt darin, ebendas.

Carnuntum, Stadt in Illyricum. 30, 5. (Mannert Germanien S. 735. ff.)

Carpi, kleine Völkerschaft in Thracien. 27, 5. Note. 28, 1. (Mannert Germ. 489.)

Carrá, Stadt in Mesopotamien. 18, 7. 23, 3.

Casium, Stadt in Aegypten, Grabmäal des Pompejus daselbst. 22, 16.

Casius, Berg 14, 8. Julian opfert auf demselben. 22, 14.

Cassian, General in Mesopotamien. 16, 9. 18, 7. 19, 9. 25, 8.

Cassii Judices. 22, 9. Note. 26, 10. 30, 8.

Cassius, Gegenkaiser unter Mark Aurel. 21, 16

Castalische Quelle, ehemals von Hadrian verstopft, will Julian wieder öffnen lassen. 22, 12.

Castorum Aedes, (Tempel des Castor und Pollux) 19, 10.

Castra Constantia, Stadt in Gallien, wo die Seine in die See geht. 15, 11. Note.

Castra Herkulis, Stadt in Deutschland. 18, 2.
——— **Martis,** Stadt in Dacia Ripensi. 31, 11.
——— **Maurorum,** Stadt in Mesopotamien. 18, 6. 25, 7.
——— **peregrina** in Rom auf dem cölischen Berge. 16, 12.

Castration, verbietet Domitian. 18, 7.
Castricius, Comes Isauriä. 14, 2.
Catadupen, Wasserfall in Aegypten. 22, 15.
Cataracten, desgl. ebendas.
Catelauni, St. in Belgica secunda. (Chalons für Marne. 15, 11. 27, 2.
Cato Censorius, Sentenzen desselben. 14, 6. 15, 12. 16, 5.
—— **Uticensis,** s. Eroberung von Cyprus. 14, 8. am Ende.
Catulus, hat zuerst über das Amphitheater in Rom einen Vorhang ziehen lassen. 14, 6.
Caucalanda, in Sarmatien. 31, 4.
Cella, Tribun der Scutarier. 19, 11.
Celse, St. in Phönice. 14, 7. Note.
Celsus, Statthalter in Cilicien. Julian hatte ihn in Athen kennen gelernt. 22, 9.
Celten, woher sie ihren Namen haben. 15, 9. einerley mit Galliern. 15, 11.
Cephalonesus, St. am Borysthenes. 22, 8.
Ceras, Vorgebirg mit einem Leuchtthurme an Propontis. 22, 8.
Cerasus, St. am Pontus, woher Lucull zuerst die Kirschen gebracht. 22, 8.
Cerceten, Nation am schwarzen Meere. 22, 8.

II. Historisches Register.

Cercius, Spartaner, Wagenlenker des Castor und Pollux. 28, 8.

Cercops, Spottname, den die Antiochener dem Julian gaben. 22, 14.

Cercusium, Schanze in Mesopotamien, von Diocletian angelegt. 23, 5.

Cerealis, Mutterbruder des Gallus, Consul und Präfect. 14, 11. wieder Consul (A. C. 358. 17, 5. Corsini. S. 210. und Vales. zu 14, 11.)

Cerealis, Tribunus Stabuli. 30, 5. 8. Bruder der Kaiserin Justina. 30, 10.

Cethegus, Senator, hingerichtet. 28, 1.

Charecla, St. in Aegypten. 22, 16.

Chaboras, s. Aboras.

Chalcedon, am Propontis. 22, 8. von Valens belagert. 26, 8.

Chaldäer, 23, 6.

Chalites, Meerbusen in Armenien. 23, 6.

Thalkenteros, s. Didymus.

Chalybes, haben zuerst Eisen gegraben und geschmiedet. 22, 8. (heißen auch Chaldäer. Morus zur Cyropädie. s. 102.)

Chamaver, Deutsche Nation von Julian bezwungen. 17, 8. 9. (Mannert Germanien. s. 196. 268.)

Charax, St. in Parthien. 23, 6. (V.)

Charche, St. am Tigris. 18, 10. 25, 6.

Chardi, Volk im Sererlande. 23, 6. (XV.)

Charietto, Comes in beyden Germanien. 27, 1. auch 17, 10. Note.

Charinda, Fl. in Medien. 23, 6. (III.)

Cha-

Charte, St. in Bactrien. 23, 6. (XI.)
Chatra, St. in Bactrien, ebend.
Chauriana, St. im Persischen Scythien. 23, 6. (XIV,)
Cherronesus, 22, 8. Taurica, worin viele griechische Colonien. 22, 8.
Chiffreschrift. 18, 3.
Chiliocomum, fruchtbare Landschaft in Medien. 23, 3. 24, 8. 25, 7.
Chioniten, Gränznachbarn der Perser, mit ihnen im Kriege begriffen. 16, 9. 17, 5. ihr König Grumbates. 18, 6.
Chnodomarius, König der Alamannen, hatte vorher den Decentius in einer Schlacht besiegt, wird in der Schlacht bey Strasburg gefangen, und stirbt in Rom, 16, 12.
Choaspa, St. in Arachosien. 23, 6. (XIX.)
Choaspes, Fl. in Medien. 23, 6.(III.)
Choatres, Fl. in Parthien 23, 6. (V.)
Christen, ermahnt Julian zur Eintracht und Toleranz. 22, 5. christliche Priester als Gesandte gebraucht. 29, 5. 31, 12, 15.
Chronus, Fl. am schwarzen Meere. 22, 8.
Chrysepolis, St. am Propontis. 22, 8. Schlacht daselbst. E. Abschn. 5.
Chunen, s. Hunnen.
Cibalä, St. in Pannonien. 30, 7. E. Abschn. 5.
Cibyraten, 15, 3. Note. (Valef. Emendationen. S. 66. 133.)
Cicero, sein Lob. 30, 4. Stellen aus ihm. 14, 2. 15, 3. 5, 12. Note. 16, 1. 19, 12. 21, 1. 16.

II. Historisches Register.

22, 7. 15. 26, 1. 10. 27, 4. 9. 11. 28, 1. 4. 29, 5. 30, 4. 8. 31, 14.
Cilicien, sehr gesegnetes Land. 14, 8.
Ciminia, Gegend in Italien. 17, 7.
Cimmerischer Bosporus, von Milesiern bevölkert. 22, 8.
Cimon, Miltiades Sohn. 17, 11.
Cineas, Gesandter des Königs Pyrrhus in Rom. 16, 10.
Civilis, Statthalter in Britannien. 27, 8.
Cius, St. an Propontis. 22, 8.
Clavitas, eine Römische Dame. 28, 1.
Claros, Orakel daselbst, 19, 12.
Claudiopolis, St. in Isaurien. 14, 8.
Claudius Gothicus, Kaiser. 31, 5.
Claudius, Präf. Urbi in Rom. 27, 3. 29, 6. (Corsini. S. 260.)
Clavularis Cursus, 20, 4. Note.
Cleander, Liebling des Kaisers Commodus. 26, 6.
Clematius, ein Edler aus Alexandrien, (auch einmal Statthalter in Palästina Vales.) wird unschuldig hingerichtet. 14, 1.
Cleopatra, hat den Pharus in Alexandrien angelegt, ingl. das Heptastadium. 22, 16.
Coche, auch Seleucien genannt, St. in Persien. 24, 5.
Coela, am Eingange des Hellesponts. 22, 8.
Coelesyrien, damalige Gränzen. Vales. zu 14, 7.
Cônos Gallicanos, 14, 11. Note.
Côranius, Philosoph. 29, 2.
Colchier, stammen von den Aegyptiern ab. 22, 8.

Ammian Marcellin 3ter B.   Y   Co-

Colias, Gothischer Magnat. 31, 6.

Colonia Agrippina, St. im zweyten Germanien (Cölln) von den Alamannen zerstört. 15, 8. von Julian wieder erobert. 16, 3.

Comedus, Berg im Saferlande. 23, 6. (XIII.)

Cometen, woher sie entstehen. 25, 10.

Commagene, zu Ammians Zeiten Euphratensis. 14, 8.

Commißbrod, wird den Kaisern bey ihrer Durchreise durch die Städte vorgezeigt. 21, 16. Note.

Commodus, Kaiser. Geschicklichkeit im Gebrauche des Wurfspießes. 31, 10. Versuch des Senators Quintian, ihn umzubringen. 29, 1.

Comum, St. in Italien bey Mailand. 15, 2.

Concordia, Römische Schanze in Germanien. 16, 12. (Mannert Gallien. S. 232.)

Confluentes, St. in Germanien. (Coblenz) 16, 3.

Constans, Kaiser, nicht zu seinem Vortheil erwähnt. 16, 7. Valef.

Constantia Castra, in Gallien, wo die Seine in die See fällt. 15, 11. (Oberlin zu Bib. Sequester. S. 184.)

Constantia, des Kaisers Constantius Tochter nach seinem Tode von Faustinen gebohren, nachher Gratians Gemahlin. 21, 15, und das. Valef. 26, 7. 29, 6.

Constantian, Tribun. 23, 3. Stabuli 28, 2.

Constantian, Strator 29, 3.

Constantin der Große, E. Abschn. 1—6. Vorwürfe, die ihm Julian macht. 21, 10. Valef.

Con-

Constantina, Constantins des Großen Tochter, erst Hannibalians, dann Cäsar Gallus Gemahlin. 14, 1. Schwester der Helena, Julians Gemahlin 21, 1. Horcht hinter dem Vorhange des Staatsrathes 14, 9. ist grausam 14, 1. 7. stirbt 14, 11.

Constantina, Stadt in Mesopotamien. 18, 7.

Constantinisches Bad in Rom. 27, 3.

Constantinopel, 22, 8. Größe und Schönheit der Stadt 31, 16. s. auch Byzanz.

Constantius, (Chlorus) Constantin des Großen Vater. E. Abschn. 1.

Constantius, (Jul.) Julians Vat. 24, 13. am Ende.

Constantius, Kaiser, feiert seine Tricennalien (A. C. 353.) 14, 5. wütet gegen die Anhänger des Magnenz 14, 5. Feldzug nach Alamannien 15, 10. gegen die Lentiensischen Alamannen. 15, 4. sein Einzug in Rom 16, 10. Aufstellung des Obelisk. 17, 4. Feldzug gegen die Sarmaten und Quaden, weshalb er den Beynamen Sarmaticus erhält 17, 12. gegen die Limigantischen Sarmaten 17, 13. zum zweitenmal, wobey er doch in große Lebensgefahr kommt 19, 11. eine Gesandtschaft nach Persien, um, wo möglich einen Krieg zu vermeiden, ist vergeblich 17, 14. ein gewisser Antonin, dem man Unrecht gethan hatte, geht zu den Persern über, und wird für die Römer ein gefährlicher Mann 18, 5. nach Amida's Eroberung durch die Perser 18, 8. geht nun Constantius selbst aus dem Occident nach Constantinopel, um in der Nähe zu seyn 19, 11. nimmt die Scythen zu Hülfs-truppen gegen die Perser an 20, 8. zieht Arsa-ces, König von Armenien in sein Interesse. 20, 11. kommt selbst nach Amida, und weint über ihren Ruinen, belagert Bezabde verge-bens, und kehrt dann nach Antiochien zurück. 20, 11. macht daselbst Anstalten zum nächsten Feldzuge gegen die Perser 22, 6. ohne doch mit sich selbst einig zu seyn, ob er nicht lieber gegen Julian anrücken wolle. 22, 7. doch das Anrücken der Perser bestimmt ihn endlich, den-selben entgegen zu gehen 22, 8. weil aber der König der Perser damals zurückging, will er nun wirklich gegen Julian aufbrechen, wird aber zu Tarsus krank, glaubt seine Krankheit durch Fortsetzung der Reise zu heben, und stirbt zu Mopsukrene in Cilicien 21, 15.

Sein Charakter überhaupt 21, 16. Mittel-ding zwischen einem guten und schlechten Für-sten 14, 9. seine Strenge und Grausamkeit 14, 5. läßt nicht nur Gallus hinrichten 14. 11. son-dern auch gegen dessen Dienerschaft inquiriren. 15, 3. hört gar zu gern Verläumbungen 14, 9. ist ängstlich und strenge gegen jeden, der in den Verdacht kam, eine Veränderung der Regie-rung zu wünschen 16, 8. Beyspiel des Barba-tio 18, 3. hatte mehr Glück in bürgerlichen als auswärtigen Kriegen. 14, 10. 11. 20, 11. am Ende. 21, 13. für seine Person schlechter Held, was er that, that er durch seine Gene-rale. 16, 10. seine gute Seite. 21, 6.

Con-

II. Historisches Register.

Consuln, wurden in Prozession aufgeführt, gaben bey Antritt ihres Amtes Schauspiele, und sprachen Sklaven los 22, 7.

Conta, St. in Afrika 29, 5.

Coptos, St. in Aegypten 22, 16.

Cora, kleine Stadt in Gallien (bey Auxerre) 16, 2.

Corax Fl. am schwarzen Meere 22, 8.

Corduene, Landschaft, stand damals wenigstens zum Theil unter Persischer Herrschaft, und hatte einen eigenen Satrapen 18, 6. 23, 3. 25, 7.

Cornelius Gallus, Procurator Aegypti unter Kaiser August, plünderte die Provinz aus, und brachte sich hernach selbst ums Leben. — ist nach Ammians Meynung Verfasser der noch vorhandenen Gedichte 17, 4.

Cornelius Senator 28, 1.

Cornuti, Gallier, kommen in Verbindung mit den Braccaten vor, 15, 5. ingl. 16, 12

— — eine Art von Soldaten, 31, 8. ein Tribunus Cornutorum 16, 11.

Coronarium Tributum (Aurum) 25, 4. Note

Coroni, Völkerschaft in Medien 23, 6. (III.)

Costobocá, Scythische Nation.

Cottius, König, wird Bundsgenoß der Römer unter August, macht den Weg über die nach ihm benannten Cottischen Alpen sicherer und bequemer. — Sein Grab. 15, 10.

Craugasius, ein vornehmer Nisibener 18, 10. Seine Gemahlin wird von Sapor gefangen genommen, aber großmüthig behandelt. Sie verleitet ihren Mann zu den Persern überzugehen, wo er am Hofe angestellt wird 19, 9.

Crescens, Vicar in Afrika. 28, 6.

Cretio, Comes Africä 21, 7. 26, 5.

Creuthungi, Thracisches Volk 27, 5.

Crispus, Constantins des Großen Sohn zu Pola umgebracht. 14, 11. Note auch E. Abschnitt 5.

Crissäische Meerbusen 17, 7.

Criu Metopon, Vorgebürg in Taurien 22, 8.

Crocodil, umständlich beschrieben, 22, 15.

Ctesiphon, St. in Assyrien, ihr Erbauer 23, 6. (I.)

Cumanische Sibylle, ihre Weissagungen waren unter Julian dem Verbrennen nahe. 23, 3.

Curandius, Tribun der Bogenschützen 29, 5.

Cybele, ihr Jahrfest zu Rom, wie es begangen worden, 23, 3.

Cycladische Inseln. 22, 8.

Cydnus, Fluß in Cilicien. 14, 8. 25, 10.

Cylaces, Persischer Eunuch, Statthalter in Armenien 27, 12. 30, 1.

Cynagirus, Griech. Feldherr früherer Zeiten in den ersten Persischen Kriegen 24, 6.

Cynossema, wo Hecuba begraben seyn soll. 22, 8.

Cyprian, Referendar unter Theoderich. E. Abschnitt 14.

Cyprus, Insel. Beschreibung derselben. Wird
von

II. Historisches Register.

von den Römern nicht auf die gerechteste Art acquirirt. 14, 8.

Cyrene, St. in Aegypten vom Battus erbaut 22, 16. (Justin B. 13. 7.)

Cyreschata, St. in Sogdiana. 23, 6. (XII.)

Cyria, Mauritanische Prinzessin, des Firmus Schwester. 29, 5.

Cyrinus, ex Notario 22, 3.

Cyropolis, St. in Medien. 23, 6. (III.)

Cyrus, der ältere, von Tomyris umgebracht. 23, 6.

Cyrus, Fl. in Persien (Medien) 23, 6. (III) 27, 12.

Cyzicum, an Propontis 22, 8. vom Gegenkaiser Prokop belagert und erobert 26, 8. ingl. von den Scythen 31, 5. (Wess. zu Thucyd. Zweybr. Ausg. Th. 5. S. 294. ff.

D.

Dacia, Ripensis. 26, 7.

Dadastana, St. an der Gränze Bithyniens und Galatiens. Hier stirbt Kaiser Jovian 25, 10. 26, 8.

Dagalaiphus, Comes Domesticorum 21, 8. 24, 14. Magister Equitum 26, 1. 5. Consul (A. C. 366.) 26, 9.

Dahä, tapfere Nation am schwarzen Meere, 22. 8.

Dalmatius, Cäsar unter Constantin dem Großen E. Abschnitt 6.

Damascus, St. in Phönice. 14, 8.

Damasus, Bischof zu Rom 27, 3. 9.

Damastus, Fl. zwischen der Donau und dem Dnieper. (Dniester) 30, 3.

Dandace, St. im Taurischen Chersones 22, 8.

Daniel, Comes 30, 1.

Daphnäus, Apollo. Sein Tempel in Antiochiens Vorstadt Daphne, vom Antiochus Epiphanes erbauet, worin die Statüe des Jupiter Olympiacus, brennt ab. 22, 13. Julian giebt den Christen die Schuld, Ammian aber schreibt den Brand einer Verwahrlosung zu. ebend.

Daphne, schöne und angenehme Vorstadt Antiochiens 19, 12.

Daphne, kleine feste Stadt im zweyten Mösien. 27, 5. Note.

Dardanus, St. am Hellespont auf der Asiatischen Seite 22, 8.

Dareus (Darius) König von Persien. 23, 6. 26, 8.

Darnis, St. in Aegypten. 22, 16.

Datian, Consul nebst Cerealis (A. C. 358) 17, 5.

Datteln, 24, 3. s. Palmen.

Davana, kleine Stadt in Mesopotamien 23, 3.

Davares, Völkerschaft in Afrika. 29, 5.

Dea Cälestis, (Venus Urania) 22, 13.

Decem Pagi, in Gallien (Dieuse bey Metz) 16, 2.

Decentius, Cäsar (Bruder des Magnentz) 15, 6. die Treviter verschließen ihm die Thore. ebend. König Chnodomar hatte ihn besiegt, 16, 12.

Decen=

II. Historisches Register.

Decentius, Tribun und Notar. 20, 4.
Decius, Cäsar. 31, 13.
Degen, beym Schwur an die Kehle gesetzt; 17, 12. 21, 5.
Degradation, militärische. 15, 3. u. das. Valois.
Delos, Insel, durch ein Erdbeben entstanden, 17. 7. 22, 8. von den Atheniensern gereinigt. 22, 12.
Delphidius, Redner. 18, 1.
Delta in Aegypten. 22, 15.
Demetrius, Chytras, Philosoph aus Alexandrien. 19, 12. Vales.
Democritus, Philosoph, glaubt zahllose Welten; 15, 1. Sentenz von ihm, 16, 5.
Demosthenes, Redner, sein Lob. 30. 4. Sentenz aus ihm. 30, 1.
Diabas, Fluß in Assyrien. 23, 6. (I.)
Diacira, Stadt in Assyrien. 24, 2.
Diana, heißt bey den Bewohnern des Taurischen Chersones Oreiloche. 22, 8. Hain ders. ebendas.
Dibaltum, Stadt in Thracien. 31, 8. 12.
Dicaledonen, Völkerschaft der Picten. 27, 8.
Didius, alter Römer, Thraciens Besieger. 27, 4.
Didymus, aus Alexandrien, Chalkenteros genannt, Tadler Cicero's. Sillograph. 22, 16.
Dinarch, alter Griechischer Redner. 30, 4.
Dindyma an Propontis, der Cybele gewid. 22, 8.
Dinokrates, berühmter Architect, Erbauer Alexandriens. 22, 16.

Dio-

Diocles, Comes Largitionum Illyrici. Auf Valentinians Befehl lebendig verbrannt. 27, 7.

Diodor, Comes, von den Alexandrinern umgebracht. 22, 11.

Diodor, gewesener Staatsagent, von Valentinian hingerichtet. 27, 7.

Diogenes, Statthalter in Bithynien. 29, 1.

Diogmiten, eine Art leichter Truppen zum Nachsetzen. 27, 9.

Diomedis Sedes am Aegäischen Meere. 22, 8.

Dionysius, König in Sicilien. Betragen gegen den Dichter Philoxenus 15, 5. am Ende. Läßt sich aus Furcht vor Nachstellungen von seinen eigenen Töchtern den Bart abnehmen, um sein Schlafgemach einen tiefen Graben machen, und nimmt die darüber gehende Brücke alle Abende ab. 16, 8. Schulmeister. 14, 11.

Dionysopolis, St. im Europ. Scythien. 27, 4.

Dioskurias, St. in Arabien. 23, 6. (VI.)

—————— St. am schwarzen Meere. Ihr Erbauer. 22, 8.

Dipsaden, (Durstschlangen) in Aegypten. 22, 15.

Discenes, Tribun. 19, 9.

Divi, eine Indische Nation. 22, 7. Note.

Divination, Augurien und Auspicien, Träume u. s. w. vertheidigt Ammian. 20, 1.

Divitenser, deutsches Volk (Deuz bey Cölln) 26, 7. 27, 1. (Mannert German. S. 269.)

Dius, Mauritanischer Prinz. 29, 5.

Domi-

II. Historisches Register.

Domitian, erst Comes Largitionum, dann prätorischer Präfect im Orient, in Antiochien umgebracht. 14, 7. 15, 13.

Domitius Corbulo, Römer zu Nero's Zeiten. 15, 2.

Donau, Ursprung und sieben Mündungen. 22, 8.

Darienser sollen dem Herkules gefolgt seyn, und sich an der Seeküste Galliens niedergelassen haben. 15, 9.

Doriscum, Stadt in Thracien, wo Xerxes seine Armee musterte. 18, 6. Note. 31, 4.

Dorostorus, Stadt in Thracien. 27, 4.

Dorus, erst Feldarzt, dann Aufseher der Kunstwerke. 16, 6.

Doryphorian, ein Gallier. 28, 1.

Drachen als Fahnen. 16, 10. 12.

Dracontius, Münzvorsteher in Alexandrien. 22, 11.

Drangiana, Provinz Persiens. 23, 6. (XVIII.)

Drepanum, Stadt in Bithynien, nachher Helenopolis. 26, 8.

Drepsa, Hauptst. in Sogdiana. 23, 6. (XII.)

Druentia, Fl. in Gallien (Durance) 15, 10.

Druiden, bildeten, wie die Pythagoräer, Gesellschaften, gaben sich mit der höhern Philosophie ab, und lehrten die Unsterblichkeit der Seele. 15, 9.

Drusus, Besieger Thraciens. 27, 4.

Drypetina, Tochter Mithridats, Königs von Pontus. 16, 7.

Dryſiden, 15. 9. einerley mit Druiden.
Dulcitius, General in Britannien 27, 8. 28. 3.
Duodienſe, Caſtellum in Mauritanien. 29, 5.
Dura, eine andere am Tigris 25, 6. Valeſius.
Duria, Stadt im Latium. 15, 8. Note.
Dymas, Fl. in der Provinz Sogdiana 23, 6. (XII.)
Dynamius, Actuarius. 15, 5.

E.

Eboracum, (York) E. Abſchn. 2.
Ecbatana, St. 23, 6. (I. und III.)
Edeſſa, St. 20, 11.
Elatas, Benennung eines Windes. 22, 8.
Elephanten, ein Stich in den Nacken tödtet ſie augenblicklich. Schon Hannibal hatte dieſe Bemerkung gemacht. 25, 1.
Elephantine, St. in Aethiopien. 22, 15.
Eleuſis, in Böotien, durch ein Erdbeben entſtanden. 17, 7.
Eleutheropolis, St. in Paläſtina. 14, 8.
Eluſa, St. im Narbonenſ. Gallien. 15, 11. Note.
Emiſſa, St. in Phönice. 14, 7. 8. 26, 6.
Emodon, Gebirg im Sererlande. 23, 6. (XV.)
Emona, (Laybach) 28, 1. (Mannert Germ. S. 730.)
Ennoſigäus, Beyname Neptuns. 17, 7.
Entmannung, ſoll Semiramis zuerſt eingeführt haben. 14, 6. von Domitian verboten. 18, 4.

Epa-

II. Historisches Register.

Epaminondas, 25, 3.

Epigonius, Philosoph aus Lycien. 14, 7. hingerichtet. 14, 9.

Epimenides, aus Creta, sein langer Schlaf. 28, 4.

Epiphania, Fest der Christen im Januar. 21, 2.

Epiphania, St. in Cilicien. 22, 11.

Equitius, Tribun, kam mit in Vorschlag zur Kaiserwürde nach Jovians Tode. 26, 11. Comes. 26, 5. Magister. 26, 5. 10. Magister Armorum per Illyricum. 29, 6.

Equitius, (des vorigen Sohn) Ceremonienmeister. 31, 12. führte als solcher die Gesandten der Quader ein. 30, 6.

Eratosthenes, Geograph. 22, 8.

Erdbeben in Macedonien, Asien und Pontus. 17, 7. ingl. unter Valentinian A. C. 366. 26, 10. physicalische Ursachen, nach Aristoteles, Anaxagoras und Anaximander. — Vier Arten derselben. 17, 7.

Erechtheus, 16, 1. Note.

Ermenrich, König der Ostgothen. 31, 3.

Eruler und Bataver, 20, 1. 4. 27, 1. 8.

Erythräum, St. in Jonien. 31, 14.

Esaias, vornehmer Römer. 28, 1.

Esel, besteigt ein Tribunal. 27, 3.

Essedon, Essedonen, St. und Volk im Sererlande. 23, 6. (XV.)

Evagrius, Comes rei privatä. 22, 3.

Euctemon, alter Astronom. 26, 1.

Evece

Evectionen, 14, 6. Note.
Eventus boni Porticus in Rom. 29, 6.
Evhagen, Physiker der Gallischen Nation. 15, 9.
Eukärius, gelehrter Mann und Vikar in Asien. 29, 1.
Eumenius, Senator. 28, 1.
Eumolpias, s. Philippopolis.
Eunuchen, ihr Ursprung von Semiramis. 14, 6. ihr gewöhnlicher moralischer Charakter. 16, 7. 18, 4. 5. Domitian verbietet das Entmannen. 18, 4.
Eupatoria, St. im Taurischen Chersones. 22, 8.
Euphrasius, Magister Officiorum beym Gegenkaiser Prokop. 26, 7. 10.
Euphrat, 23, 6. (I.)
Euphratensis, s. Commagene.
Euphronius, Statthalter (Rector) in Mesopotamien. 18, 7.
Eupraxius, Magister Memoriä und Quästor, ein edler, freymüthiger Mann. 27, 6. 7. 28, 1.
Euripides, der Dichter, sein Grab in Arethusa. 27, 4.
Europos, St. in Persien. 23, 6.
Eusaphius, Senator. 28, 1.
Eusebia, des Kaisers Constantius Gemahlin, schützt den Julian. 15, 2. 8. 21, 6. läßt hingegen der Gemahlin desselben, Helenen, die Frucht abtreiben. 16, 10. ihr Tod und Lob. 21, 6.

Euse-

II. Historisches Register.

Eusebius, auch Pittacus genannt, ein Redner aus Emissa. 14, 7. wird hingerichtet. 14, 9. (Perizonii Animadv. Hist. S. 68.)

Eusebius, Oberkammerherr. 14, 10. machte viele Menschen unglücklich. 14, 11. 15, 3. 16, 8. 18, 4. sein Tod. 22, 3.

Eusebius, gewesener Comes rei privatā mit dem Beynamen, Mattiokopa. 15, 5. Note.

Eusebius, würdiger Mann, mit seinem Bruder Hypatius Consul. (A. C. 359.) 18, 1. 21, 6. von einem Schurken des Hochverraths beschuldigt. 29, 2.

Eusebius, Bischoff zu Nikomedien, Lehrer und weitläufiger Verwandter Julians. 22, 9.

Eusener, Volk im Orient, Gränznachbarn der Perser. 16, 9.

Eustathius, Philosoph. 17, 4. Vales. 14.

Eutherius, Oberkammerherr bey Julian, eigentlich ein Verschnittener, aber zu seinem Ruhme besser als andere seines Schlages. 16, 7. 20, 8.

Eutropius, Proconsul in Asien. 29, 1. Note.

Excubitor, scheint eigener Name zu seyn. 20, 4.

Exsuperius, ein tapferer Soldat, der bey der Belagerung von Maozamalcha zuerst aus der angelegten Mine in die Stadt sprang. 24, 4.

F.

Fabius Maximus, Allobrox 15, 12. Note (Perizonius Animadv. Hist. S. 68.

Fara, Insel in Persis. 23, 6. (IV.)

Sarnobius, Gothischer Magnat, 31, 4. 9.

Faustiana, Gemahlin des Kaisers Constantius nach Eusebiens Tode. 21, 6. er verläßt sie schwanger. 26, 7. 9. und sie wird dann Mutter der Constantia, Gratians Gemahlin. 21, 15.

Faustin, Notarius militans. 30, 5.

Felicis Arboris Castra, s. Arbor.

Felix, Notarius, dann Officiorum Magister 20, 9. Largitionum Comes. 23, 1.

Fericius, Mauritanischer Fürst. 29, 5.

Ferratus Mons, Gebirg in Mauritanien. 29, 5.

Festus Tritensius, Consular in Syrien. Magister Memoriä, dann Proconsul in Asien. 29, 2.

Feuersetzen, um Felsen zu sprengen 15, 10. Note.

Fidustius, Präsidialis 29, 1.

Finsternisse, der Sonne und des Mondes, woher sie entstehen. 20, 3.

Firmus, Mauritanischer Prinz, macht den Römern viel zu schaffen, erhängt sich endlich selbst. 29, 5. 30, 7.

Flavian, Vicar in Afrika. 28, 6.

Florentius, Ammian unterscheidet selbst wenigstens zwey dieses Namens unter Constantius und Julian 22, 3. doch kommen noch drey andere bey ihm vor, die der Zeitordnung nach so auf einander folgen:

a) **Florentius**, prätorischer Präfect in Gallien, 16, 12. 18, 1. schikanirt als solcher oft den Julian, als Cäsar 17, 3. flieht nach Julians Thronbesteigung an Constantius Hof, den er noch mehr gegen Julian verhetzt 20, 8. wird von

von Conſtantius an Anatollus Stelle zum prätoriſchen Präfect in Illyricum ernannt, 21, 6. 9 entgeht als damaliger Conſul der Rache des nunmehrigen Alleinregenten Julians durch die Flucht, doch wird ihm abweſend das Leben abgeſprochen. 22, 3.

b) Florentius, Nigrinians Sohn, Magiſter Officiorum Vicarius 15, 5. 20, 2. wird von Julian, nach Ammians Urtheil, unverdienter Weiſe in die Inſel Boä verwieſen. 22, 3.

c) Florentius, prätoriſcher Präfect in Gallien unter Valentinian, ein edler, freymüthiger Mann. 27, 7.

d) Florentius, ein Tribun, der nebſt Barchalba den Gegenkaiſer Prokop gebunden an Valens ausliefert, aber auch mit ihm unſchuldig hingerichtet wird. 26, 9.

e) Florentius, Germaniä Dux. 29, 4.

Fortunatius, Comes 29, 1. Valeſ.

Forum Pacis, in Rom. 16, 10. Trajani ebendaſelbſt.

Fragiledus, Sarmatiſcher Fürſt, 17, 12.

Franken, ihr Land 30, 3. auch Salier. 27, 8. plündern in Germanien bey Jülich 17, 2. ſind ſo frech, ſich auf Römiſchem Grund und Boden eine Stadt (Toxiandria) zu bauen 27, 8. Attuariſche, von Julian beſiegt. 20, 10. viele derſelben dienten als Trabanten um Hofe des Conſtantius 15, 5.

Ammian Marcell. 3. B.   Z   Fra

Fraomar, König der Bucinobanten, eines deutschen Völkerstammes 29, 4.

Frigerid, Römischer Feldherr gegen die Gothen 31, 7. 9.

Fritigern, Heerführer der Gothen. 31, 4. 11.

Fullofaudes, General in Britannien 27, 3.

Fulvius, (Flaccus) der erste Römer, der die Gallier bekriegt 15, 12.

G.

Gabinius, König der Quaden, treulos bey einem Gastmahle umgebracht 29, 5.

Gänse, wilde Zuggänse. Klugheit derselben 18, 3. Note.

Galaktophagen, Scythisches Volk 23, 6. (XIV.)

Galatá, (Gallier) woher sie den Namen haben. 15, 9.

Galerius, E. Abschn. 2 — 4. mußte einmal als Cäsar tausend Schritt neben dem Wagen des regierenden Kaisers hertraben. 14, 11.

Galla, Mutter des Cäsar Gallus. 14, 11.

Gallien, geographische Beschreibung 15, 9. 10. 11. Eintheilung zu Jul. Cäsars und Ammians Zeiten 15, 11. Bildung und Sitten der Einwohner 15, 12.

Gallienus, Kaiser, schweifte immer Abends in der Stadt umher, um zu hören, was man von ihm spräche. 14, 1.

Gallonatis, kleine Festung in Mauritanien 29, 5.

Gallus, Cäsar, ein Sohn des (Julius) Constantius, Bruders Constantins des Großen, und

der

II. Historisches Register.

der Galla, einer Schwester des Rufin und Cerealis 14, 11. seine körperliche und geistige Beschaffenheit ebend. — Erhebung zur Cäsarwürde. 14, 1. Grausamkeiten. 14, 1. 7. 9. wird nach Hofe entboten, hätte sich gern zum Gegenkaiser aufgeworfen, bringt den Kaiser besonders dadurch auf, daß er bey seiner Rückreise durch Constantinopel einem Wettfahrer die Siegeskrone gab (was eigentlich nur die Auguste thun durften) reiset dann weiter nach Hadrianopel — Pesobio — Pola, wo er endlich ermordet wird 14, 11. (S. auch von ihm Jul. Pollux Chronicon von Ignat. Hardt S. 342. 362.)

Gallus. s. Cornelius.

Gallus, Fluß in Bithynien 26, 8.

Gangomela, Stadt in Adiabene 23, 6. (I.)

Garamanten, 22, 15.

Garumna, Fluß in Gallien (Garonne) 15, 11.

Gaudentius, Staatsagent, 15, 3. 16, 8. Notar 17, 9. wird von Constantius gebraucht, den Julian zu spioniren, 21, 7. auf Julians Befehl hingerichtet. 22, 11.

Gaza, Stadt in Palästina. 14, 8.

Gazaca, Stadt in Medien. 23, 6. (III.)

Gazellen (Caprioli) in Aegypten. 22, 15.

Geapolis, Stadt in Arabien. 23. 6. (VI.)

Gedächtniß, künstliches. Beyspiel. 16, 5.

Gedrosien, Provinz Persiens. 23, 6. (XX.)

Geier, bedeutet in Hieroglyphen die Natur, 17, 4.

Gelanen, Volk im Orient. 17, 5.

Gelonen, Nationen am Mäotischen See. 22, 8. 31, 2.

Genius, der jedem Menschen zugetheilte. 21, 14. Genius Socratis, Pythagorä u. s. w. ebend. Genius publicus erscheint dem Julian in Gallien 20, 5. und dann wieder kurz vor seinem Tode. 25, 2. Tempel desselben in Alexandrien. 22, 11. ingleichem in Antiochien (gracile) 23, 1.

Genonia, Stadt in Parthien. 23, 6. (V.)

Genua, Stadt in Ligurien. 15, 10.

Georgius, Bischof in Alexandrien, wird von dem Pöbel auf eine grausame Art umgebracht. 22, 11. (Jul. Pollux Chronik. S. 370)

Gerasa, Stadt in Arabien. 14, 8.

Gerasus, Fluß in Scythien (Prut) 31, 3.

Germanen und **Germanien** 15, 11.

Germanian, prätorischer Präfect in Gallien. 21, 8. 26, 5.

Germanicopolis, Stadt in Isaurien. 27, 9.

Gerontius, Comes, Anhänger des Magnentius. 14, 5.

Geryon, von Herkules bezwungen. 15, 9.

Gessoriacum, einerley mit Bononia (Boulogne) 20, 1. 9. Exc. Abschn. 2.

Gildo, Mauritanischer Prinz. 29, 5.

Gomoar, s. Gumohar.

Gordian, Kaiser, der ältere. 26, 6.

Gordian, Kaiser, der jüngere Sein glücklicher Feldzug gegen die Perser — von Philipp umgebracht — sein Grabmaal zu Zaitha in Mesopotamien. 23, 5.

II. Historisches Register.

Gorgias Leontinus, alter Griech. Redner. 30, 4.
Gorgonius, Hofbeamter bey Cäſ. Gallus. 15, 2.
Gothen, fallen unter Constantin dem Großen in Thracien ein, E. Abſchn. 5. ingl. unter Valentinian. 26, 4. 6. werden von den Hunnen zurückgedrängt, und erbitten sich Wohnsitze bey den Römern. 31, 2. 3 werden von den Römischen Generälen sehr eigennützig behandelt. 31, 4. 5. Julians ungünstiges Urtheil von ihnen. 22, 7. ihre Regenten nennen sich Judices. 27, 5.
Gratian, Valentinians Vater. 30, 7.
Gratian, Valentinians Sohn, Kaiser. Wird vom Vater zum Mitregenten angenommen. 27, 6. seine Generäle sind glücklich gegen die Gothen 31, 9. und gegen die Lentiensischen Alamannen, 31, 10 seine Braut, Constantia, fast gefangen genommen. 29, 6. Character desselben. 29, 6. 31, 10.
Greuthunger, Ostgothische Völkerschaft. 27, 5. Note. 31, 3. 4. 5.
Griechen, einige sollen nach Trojas Zerstörung noch Gallien gekommen seyn. 15, 9.
Grumbates, König der Chioniten. 18, 6. 19, 1. sein Sohn bleibt vor Amida. ebend.
Gumathene (richtiger Commagene) fruchtbare Gegend in Mesopotamien. 18, 9.
Gumohar (auch Gumoar 26, 7. bey Zosimus und dem Anonymus Bianconii Gomar. Reitmeier zu Zos. S. 292.) Magister Armorum. 20, 9. 21, 8. 13. von Procop dem Gegenkaiser wieder bey der Armee angestellt. 26, 7. 9.

II. Historisches Register.

Gundomadus, König der Alamannen, fällt ins Gallische Gebiet ein, 14, 10. macht mit Constantius Friede, wird aber von seinen eigenen Leuten umgebracht. 16, 12.

Gynäkon Limen (Weiberhafen) St. im Lande der Gedrosier. 23, 6. (XX.)

Gyndes, Fluß in Persien. 23, 6.

H.

Hadrian, Kaiser, sehr begierig, die Zukunft zu erforschen 25, 4. neidisch auf Gelehrte und Künstler, wollte alles allein wissen. 30, 8.

Hadrianopel, am Gebirge Hämus, vorher Uskudama genannt. 14, 11. 27, 4. 31, 11.

Hafen, Augusti bey Rom. 19, 10. zu Cyzikum mit Ketten gesperrt. 26, 8.

Halcyonen, (Vögel) 22, 8.

Handel, aus Indien und dem Sererlande, ging über Batne. 14, 3.

Hannibal, bahnt sich einen neuen Weg über die Alpen durch Feuersetzen und Essig. 15, 10.

Hannibalian, König in Pontus. 14, 1. E. Abschnitt 6.

Harax, (Charax) Fl. in Susiana. 23, 6. (II.)

Hariobaudes, Tribunus Vacans. 18, 2.

Hariobaudus, Macrins Bruder, König der Alamannen macht mit Julian Friede. 18, 2.

Harmozon, Vorgebirg in Carmanien 23, 6.

Harpalus, (richtiger Harpagus) Satrap des Cyrus. 15, 9.

Harpyien, Raubvögel. 22, 8.

II. Historisches Register.

Hatra, (Chatra) St. in einer Wüste, diesseits des Tigris. 25, 8.

Hebrus, Fl. entspringt auf dem Gebirge der Odryster. 18, 6.

Hecatäus, Geograph. 22, 8.

Hecatompylos, St. in Parthien 23, 6. (V.)

Helena, Mutter Constantin des Großen. E. Abschnitt 1.

Helena, Schwester desselben, und Julians Gemahlin. 15, 8. hat eine Feindin an der Kaiserin Eusebie. 16, 10. stirbt 21, 1.

Helenopolis, St. am Nikodemischen Meerbusen vorher Drepanum. 26, 8.

Helepolis, Kriegsmaschine bey Belagerungen. 23, 4. 24, 2.

Helice, 22, 8. durch ein Erdbeben verschlungen. 17, 7.

Heliodor, Nativitätensteller. 29, 1. 2.

Heliopolis, St. in Aegypten. 17, 4.

Hespidius, prätorischer Präfect im Orient an Hermogenes Stelle. 21, 6.

Hendinos, so nannten die Burgunder ihre Könige. 28, 5.

Henniocher, Nation am Pontus Euxinus, woher sie ihren Namen haben. 22, 8.

Heptastadium, in Alexandrien. 22, 16.

Heraklea, St. in Thracien. 22, 2. auch Perinthus, warum 22, 8. S. 91. ingl. 27, 4. 31, 16.

——— St. in Persien (Medien) 23, 6. (III.)

Heraklea, auch eine Stadt am schwarzen Meere. 22, 8. S 96. (Stephanus Byzant. zählt überhaupt 22 Städte dieses Namens.)

Heracleotische Mündung des Nils 22, 15.

Heraclitus, aus Ephes. Sentenz von ihm 21, 16 Valef.

Herculan, Protector Domesticus. 14, 10.

Hercules, der Thebanische, sein Zug nach Spanien und Gallien. 15, 9. 10.

Herculiani et Joviani, eine Art Röm. Soldaten. 12, 3.

Hermapion, aus ihm hat Ammian die Aufschrift des Obelisk genommen. 17, 4.

Hermes, ter maximus (Trismegistus) 21, 14.

Hermogenes, Feldherr der Reiterey, kam bey einem Volkstumulte ums Leben. 14, 10.

Hermogenes Ponticus, prätorischer Präfect im Orient. 19, 12. stirbt. 21, 6.

Hermogenes, Röm. Befehlshaber in Deutschland. 28, 2.

Hermonassa, Insel am Möotischen See. 22, 8.

Hermopolis, St. in Thebais in Aegypten. 22, 16. (Forster zu Rambachs Abh. von Miletus. S. 66.)

Hermupolis, St. in Carmanien. 23, 6. (VII.)

Herodian, aus Alexandrien, artium minutissimarum sciscitator. 22, 16.

Hesiodus, angeführt. 14, 6.

Hesperius, Proconsul in Africa. 28, 6.

Hesychia, Römische Dame. 28, 1.

Hiaspis, St. am Tigris. 18, 5.

Hibe-

II. Historisches Register.

Siberien, Provinz in Asien, bekommt zwey Regenten. 27, 12. vergl. 30, 2.
Sibita, Städtchen in Mesopotamien. 25, 9.
Siera, durch ein Erdbeben entstanden. 17, 7.
Sierapolis, St. in Commagene. 14, 8. (21.) 13. 23, 2.
Sierapolis, St. in Phrygien. Erdkluft daselbst, woraus ein giftiger Dampf aufsteigt. 23, 6. (I.)
Sierocles, Sohn des Alypius. Vicestatthalters in Brittannien. 29, 1. (mehrere dieses Namens bey Burmann zu Valesii Emendationen. S. 219. ff.)
Sieroglyphen, 14, 4. 22, 15.
Silarinus, Wettfahrer. 26, 4.
Silarius, Pacatius. 29, 1.
Sileja, St. bey der die Römer eine Schlacht gegen die Perser verlohren. 18, 5.
Sipparch, alter Philosoph und Astronom. 26, 1.
Sippias, Eleus. 16, 5.
Sippocephalus, Vorstadt von Antiochien. 21, 15.
Sippopotamus, (Nilpferde) haben sich aber aus Aegypten weggewandt — Scaurus hat sie zuerst in Rom gezeigt. 22, 15.
Sister, (Donau) 27, 4. 29, 6.
Sistrus, St. in Thracien. 22, 8.
Sofleute, Schilderung derselben. 22, 4.
Somer, angeführt. 15, 8. 18, 5. 21, 14. 16, 23, 6. (XIV.) 27, 4. 8. 28, 1. 31, 14.
Sonig, aus Palmen, s. Palmen.

Honoratus, Comes Orientes. 14, 1. 7.

Hormisda, Persischer Prinz. Kluge Rede desselben. 16, 10. Feldherr Julians. 24, 1. 2. (war aus Persien vertrieben, und die ganze Geschichte steht bey Zosimus. 2, 27. 3, 11. 13.)

Hormisda, des vorigen Sohn, wird vom Gegenkaiser Prokop zum Proconsul gemacht. 26, 8. (kommt auch unter Theodos vor bey Zosimus. 4, 30.)

Horre, Ort in Mesopotamien. 18, 10.

Hortar, König der Alamannen. 16, 12. muß sich dem Julian unterwerfen. 17, 10. bleibt auch den Römern treu. 18, 2.

Hortar, ein deutscher Magnat. 29, 4.

Hucumbra, Landhaus. 25, 1.

Hunnen, über dem Mäotischen See am Eismeer wohnend. Ihre äußerliche Bildung und Lebensart. 31, 2. heißen auch Chunen. 31, 8.

Hydriacus, Fl. in Groß-Carmanien. 23, 6. (VII.)

Hymetius, Proconsul in Africa. 28, 1.

Hypanis, Fl. am Cimmerischen Bosporus. (Cuban) 22, 8.

Hypatius, Consul nebst Eusebius. 18, 1. 21, 6. 29, 2.

Hyperechius, General des Gegenkaisers Prokopius. 26, 8.

Hyperides, alter Griech. Redner. 30, 4.

Hyrcanien, Land — Stadt — und Hyrcanischer See. 23, 6. (VIII.)

II. Historisches Register.

Hystaspes, Vater des Darius, soll die Magie von den Brachmanen erlernt, und nach Persien gebracht haben. 23, 6. (III.)

J.

Jacobus, Numerarius Apparitionis Magistri Equitum. 19, 9.

Januarius, Oberproviantauffeher, Jovians Verwandter, kommt nach dessen Tode mit in Vorschlag zur Kaiserwürde. 26, 1.

Jasonion, St. in Persien (Margiana) 23, 6. (X.)

Jasonius, Gebirg in Medien. 23, 6. (III.)

Jaxamatä, Nation am Mäotischen See. 22, 8.

Jaxarten, Volk und Jaxartes, Fl. in Scythien. 23, 6. (XIV.)

Jazygen, Nation am Mäotischen See. 22, 8.

Ibis, Storch in Aegypten, Schlangenfeind, soll seine Eyer durch den Schnabel legen. 22, 15.

Ichneumon, in Aegypten, ebendas.

Iconium, St. in Pisidien. 29, 5.

Idmon, Augur bey den Argonauten. 22, 8.

Jerusalem, von Pompejus eingenommen. 14, 8. Julian will den Tempel wieder aufbauen. 23, 1.

Jesalenser, Volk in Africa. 29, 5.

Jgilgitanum, Seeküste von Mauritanien, nach Africanischer Benennung: der Römische Name ist Sitifis. 29, 5.

Jgmazen, König in Mauritanien. 29, 5.

Imavus, Gebirg in Persien. 23, 6. (XIV.)

Imbrus, Insel. 22, 8.

Immo, Comes. 21, 12.

Ingenuus, Gegenkaiser unter Gallienus. 21, 16.

Innocentius, Römischer Tribun, bleibt in der Schlacht bey Straßburg. 16, 12.

Innocentius, Feldmesser. 19, 11. Vales.

Inseln, durch Erdbeben entstanden. 17, 7. Insel auf dem Atlantischen Meere (Atlantis) größer als Europa, durch ein Erdbeben verschwunden. ebendas.

Johannes, Bischof zu Rom unter Theoderich. E. Abschn. 15.

Jovian, Protector Domesticus. 21, 16. Vorbedeutungen seiner künftigen Größe, ebend. wird als Domesticorum omnium primus Kaiser. 25, 5. zieht sich mit der Armee zurück, wehrt sich auch tapfer genug, sieht sich aber aus Mangel an allen Bedürfnissen gezwungen, mit Sapor einen schimpflichen Frieden zu schließen, worauf er endlich in Mesopotamien wieder anlangt. 25, 7. 9. übergiebt Nisibis an die Perser. 9. trift als neuer Kaiser allerhand neue Einrichtungen in Illyricum und Gallien. 25, 10. nimt mit seinem vierjährigen Sohn Varronian das Consulat an. (364.) in Dadastana aber findet man ihn einmal früh — todt. 25, 10. Seine körperliche und moralische Beschaffenheit; ebendas. sein Leichnam wird nach Constantinopel gebracht. 26, 1.

Jovian, Notarius. Einer der ersten, der bey der Belagerung von Maozamalcha aus der Mine sprang.

sprang. 24, 4. Als Notarius primus inter omnes ließ ihn Kaiser Jovian in einen Brunnen werfen, weil er selbst einige Stimmen zur Kaiserwürde gehabt hatte, und sich dies zu sehr merken ließ. 25, 8. vergl. 26, 6.

Jovianer and Herculianer. Soldaten, s. Regist. 1.

Jovinian, gebohrner Römer, aber damals Persischer Satrap in Corduene. 18, 6.

Jovinus, Magister Equitum, 21, 8. 12. per Illyricum, 22, 3. Armorum Magister per Gallias, 25, 8. 26, 5. 27, 2. auch heißt er Magister rei castrensis. 27, 10.

Jovius, Quästor (Kanzler) Julians 21, 8. 22, 8. am Ende.

Iphicles, Philosoph zu Ammians Zeiten. 30, 5.

Iris, Fluß, der ins schwarze Meer fällt. 22, 8.

Isaflenser, Volk in Africa. 29, 5.

Isaura, Stadt in Isaurien, ehemals mächtig, damals zerstört. 14, 8. Vales.

Isaurien, natürl. Beschaffenheit des Landes 14, 8.

Isaurier, räuberische Nation, fallen in die Röm. Provinzen ein. 14, 2. 19, 13. 27, 9.

Isocrates, Sentenz aus ihm. 30, 8.

Issiacum Mare. 22, 15.

Istrus, Stadt am schwarzen Meere. 22, 8.

Juba, König in Mauritanien, auch Schriftsteller. 22, 15. Note.

Jubalener, Nation in Africa. 29, 5.

Juden, Julians und Mark Aurels Urtheil von ihnen. 22, 5. Bedrückung derselben in Ravenna. E. Abschn. 14.

Juliacum, St. in Germanien. (Jülich) 17, 2.

Julian, Kaiser. Sein Vater (Jul.) Constantius, die Mutter Basilina 25, 3. in Constantinopel gebohren, ebendas. weshalb er auch diese Stadt begünstigte und verschönerte 22, 9. sein Erzieher in der Jugend Eusebius, Bischof zu Nikomedien 22, 9. hält sich mit seinem Bruder auf einem kleinen Landgute (Marcelli Fundus) auf. 15, 2. gegen ihn angebrachte Beschuldigungen nach Gallus Tode, doch nimmt sich die Kaiserin Eusebia seiner an, die Stadt Comum bey Mailand wird ihm zum Aufenthalt angewiesen, von da er nach Griechenland zu gehen Erlaubniß erhält, um seine Studien fortzusetzen. 15, 2. wird zum Mitregenten (Cäsar) angenommen, Constantius giebt ihm seine Schwester, Helenen, zur Gemahlin, und sendet ihn dann nach Gallien 15, 8. vielleicht, um ihn da seinen Tod finden zu lassen 16. 11. muß sich noch als Cäsar nach einem vom Constantius vorgeschriebenen Küchenzettel richten 16, 5. zum erstenmal Consul (356) 16, 1. zum zweitenmal (357) 16, 11. sein Feldzug gegen die Läter 16, 11. gegen die Alamannen, Schlacht bey Strasburg 16, 12. nach derselben rückt Julian weiter nach Deutschland herein, verwüstet das Land, und zwingt die Alamannen, um Waffenstillstand zu bitten 17, 1. während der Zeit waren die Franken in die Gegend von Jülich eingefallen, Julian schließt sie ein, und zwingt sie, sich zu ergeben. 17, 2. zweyter Feldzug gegen

gen sie und die Chamaver 17, 8. Empörung der Soldaten aus Brodmangel 17, 9. Suomar und Hortar, Könige der Alamannen, ergeben sich an ihn 17, 10. neuer Feldzug nach Alamanniens noch unbezwungenem Theil, in dem sich fünf Könige ergeben. 18, 2. soll Truppen in den Orient abgeben, worüber seine Soldaten schwierig werden, und ihn zum August ausrufen. 20, 4. er meldet dies dem Constantius durch eine eigene Gesandtschaft, sein Brief an denselben 20, 8. formirt nur seinen Hofstaat nach eigenem Gefallen 20, 9. thut einen Zug gegen die Attuarischen Franken, und nimmt dann seinen Winteraufenthalt in Vienne. 20, 10. feiert seine Quinquennalien, und läßt seiner damals verstorbenen Gemahlin Helena Gebeine nach Rom bringen, 21, 1. will Vorzeichen des nahen Todes des Constantius haben 21, 1. giebt sich anfangs noch für einen Christen aus, ob er gleich längst dem Heydenthum wieder beygetreten war 21, 2. die Alamannen, deren König Vadomar von Constantius selbst, wie man aus einem aufgefangenen Briefe sah, verhetzt war, fangen einen neuen Krieg an, Julian läßt aber den König bey einem Gastmahl gefangen nehmen, und zwingt die Alamannen, um Frieden zu bitten, 21, 3—5. entschließt sich nun gegen Constantius selbst hinzuziehen, macht eine neue Einrichtung seiner Hofstatt, ernennt neue Feldherren, und bricht dann auf, so daß er den einen Theil der Armee durch

Ita=

Italien, den andern durch Illyricum gehen läßt, 21, 8. erfährt kurz darauf des Constantius Tod. 21, 12. 22, 2. und kommt dann in Constantinopel an. ebend. Neue Einrichtung des Hofstaates, Bestrafung seiner und Gallus bisherigen Feinde, und Einschränkung des Luxus am Hofe. 22, 3. 4. bekennt sich nun öffentlich zur heidnischen Religion. 22, 5. nimmt sich aller Theile der Regierung an. 22, 7. erhält Gesandtschaften. 22, 7. verbittet aber die ihm angebotenen Hülfstruppen. 23, 2. bricht dann von Constantinopel auf, und geht nach Antiochien. 22, 9. wo er, die Spöttereyen der Einwohner zu erwiedern, seinen Misopogon schreibt. 22, 14. tritt nun seinen Feldzug gegen die Perser (366) an. 23, 2. rückt in Assyrien ein, zwingt einige Bergfestungen und die Stadt Maogamalcha, sich zu ergeben, drängt nach einer gewonnenen Schlacht bis nahe an Ktesiphon vor. 24, 1—6. läßt seine Flotte verbrennen, fühlt aber bald die übeln Folgen davon, und entschließt sich, wirklich, nach Corbuene zurückzugehen. 24, 7.—8. wird von den Persern angegriffen, es kommt zu einer Hauptschlacht, worin Julian schwer verwundet wird, und kurz darauf stirbt. 25, 1—3. Prokop, nachheriger Gegenkaiser, bringt den Leichnam nach Tarsus. 25, 9. (nach Julians eigener Verordnung. 23, 2.) wo er in der Vorstadt beygesetzt, und sein Grabmaal von Jovian verziert wird. 25, 10.

Sein

II. Historisches Register.

Sein Aeußerliches. 15, 8. 25, 4. Sein Charakter überhaupt. 25, 4. 16, 1. seine Mäßigkeit und nächtlicher Fleiß. 16, 5. Sein Lieblingsstudium, außer Dichtkunst und Beredsamkeit, die Philosophie — sprach auch gut Latein. 16, 5. sanfte Behandlung der Unterthanen. 16, 5. 17, 3. 18, 1. Gerechtigkeitsliebe. 18, 1. 22, 9. 10. sein Muster in der Regierung Mark Aurel. 16, 1. läßt sich von den Präfecten und andern Vertrauten gern des Bessern belehren. 22, 10. befiehlt, den Tempel zu Jerusalem wieder herzustellen. 23, 1. empfiehlt den christlichen Bischöffen Toleranz. 22, 5. verbietet den Christen, Rhetorik und Grammatik zu lehren. 22, 10. 25, 4. läßt, weil er den Christen den Brand des Daphnäischen Apollotempels Schuld giebt, ihre Kirche zu Antiochien verschliessen. 22, 13. bringt den Göttern gewaltig viele Opfer. 22, 12. auch dem Jupiter Costus. 22, 14. wird aber auf den Mars Ultor einmal sehr ungehalten. 24, 6. seine Neigung zur Wahrsagerey und Aberglauben. 22, 1. 12. 23, 3. 25, 4. hatte Etruscische Wahrsager bey sich. 23, 5. 25, 2. die Asiatischen Sitten hängen ihm doch noch zuweilen an. 16, 7. Spottnamen, die man ihm bey Hofe, oder bey der Armée gab. 16, 12. 17, 11. 17.

Julian, Exvicar, ein Feind Julians am Hofe des Constantius, hingerichtet. 22, 10.

Julian, ein Tribun. 25, 6.

Julius, Comes per Thracias. 26, 7. Magister Militiä. 31, 16.

Julius Nepos. Kaiser, Vorgänger des Romulus Augustulus. E. Abschn. 7.

Justina, Valentinians Gemahlin. 30, 10. Schwester des Cercalis. 28, 2. vergl. 30, 10.

Juvenal, der Dichter, zu Ammians Zeiten sehr beliebt. 28, 4.

Juventius, Siscianus (aus Pannonien) Quästor Palatii. 26, 4. dann Stadtpräfect. 27, 3. prätorischer Präfect in Gallien. 30, 5. (Corsini. S. 237. und 249. S. auch Viventius.)

Juthunger, Völkerschaft der Alamannen (an Illyricum gränzend) fallen in Rätien ein. 17, 6. (Mannert Germanien. S. 296.)

Izala, Berg in Mesopotamien. 18, 6. 19, 9.

K.

(Note: Mehreres, was man unter diesem Buchstaben suchen dürfte, ist unter C. aufgeführt.)

Kalokärus, Gegenkaiser unter Constantin dem Großen. E. Abschn. 6.

Kameele, haben die Römer zuerst bey der Belagerung von Cyzikum kennen gelernt. 23, 6. (XI.)

Kirchenversammlungen der Christen (Concilien, Synoden) Urtheil von ihnen. 21, 16.

Kirschen, hat Lucull zuerst aus Asien nach Europa gebracht. 22, 8.

Kometen, 25, 10.

Kriegszucht, zu Constantius Zeiten. 22, 4.

II. Historisches Register.

L.

Laconica, eine Art Schiffe. 26, 10.

Lacotena, Stadt in Armenien. 20, 11.

Läter, Völkerschaft der Alamannen. 16, 11. 20, 8. 21, 13. und das. Valois. Mannert Germanien. S. 297.

Lagarimanus, Gothischer General. 31, 3.

Laipso, Römischer Tribun, bleibt in der Schlacht bey Strasburg. 16, 12.

Lamfoctum, St. in Mauritanien. 29, 5.

Lampadius, Präfectus Prätorio in Italien. 15, 5. (Zosimus. 2, 55.) Präfectus Urbi. 27, 3. ex Präfecto. 28, 1. (Corsin. S. 235.)

Lampsakus, bekommt Themistocles vom König in Persien geschenkt. 22, 8. (nach Cornel Nepos Kap. 10. anstatt Lampsacus soll nach Plutarch in Themist. das Geschenk Perkope gewesen seyn.)

Lamogaisus, ein Franke, Tribun. 15, 5.

Laodicea, in Syrien. 14, 8.

Laranda, St. in Isaurien oder Lycaonien. 14, 2. (Wesseling zu den Itinerarien. S. 211.)

Latinus, Comes Domesticorum. 14, 10. Vales.

Laudia, verschanzter Ort in Mesopotamien. 18, 7.

Laumellum, Stadt in Italien. 15, 8.

Laurentius, macht dem Symmachus den Bischofsstuhl zu Rom streitig. E. Abschn. 12.

Lauriacum, St. in Noricum (Lorch) 31, 10.

Lauricius Comes, wird gegen die Isaurier gesandt. 19, 13.

Lazi, und ihr Land Lazica, in Scythien. 27, 12. (Ausleger zu der Hist. Aug. Antonin Pius. K. 9.)

Lederne Schiffe. 24, 3.

Legionen, die Kaiser giengen ihnen entgegen, wenn sie in eine Stadt einzogen. 20, 4. Die Namen der im Ammian vorkommenden s. oben im ersten Register.

Lemannus Lacus, (Genfer-See) 15, 11.

Lemnus, Insel. 22, 8.

Lentiensische Alamannen, Gränznachbarn der Rätier. 31, 10. Krieg gegen dieselben. 15, 4. empören sich wieder unter Valens. 31, 10.

Leo, ein Pannonier, Kriegszahlmeister, nachher Magister Officiorum. 26, 1.

Leo, Notarius, nachher Mag. Officiorum. 28, 1. 30, 2. 5.

Leo, Vater und Sohn, Kaiser im Orient. E. Abschn. 9.

Leonas, Quästor. 20, 9.

Leontius, Quästor, nachher Stadtpräfect. (Corsini. S. 214.) 14, 11. 15, 7. Sein Lob ebendas.

Leptis, ansehnliche Stadt in Africa. 28, 6.

Lesbus, Insel. 22, 8.

Leuce, Ort im Thaurischen Chersones, ohne Einwohner, dem Achill gewidmet. Man glaubte, nicht ohne Gefahr daselbst übernachten zu können. 22, 8.

II. Historisches Register.

Leugä, Meilenbenennung in Gallien. 15, 11. Note. 16, 12.

Leyern, wie Wagen groß. 14, 6.

Liberius, Bischof zu Rom. 15, 7.

Liberius, Prätor. Präfect in Italien unter Theoderich. E. Abschn. 12.

Libino, Comes, bleibt im Treffen gegen die Alamannen. 21, 3.

Libyen, Provinz von Aegypten. 22, 16.

Libyssa, St. in Bithynien, Hannibals Grab daselbst. 22, 9.

Licin, Cäsar. E. Abschn. 3. 5.

Limigantische Sarmaten, waren eigentlich Sklaven gewesen, die ihre Herren vertrieben hatten. 17, 12. s. auch E. Abschn. 6. ihr Land sehr unzugänglich — bieten Frieden an, womit es ihnen doch kein Ernst ist — ihr Land wird ganz verwüstet, der Rest ergiebt sich, will sich auch die Verpflanzung in eine andere Gegend gefallen lassen. 17, 13. besinnen sich aber anders, empören sich vom neuen, fallen den Constantius selbst, indem er eine Rede an sie halten will, an, und werden dann niedergehauen. 19, 11.

Literá laureatá, noch zu Ammians Zeiten gebräuchlich. 16, 12. am Ende.

Lithinos Pyrgos, (steinerner Thurm) kleiner Marktflecken bey den Sakern, wodurch Karavanen gehen. 23, 6. (XIII.)

Löwen in Mesopotamien, werden gemeiniglich blind, weil sie die Mückenstiche durch Kratzen schlimmer machen. 18, 7.

Lollian, Consul, (355.) 15, 8. auch Mavortius genannt. Prätor. Präfect in Italien. 16, 8. Präfect. Urbi (342.) Corsini S. 200‒202.

Lollian, ein jüngerer dieses Namens. 28, 1. Corsini S. 236.

Lorne, Kastell in Mesopotamien. 19, 9.

Lotusesser, (Lotophagen) 14, 6.

Lucillian, Domesticorum Comes. 14, 11. 17, 14. 24, 1. heißt Magister Equitum 21, 9. commandirt nebst Constantinian Julians Flotte 23, 3. dankt ab, wird aber von seinem Schwiegersohn, dem Kaiser Jovian ersucht, seine Stelle wieder anzunehmen. 25, 8. 10. von den Soldaten umgebracht, ebendas. (Heyne zu Zosimus 3, 8. will nicht entscheiden, ob Jovians Schwiegervater von dem vorigen zu unterscheiden sey, s. auch Wesseling Observ. S. 108. f.)

Lucull, Römer in frühern Zeiten, Besieger Thraciens. 27. 4.

Lugdunensis, prima et secunda. 15, 11.

Lugdunus, St. in Gallien (Lyon) 15. 11. wird von den Latern überfallen, 16, 11.

Luna Dea, im Orient verehrt. (Astarte) 23, 3.

Lundinium, (London) 20, 1. nachher Augusta. 27, 8. 28, 3.

Lupicin, Magister Equitum an Severs Stelle in Gallien 18, 2. heißt Magister Armorum 20, 1.

II. Historisches Register.

1. und wird nach Britannien gegen die Picten und Scoten gesandt ebend. — kommt zurück 20, 9. Magister Equitum im Orient. 26, 5. 8.

Lupicin, Comes Thraciä 31, 4: 5.

Lupicin, Gentilis 27, 10.

Luscinus, (ist der bekannte alte Römer Fabricius) ihm soll Mars im Gefecht gegen die Lucaner persönlich beygestanden haben. 24, 4. s. auch 30, 1.

Luscus, Stadtdirektor in Antiochien, nachher lebendig verbrannt. 14, 7.

Lusius, berühmter General unter Trajan und Hadrian 29, 5. (Casaubonus zu Spartians Hadrian S. 50.)

Lutetia, (Paris) 15, 11.

Luto, Comes, ein Franke. 15, 6.

Lycaonien, wird von den angränzenden Isauriern beunruhigt. 14, 2.

Lycurg, Spartanischer Gesetzgeber, seine Rhestren. 16. 5.

Lycurg, der Asiatische Redner, als strenger Richter angeführt. 22, 9. 30, 8.

Lysimachia, St. an Propontis 22, 8.

M.

Macelli Fundus, Landhaus oder festes Schloß in Cappadocien, wo Gallus und Julian sich in jüngern Jahren aufhielten 15, 2. (Jul. Pollux in Chronico. S. 362. Makellikon Chorion bey Cäsarea in Cappadocien.)

Macepracta, Dorf in Assyrien. 24, 2.

Maces, Vorgebürge. 23, 6.
Machamäus, Feldherr Julians. 25, 1.
Macrian, König der Alamannen 18, 2. 28, 5. 29, 4 macht endlich mit Valentinian Frieden, und bleibt den Römern treu, wird aber im Frankenlande vom König Mellobaudes umgebracht. 30, 3.
Macrobius, Tribun 25, 6.
Macrones, Nation am schwarzen Meere, 22, 8.
Mäniana, werden abgeschafft. 27, 9. Note.
Mäotischer See, 22, 8. Mäotä, an demselben wohnende Nation ebendas.
Märtyrer, christliche, erhielten schon damals Altare 22, 11.
Magie, (Magistie) der Perser 23, 6. Magier hatten ihre eigenthümlichen Ländereyen ebend.
Magogamalcha, Majozamalcha 25, 8. und Maochamalcha, St. in Persien. Belagerung und Einnahme. 24, 4. (die Abschreiber sind sich in diesem Namen nicht gleich geblieben.)
Malarich, Kommandeur der Gentilen 15, 5. wird Magister Armorum in Gallien 25, 8. 10.
Malech, Amtsname bey den Persern. 24, 2.
Malleoli, Brandpfeile, Beschreibung. 23, 4.
Mallobaudes, auch Mellobaudes) Tribun der Armaturen 14, 11. ein Franke von Geburt und Freund des Gegenkaisers Silvan 15, 5. Comes Domesticorum und König der Franken 31, 10. auch als König 20, 3.

Ma-

II. Historisches Register.

Mamäá Aquá, ein Pallast mit einem Bade zu Bajä, von Alex. Severus zu Ehren seiner Mutter Mamäa angelegt. 28, 4. Vales.

Mamersides, Persischer Commandant in Pirisabora 24, 2. 5.

Mamertin, Comes Largitionum bey Julian 21, 8. Consul 21, 10. 12. 22, 3. 7. 12. Prätor. Präfect in Illyricum und Italien 26, 5. wird der Veruntreuung beschuldigt 27, 7. (Verfasser des noch vorhandenen Panegyricus.)

Manlius Priscus, Unterfeldherr des Pompejus im Mithridatischen Kriege 16, 7.

Maogamalcha, s. oben Magogamalcha.

Maraccus, Fl. im Lande der Sauromaten. 22, 8.

Maranga, Landstrich in Persien. 25, 1.

Maras, ein christlicher Diakonus. 14, 9.

Moratocupreni, räuberische Bewohner eines kleinen Ortes in Syrien bey Apamea. 28, 2.

Marcell, Ursicins Nachfolger als Magister Equitum et Peditum 16, 2. eigentlich als Beobachter Julians von Constantius angestellt, hindert den Julian sogar bey seinen kriegerischen Unternehmungen 16, 4. wird deshalb an Constantius Hof entboten, und sucht durch Julians Verläumdung seiner Absetzung zu entgehen, doch ohne Erfolg. 16, 7. 8.

Marcell, dessen Sohn, wird hingerichtet. 22, 11.

Marcell, Protector, wird nach Procops Tode von einigen wenigen zum Kaiser ausgerufen, aber kurz nachher ergriffen und hingerichtet. 26, 10.

Marcellian (bey Zosimus 4, 16. Celestius) des prätor. Präfects Maximin Sohn, wird als ganz junger Mann als Statthalter in Valerien angestellt, und läßt den König der Quaden, Gabin, auf tückische Weise umbringen. 29, 6.

Marciana Silva, (Schwarzwald.) 21, 8.

Marcianopel, St. in Thracien (Mysien) von Trajans Schwester benannt. 27, 4. 31, 5. 8.

Marcianus Comes, 21, 12. Marcianus Clarissimus. 28, 1.

Mardia, Schlacht daselbst zwischen Constantin und Licin. E. Abschn. 5.

Mareades, lebendig verbrannt. 23, 5.

Margiana, Provinz in Persien. 23, 6. (X.)

Marha, pannonisches Wort. (Kriegsaufruf) 29, 11.

Mariandena, District in Bithynien. 22, 8.

Maride, Kastell in Mesopotamien. 19, 9.

Marinus, Tribun, 15, 3. Marinus, Advocat. 28, 1.

Marius Maximus, war nebst Juvenal zu Ammians Zeiten Lieblingslectüre, 28, 4. wird auch in der Hist. Augusta oft angeführt.

Mark Aurel, Kaiser, edle Handlung nach Cassius Empörung. 21, 16. Krieg gegen die Quaden, 29, 6. gegen die Markomannen. 31, 5.

Markomannen. (Mannerts Germanien S. 444.)

Maronea, St. in Thracien. 22, 8. 27, 4.

Marses, Fl. in Assyrien. 23, 6. (I.)

Marti-

II. Historisches Register.

Martinian, von Licin zum Cäsar angenommen. E. Abschn. 5.
Martis Castra in Dacien. 31, 11.
Martis Statio, auf den Alpen. 15, 10.
Martius, ein Wahrsager aus frühern Zeiten. 14, 1. Note.
Masaucion, Protector Domesticus. 26, 5.
Mascizel, Mauritanischer Prinz. 29, 5.
Masilia, Mauritanischer Magnat. 29, 5.
Massa Veternensis, St. in Tuscien. 14, 11.
Massageten, 22, 8. 23, 5. 31, 2. hießen zu Ammians Zeiten Alanen. 23, 5. 6.
Massilia, (Marseille) von Phocäern angelegt. 15, 9 steht mit den Römern im Bund. 15, 11.
Massissenser, Mauritanische Völkerschaft. 29, 5.
Matrona, Bergspitze auf den Alpen. 15, 10.
Matrona, Fl. in Gallien (Marne.) 15, 11.
Mattiacá Aquá, in Deutschland (Wisbaden.) 29, 4.
Mattiarier, eine Art Soldaten. 21, 13. Note auch 31, 13.
Mattiokopa, 15, 7. s. Eusebius.
Maudio, Comes, ein Franke. 15, 6.
Mauerbrecher, (Aries) Beschreibung. 23, 4.
Mavortius, einerley mit Lollian, s. oben.
Mauri, Einwohner Mauritaniens. 22, 7. 30, 7.
Mauricius, Tribun. 25, 8.
Mauritania, Cäsariensis und Sitifensis. 29, 5.
Maurus, Comes, besonders geschäftig bey Julians Ausrufung zur Kaiserwürde. 20, 4. 31, 10.

Marenz, Kaiser. E. Abschn. 3. 4.
Marenz, ein Pannonier. 27, 7.
Marera, Fl. in Hyrcanien. 23, 6. (VIII.)
Marima, Gattin eines Ervicar, Chilo. 28, 1.
Mariminianopel, St. in Thracien. 27, 4.
Maximin, Kaiser, hatte eine sanfte Gemahlin. (Paulina.) 14, 1.
Maximin, von Galer zum Cäsar angenommen. E. Abschn. 4.
Maximin, erst Präfectus Annonä; dann Präfectus Urbi, und Präf. Prätorio in Italien, wütet gegen den Römischen Adel und Senat. 28, 1. 29, 2. 3. 6. wird unter Gratian hingerichtet. 28, 1. (Corsini. S. 237.)
Maximus, Senator. 21, 12. von Julian zum Stadtpräfect gemacht. ebend. (Corsini. S. 226.)
Maximus, Philosoph, wird von Julian enthusiastisch empfangen. 22, 7. bey dessen Tode gegenwärtig. 25, 3. enthauptet. 29, 1. Vales.
Maximus, Tribun, 25, 6.
Mazaca, älterer Name von Cäsarea, St. in Cappadocien. 20, 9.
Mazices, Völkerschaft in Mauritanien. 29, 5.
Mazuca, Mauritanischer Prinz. 29, 5.
Mazucanus Fundus in Mauritanien. ebend.
Mederich, König der Alamannen. Chnodomars Bruder. 16, 12.
Medianum Castellum in Mauritanien. 29, 5.
Medien, Land, Beschreibung. 23, 6. (III.)

Mediolanum, Stadt in Lugdunensi secunda. (Evreux) 15, 11.

Mediomatricum, St. in Belgica prima. (Metz) 15, 11. 17, 1.

Mejacarire, Städtchen in Mesopotamien, kalte Bäder daselbst. 18, 6. 10.

Melanchlänen, Nation am Mäotischen See. 22, 8. 31, 2.

Melanthias, Kammergut (Villa Cäsariana) bey Constantinopel. 31, 11.

Melas, Fl. in Pamphilien bey der Stadt Seida. 14, 2. (Zosimus. 5, 16.)

Melas, Meerbusen am Aegäischen Meere. 22, 8.

Melitina, St. in Klein-Armenien. 19, 8. 20, 11.

Mellobaudes, s. Mallobaudes.

Memorides, Tribun. 25, 8. 10.

Memorius, Präfectus in Cilicien. 23, 2.

Memphis, St. in Aegypten. 22, 16. (wahrscheinlich jetzt Metrahenny. Bruce Reisen I. S. 117.)

Menander, Griech. Dichter, Stelle aus ihm 21, 14.

Menapila, St. in Bactrien. 23, 6. (XI.)

Mendesische Mündung des Nils. 22, 15.

Menon, alter Physiker und Astronom. 26, 1.

Menophilus Eunuch, seinem Herrn, Mithridates, treu. 16, 7.

Mephra, St. in Arabien. 23, 6. (VI.)

Mercur, Gott. Was man sich unter ihm vorzustellen habe. (Weltgeist) 16, 5. regiert mit seinem Schlangenstabe die Welt. 25, 4.

Mercur, Perser von Geburt, ex Minister Triclinii rationalis, tückischer Hofschranz. 14, 3.

Merena, Persischer General der Reiterey. 25, 1. bleibt im Treffen. 25, 3.

Meribanes, König in Hiberien (in Asien) 21, 6.

Merobaudes, Mag. Peditum 28, 6. Consul 30, 5. 8. 31, 8.

Méroe, St. in Aethiopien. 22, 15.

Meroe, Insel in Aegypten. 22, 15.

Mesene, St. in Assyrien, auch Apamea. 23, 6. (I.) 24, 3.

Meseus, Fl. in Persien (Susiana) 23, 6. (II.)

Mesopotamien, war Sapors Grosvater, Narseus, vom Kaiser Galer abgenommen worden. 17, 5. (die Schicksale dieses Landes von Kaiser August an f. in Bayers Opusc. S. 551. ff.)

Messalla, Statthalter in Pannonien. 29, 6.

Metrodor, ein wandernder Philosoph. 25, 4. Note.

Milesier, stammen von den Athentensern ab, und haben die meisten Städte im schwarzen Meere angelegt. 22, 8. (Rambach de Mileto Halle 790.)

Miletus, eine Colonie von Athen, ward aber bey einer Belagerung der Perser von der Mutterstadt nicht unterstützt. 28, 1.

Milo von Crotona. 30, 7.

Mimas, Berg in Asien bey Erythrä. 31, 14.

Mi-

II. Historisches Register.

Minervius, Consularis. 28, 1.

Mirmillonen, eine Art von Fechtern 16, 12. Note 23, 6.

Misopogon, (Bartfeind) Spottschrift Julians auf die Antiochener. 22, 14.

Mithridates, König in Pontus 16, 7. hat eine Tochter Drypetina. ebend.

Mnevis, Stier, bey den Aegyptiern göttlich verehrt. 22, 14.

Modestus, Comes Orientis 29, 12. Präfectus Prätorio. 29, 1. 30, 4.

Mösia, St. in Parthien. 23, 6. (V.)

Moguntiacus, (Maynz) 15, 11. 16, 2. 18, 2. Julian schlägt eine Brücke daselbst 17, 1. von Alamannen überfallen. 27, 10.

Mondfinsternisse, unter welchen Umständen sie entstehen — verschiedene Phasen derselben. 20, 3.

Monöcus, Kastell und Hafen am Fuße der Alpen von Herkules angelegt (Monaco) 15, 10.

Montius, Quästor, auf eine grausame Art vom Pöbel hingemordet. 14, 7. 9.

Mopsukrene (Μόψυ κρήνη) Stadt in Cilicien am Fuße des Taurusgebirges. 21, 15.

Mopsvestia (Μόψυ ἑστία) St. in Cilicien. 14, 8.

Mopsus, Wahrsager und Theilnehmer am Argonautenzuge. 14, 8. Note.

Mosa, Fluß (Maas) 17, 2. Julian legt zwey Schanzen an den Ufern an. 17, 9.

Mos

Mossynöker, Nation am schwarzen Meere. 22, 8. Note.

Mothone, Stadt in Griechenland (Messenien) 26, 10.

Moxoene, Landschaft in Mesopotamien. 23, 3. 24, 7.

Mücken, giebt es gewaltig viel in Mesopotamien. 18, 7.

Mulvische Brücke in Rom, von Scaurus erbaut. 27, 3.

Munderich, kommandirender General des Gränzkordons in Arabien. 31, 3.

Munimentum Trajani, 17, 1. (Mannert in seinem seitdem herausgekommenen Germanien S. 565. setzt es nach Höchst, weßhalb ich meine Note zu tilgen bitte.)

Murci, die sich die Finger abhauen, um nicht Soldaten werden zu dürfen. 15, 12. Note.

Murocincta Villa. 30, 10.

Mursa, Treffen daselbst, worin Silvan mit den reitenden Trabanten zu Constantius übergeht. 15, 5. (s. auch Note zu 14. 1.)

Musonische Völkerschaft in Mauritanien. 29, 5.

Musonian, prätorischer Präfect im Orient, vorher Strategius genannt, ein gelehrter, aber habsüchtiger Mann. 15, 13. und daselbst Valef. 16, 9. 17, 5.

Musonius, vorher Lehrer der Beredsamkeit in Athen, dann unter Valentinian Vikar in Asien. 27, 9.

Mygdonien, älterer Name Bithyniens. 22, 8.

II. Historisches Register.

Mygdus, Stadt in Phrygien, am Flusse Sangarius. 26, 7.
Mysien, Provinz Thraciens. 27, 4.
Mystagogen. 21, 14. Note.

N.

Nabatäer. 14, 8.
Nabdates, Persischer Commandant in Maogamalcha, 24, 4. nachher lebendig verbrannt. 5.
Nacolia, Stadt in Phrygien. 26, 9.
Naessus, Stadt in Illyricum, 21, 10. auch Naesus. 26, 5. (Nissa in Bulgarien)
Nagara, Stadt in Arabien. 23, 6. (VI.)
Naharmalcha, (der orientalische Name) Canal aus dem Euphrat in den Tigris, den, nach Ammians Meinung, die Kaiser Trajan und Sever angelegt haben sollen. 24, 6. Flumen Regium (was mit der obigen Benennung einerley ist) heißt er 23, 6. (I.)
Nannenus Comes in Britannien, 28, 5. ist wohl mit Nannienus 31, 10. Eine Person.
Napäer, Nation am schwarzen Meere. 22, 8.
Naphtha. 23, 6. (I. und III.)
Narbona, Stadt im Narbonensischen Gebiete (Narbonne) 15, 11.
Narseus, Persischer König vor Sapor (Großvater) führte Krieg gegen die Römer. 23, 5.
Narseus, Persischer Gesandter. 17, 5. 24, 6.
Nascos, Stadt in Arabien. 23, 6. (VI.)
Natiso, Fluß bey Aquileja. 21, 12.
Natuspardo, Scutarier (Gardist) 27, 10.

Navicularier. 27, 3. Note.

Naulibus, Stadt der Paropamisaten. 23, 6. (XVII.)

Nauplius, des Palamedes Vater. 22, 8.

Nazavicium, Gebirg im Sererlande. 23, 6. (XV.)

Neapolis, St. in Palästina (Sichem) 14, 8.

Neapolis, St. in Aegypten. 22, 16.

Nebridius, Comes Orientis, 14, 2. Quästor Julians, von Constantius zum prätorischen Präfect ernannt 20, 9. wird aber von Julian abgesetzt, weil er wider Constantius nicht dienen will, und begiebt sich zur Ruhe 21, 5. wird aber wieder von Valens an Sallustius Stelle zum prätorischen Präfect im Orient ernannt. 26, 7.

Nectaridus, Statthalter in Britannien. 27, 8.

Nemesis, Göttin, wie sie gebildet wird, und ihr Geschäft. 14, 11. Note. 22, 3.

Nemetá, Stadt in Germania prima (Speier) 15, 11. 16, 2.

Neocásarea, Stadt in Pontus. 27, 12.

Neotherius, Notar, nachher Consul. 26, 5.

Nepotian, Gegenkaiser des Magnentius. 28, 1. Note.

Neptun, Beyname Ennosigäus und Seisichthon (beides heißt Erderschütterer. Auch findet man τινακτωρ γαιης) 17, 7.

Nesäische Pferde in Medien, vorzüglich geschätzt. 23, 6. (III.) Nachweisungen mehrerer
Schrift-

Schriftsteller bey Wernsdorf zu Himerius. S. 237.

Nestica, Tribun der Scutarier. 17, 10.

Nevita, Kommandeur einer Eskadron Reiter. 17, 6. Magister Armorum et Equitum 21, 8. ist Mitglied der Commission, die Julian nach Constantius Tode niedersetzt. 22, 3. Consul mit Mamertin (362.) 22, 7. ist mit bey dem Feldzuge gegen die Perser 24, 1. 4. sein Charakter. 21, 10.

Neuri, Völkerschaft der Massageten (in der Mitte des Landes) 31, 2.

Nicäa, Stadt in Bithynien. 22, 9. 26, 8. Erdbeben daselbst. 22, 13.

Nicäa, Stadt in Gallien (Nice.) 15, 11.

Nice, kleine Stadt in Thracien. 31, 11.

Nicer, Fluß (Necker) 28, 2.

Nicomedien, Stadt in Bithynien, vorher Astacum. 22, 8. Constantius nannte sie seiner Gemahlin zu Ehren Pietas. 17, 7. Lob derselben 22, 9. großes Erdbeben daselbst 17, 7. ein zweytes 22, 13. Julian sehr freygebig gegen dieselbe. 22, 9.

Nicopolis, Stadt in Thracien (Mysien) 27, 4. 31, 5.

Nigrin, Tribun eines Reitertrupps 21, 11. empört sich gegen Julian, wirft sich in Aquileja, wird aber bey Uebergabe der Stadt lebendig verbrannt. 21, 12.

Nil, heißt beym Homer Aegyptus. — Seine Quellen, Mündungen u. s. w. 22, 15.

Nileus, des Atheniensischen Königes Codrus Sohn, hat Colonien am schwarzen Meere angelegt. 22, 8.

Ninive in Adiabene 18, 7. auch Ninus, nachher Hierapolis (nach Ammians Meinung s. Note zu 14, 8.) 23, 6. (I.) jetzt Dorf Nunia, Niebuhr Reisebeschr. II. S. 353. Taf. 47.

Niphates, Gebirg in Colchis. 23, 6.

Nisea, St. in Persien (Margiana) 23, 6. (X.)

Nisibis, St. in Mesopotamien. Tritt Jovian im Friedensschlusse an die Perser ab. 25, 7. kläglicher Abzug der Einwohner. 25, 9.

Nohodares, Persischer Magnat und Heerführer 14, 3. 18, 6. 8. bleibt im Treffen gegen Julian. 25, 3.

Nomenclatoren. Note zu 14, 6.

Nonnen, christliche, respectirt Sapor. 18, 10.

Nivesium, Stadt in Deutschland. (Nuys) 18, 2.

Noviodunum, Stadt in Thracien. (Niwors in Bulgarien) 27, 5.

Nubel, König in Mauritanien. 29, 5.

Numerius, Statthalter im Narbonensischen Gallien. 18, 1.

Nymphäum, zu Rom im Septemzodium. 15, 7.

Nymphäus, Fl. bey Amida in Mesopotamien. 18, 9.

O.

Obelisk, von Constantius zu Rom errichtet. 17, 4. Constantin der Große hatte ihn schon aus
Thes

II. Historisches Register.

Theben wegnehmen lassen, er blieb aber, weil Constantin darüber starb, in Alexandrien liegen. — Beschreibung der Obelisken. — August hat zwey aus Heliopolis gebracht, und den einen im großen Circus, den andern auf dem Marsfelde errichten lassen — andere nach Augusts Zeiten nach Rom gekommene, ebendas.

Obroatis, St. in Persis. 23, 6. (IV.)

Ochus, Fl. in Bactrien, fällt in den Oxus. 23, 6. (XI.)

Ocriculum, St. in Italien. 16, 10. 28, 1.

Octavian, Proconsul Africä. 23, 1. 29, 3. Vales.

Odeum, zu Rom. 16, 10.

Odissus, (auch Odyssus. 27, 4.) St. in Thracien. 22, 8.

Odoacer, König von Italien. Exc. Abschn. 8. 10.

Odrysier, Thracische Völkerschaft, wild und blutsdürstig. 27, 4.

Oea, Oeensisches Gebiet in Africa. (Tripoli) 28, 6.

Oechardes, Fl. im Sererlande. 23, 6. (XV.)

Oel, gewisse Art desselben, durch Kunst bereitet, womit die Pfeile bey den Persern bestrichen werden, die dann alles, was sie treffen, in Brand setzen. 23, 6. S. 196.

Olybrius, Stadtpräfect 28, 1. fein Lob K. 4. Corsini S. 245. 247.)

Olympias, Tochter des prätorischen Präfects Ablabius, ehemals Braut des Kaisers Constans,

stans, wird dem König von Armenien vom Constantius zur Gemahlin gegeben. 20, 11.

Onager, Waldesel 23, 4. auch eine Kriegsmaschine so genannt, ebend. und 31, 15.

Onas, schiffbarer Fluß in Persien. 23, 6. (I.)

Ophiusa, Insel, mit Rhodus einerley, durch ein Erdbeben entstanden. 17, 7.

Opitergium, St. in Pannonien, von den Quaden zerstört. 29, 6.

Opurocarra, Gebirg im Sererlande. 23, 6. (XV.)

Orchomanes, Fl. in Bactrien, fällt in den Oxus. 23, 6.

Oreiloche, Beyname Dianens in Taurien. 22, 8.

Orestes, Patricier E. Abschn. 7. 8.

Orfitus, Stadtpräfect in Rom. 14, 6. zum zweitenmal 16, 10. und das. Valesius wird verwiesen 27, 3 und wieder zurückberufen. 27, 7. (Corsini S. 213. nud 220. ff.)

Orgia, Gottesdienst, stellt Bacchus wieder her. 22, 8. S. 100.

Orgomanes, Fl. in Bactrien. 23, 6. (XI.)

Orient, Gränzen desselben, vom Euphrat bis zum Nil, zur Rechten an die Saracenen, zur Linken an den Ocean. — Beschr. der Provinzen mit Ausschluß von Mesopotamien und Aegypten. 14, 8.

Oroates, Fl. in Persien (Susiana) 23, 6. (II.)

Orontes, Fl. in Syrien. 14, 8.

Orontes, Gebirg in Medien. 23, 6. (III.)

Oropus, St. in Euböa. 30, 4.

Orto-

II. Historisches Register.

Ortogordomaris, Fl. im Lande der Paropamisaten. 23, 6. (XVII.)
Ortopana, St. ebend.
Osdroene, Landschaft Mesopotamiens. 14, 3. 8. (Osdruene 24, 1.)
Ostia, St. in Italien. Tempel des Castor und Pollux daselbst. 19, 10.
Ostracine, St. in Aegypten. 22, 16.
Otus und Ephialtes aus Homer. 22, 14.
Oxia, Palus in Sogdiana. 23, 6. (XII.)
Oxus, Fl. in Hyrcanien. 23, 6. (VIII. u. XI.)
Oxyrynchus, St. in Aegypten. 22, 16.
Ozogardena, St. in Assyrien. 24, 2.

P.

Pacorus, König in Persien. 23, 6.
Pädagogianus Puer, Edelknabe, Page. 26, 6. 29, 2.
Palästina, Beschreibung und Städte darin. 14, 8.
Palas, s. Capellatii.
Paleá, St. in Pamphilien. 14, 2. Note.
Palladius, bey Gallus gewesener Magister Officiorum, wird nach Britannien verwiesen. 22, 3.
Palladius, Tribun und Notar, wird nach Africa gesandt, um die Beschwerden der Leptitaner zu untersuchen, läßt sich aber vom Romanus überlisten, die armen Leptitaner bey Hofe für schuldig zu erklären, erhängt sich aber, weil alles herauskommt, im Gefängniß. 28, 6.

Palladius, ein Mensch von schlechter Abkunft, und Angeber unschuldiger Personen. 29, 1. 2.

Palmenbäume. Ammian hat schon die verschiedenen Geschlechter der Pflanzen gekannt. 24, 3. Note.

Palmenhonig und Palmenwein 24, 3. (Heeren Ideen über Politik 2c. einiger der ältesten Völker. S. 145.)

Pancharia, Station in Africa. 29, 5.

Pannonien. (v. Prandau kritische Geschichte Wiens giebt S. 42. ff. eine kleine Gesch. des Landes, s. auch Mannert German. S. 586. 612.

Pantheon zu Rom. 16, 10.

Panticapäum, Stadt am Bosporus Cimmericus. 22, 8. (Wolf zu Demosthenes Leptinea, S. 255. Rambach de Mileto. S, 54.)

Paphius, Senator. 28, 1.

Paphus, Stadt in Cyprus (Venustempel) 14, 8.

Papirius Cursor, Dictator. Sanfte Bestrafung eines Officiers. 30, 8.

Para, Sohn des Armenischen Königs Arsaces. 27, 12. kommt nach einer romanhaften Flucht glücklich in sein Reich zurück, wird aber von den Römern treulos umgebracht. 30, 1.

Parätonion, Stadt in Aegypten. 22, 16.

Pararmalcha, Stadt am Euphrat. 24, 2.

Parion am Hellespont auf der Asiatischen Seite von Parius Jasons Sohn erbaut. 22, 8.

Parisii, Kastell in Gallien, auch Lutetia (Paris) 15, 11. Winterquartier Julians 17, 2. hatte

schon

II. Historisches Register. 393

schon damals einen Pallast, 20, 4, und das.
Valesius.
Parnasius, ex Präfecto Aegypti. 19, 12.
Paropamisatá, Völkerschaft Persiens. 23, 6, (XVII.)
Parthenius, Fl. geht ins schwarze Meer. 22, 8.
Parthenische Meer 14, 8. Note. 22, 15. 16.
Parther, Ihr Nationalcharakter. 23, 6. (V.)
Parthiscus, Fluß in Sarmatien (Theis) fällt in die Donau. 17, 13.
Pasiphilus, Philosoph. 29, 1.
Patares Augustiá, die Meerenge aus dem Palus Mäotis in den Pontus Euxinus herüber. 22, 8.
Paternian, Notar. 30, 3.
Patigran, St. in Persien (Medien) 23, 6. (III.)
Patrá, Stadt in Achaja. 19, 12.
Patruinus, Consularis Piceni 15, 7. (hernach Stadtpräfect. Corsini. S. 301.)
Paulus Notarius, auch Catena genannt. 14, 5. 15, 3. 6. 19, 12. wird lebendig verbrannt. 22, 3.
Pelagia, Insel (mit Rhodus einerley) durch ein Erdbeben entstanden — soll einmal Gold da geregnet haben. 17, 7.
Pelusische Mündung des Nils. 22, 15.
Pelusium, Stadt in Aegypten, von Peleus, Achills Vater erbaut. 22, 16.
Pentadius, Notar 14, 11. Officiorum Magister 20, 8. wird nach Constantius Tode zur Verantwortung gezogen. 22, 3.

Pentapolis, (Libya), Provinz in Aegypten. 22, 16.

Peregrinus, mit dem Beynamen Proteus, der sich bey den Olympischen Spielen verbrannte. 29, 1. Note.

Pergamius, 29, 1. und das. Valesius.

Perinthus, s. Heraklea.

Perlen, ihr Ursprung — warum sie so theuer sind — Die Britannischen sind nicht so gut, als die Orientalischen 23, 6. am Ende, wirft ein Soldat weg, und freut sich nur über den Beutel, worin sie lagen. 22, 4.

Persepolis, St. in Persis. 23, 6. (IV.)

Perser, heißen auch Parther 20, 4. 23, 6. (am Anfange) sind ursprünglich Scythen 31, 2. ihre Könige nennen sich Könige der Könige, Brüder der Sonne und des Mondes, s. Sapors Brief 17, 5. vergl. 23, 6. orientalische Benennung derselben; Saansaan und Pyroses 19, 2. brauchen sich nicht persöhnlich ins Treffen zu wagen 19, 7. Tiare, (Turban) dürfen nur die vornehmsten Hofbedienten tragen. 18, 5. Sitten der Perser überhaupt 23, 6. S. 209. f. f. verehren das Stillschweigen als Gottheit 21, 18. berathschlagen sich, wie die Griechen beym Wein über die wichtigsten Angelegenheiten 18, 5. fragen vor einer Schlacht die Auspicien 21, 13. ihre Gemählde enthalten nur Jagden und Kriege 24, 6. Leichenbegängnisse derselben 19, 1. wo doch einiges nur auf die Chioniten, nicht auf die Perser überhaupt paßt. Vales. Note das.

II. Historisches Register.

daſ. ihre Leichname verweſen nicht, vertrocknen nur 19, 9.

Perſien, Land, weitläuflige Beſchreibung deſſelben. 23, 6.

Perſis, Provinz in Perſien. 23, 6. (IV.)

Pescennius Niger. 26, 8.

Peſſinus, St. vorher zu Phrygien, dann zu Galatien gehörig 26, 9. woher ihre Benennung.— ihr Erbauer 22, 9. daß daſelbſt befindliche Bild der Cybele wird im zweyten Puniſchen Kriege von Scipio Naſica nach Rom gebracht. 22, 9.

Peſt. Urſachen und Arten derſelben 19, 4. im Lager vor Troja und zu Athen ebend. faſt allgemeine unter Verus und Mark Antonin, woher ſie entſtanden. 23, 6. (I.)

Petobio, St. in Noricum (Pettau) 14, 11.

Petrenſis Fundus in Mauritanien. 29, 5.

Petronius, des Kaiſers Valentinian Schwiegervater, ein harter, ungerechter Mann. 26, 6. (einen andern ſ. unter Probus.

Petrus, Valvomeres. Aufruhrſtifter in Rom. 15, 7.

Petulanten, ſ. das erſte Regiſter.

Peuce, Inſel am ſchwarzen Meere, bey der Mündung der Donau. 22, 8.

Peuci, Völkerſchaft, ebend. (Mannert Germanien. S. 489. 533.

Phäaker, aus Homer. 18, 5. 17, 8.

Phalangius, Conſularis Bätica. 28, 1.

Phanagorus, Inſel am Mäotiſchen See. 22, 8.

Pha-

Pharus, Leuchthurm bey Alexandrien. 22, 16. ingl. Insel den Rhodiern zinsbar. ebendas.
Phasis, Fl. und St. am schwarzen Meere. 22, 7. 8.
Phateitische Mündung des Nil. 22, 15.
Philadelphia, St. in Arabien. 14, 8.
Philagrius, Notar, nachher Comes Orientis. 21, 4.
Philippopolis, St. in Thracien. (Philibe) 21, 10. 22, 2. 26, 10. 27, 4. 31, 5. vorher Eumolpias. 22, 2. 26, 10.
Philippus, prätorischer Präfect. (und Consul. 348) 19, 12.
Philippus, Präf. Prätorio unter Gordian. (nachher Kaiser (Arabs) 23, 5.
Philistion, Mimograph unter Tiberius. 30, 4.
Philoromus, Wettfahrer. 15, 7.
Philoxenus, Dichter, sein Aufenthalt bey König Dionysius und Lebensgefahr. 15, 5. Note.
Philyres, Nation am schwarzen Meere. 22, 8.
Phocäer, eine Colonie von ihnen geht nach Italien, und erbaut Velia in Lucanien, eine andere Massilien in Gallien. 15, 9.
Phocus, von seinem Bruder Peleus umgebracht. 22, 16.
Phönice, Land, Beschreibung desselben. 14, 8.
Phönice, St. am Tigris, hernach Bezabde genannt. 20, 7. 11.
Phronemius, Stadtpräfect in Constantinopel, unter dem Gegenkaiser Prokop. 26, 7. 10.
Phrygien, Ort, wo Julian im Treffen fiel. 25, 3.

II. Historisches Register.

Phrynichus, Attischer tragischer Dichter. 28, 1.
Phycus, Vorgebirge. 22, 15.
Phylarch, Amtsname, (Griechischer) Saracenischer Fürsten. 24, 2.
Phyllis, Fl. geht ins schwarze Meer. 22, 8.
Picenser, Sarmatische Völkerschaft. 17, 13.
Pictavi, St in Aquitanien. (Poitiers) 15, 11.
Picten, (s. auch Scoten) fallen in Britannien ein. 20, 1. 27, 5. bestanden zu Ammians Zeiten aus zwey Völkerschaften. 27, 8.
Pietas, Diöces um Nicomedien. 17, 7. s. Nicomedien.
Pigranes, Persischer Feldherr. 24, 6.
Pirisabora, St. in Persien. 24, 2. 5.
Pirus, Berg in Deutschland. 28, 2. bey Heidelberg, s. Note zu 27, 10.
Piscina publica in Rom. 17, 4.
Pistoria, St. in Tuscien. (Pistoja) 27, 3.
Pistrensis publica Villa, in Pannonien. 29, 6.
Pityus, Insel im Pontus Euxinus. 22, 8.
Plato, hat seine Weisheit aus Aegypten geholt. 22, 16. Stellen aus ihm. 16, 5. 25, 4. 30, 4.
Plautian, prätor. Präfect unter Sever. 26, 6. Note.
Plotin, Philosoph. 21, 14. 22, 16.
Podosaces, Phylarch (Emir) des Assanitischen Saracenerstammes. 24, 2.
Poemenius, Anhänger des Gegenkaisers Silvan. 15, 6.
Pöninische Alpen, woher sie den Namen haben. 15, 10.
Pola, Stadt in Istrien. 14, 11.

Poles

Polemoniacus Pontus. 17, 12. Note.
Polemonion, Stadt am Pontus. 22, 8.
Pollentian, Tribun. 29. 2.
Polybius, der Geschichtschreiber. Gesellschafter Scipio's im Punischen Kriege. 24, 2.
Pompejus über Kleinigkeiten lächerlich gemacht. 17, 11.
Pontus Euxinus. Beschreibung desselben, heißt Euxinus per Antiphrasin, hat süßeres Wasser als andere Seen — es giebt keine große Seethiere darauf, als kleine Delphine. 22, 8.
Portospana, St. in Carmanien. 23, 6. (VII.)
Portus Augusti. 19, 10.
Postwesen, Clavularis Cursus. 20, 4. Wer sich der auf den Stationen angestellten Pferde oder Wagen bedienen wollte, mußte einen Freypaß haben, 14. 6. Note. dergleichen bekam Ursicin. 14, 11. Gallus ebend. — es liefen viele Bedrückungen dabey vor 19, 11. die Wagen waren verschieden, manche nur für Vornehme (judiciale Carpentum) 29, 6. Constantius richtete dasselbe fast durch die vielen Concilien, und Synoden zu Grunde, bey denen die Bischöfe und andere Geistlichkeit freye Vorspann bekam. 21, 16.
Posthumus, Kaiser, 21, 16.
Porentius, Ursicins Sohn, Promotorum Tribunus. 31, 13.
Prätextatus, Senator, Proconsul in Achaja. 22, 7. und das. Valesins. Präfectus Urb: in Rom. 27, 9. 28, 1. Corsini. S. 243. ff.

Pria-

II. Historisches Register.

Priarius, König der Alamannen, bleibt im Treffen. 31, 10.

Priscus, Philosoph, ist bey Julians Tode gegenwärtig. 25, 3.

Probus, (auch Petronius) prätorischer Präfect in Illyricum. 27, 11. 29, 6. 30, 3. 5. Lob desselben. 28, 1. Corsini. S. 252. ff.

Proconesus, längliche Insel in Propontis. 22, 8.

Procop, Notar und Gesandter an Sapor. 17, 14. 18, 6. kommandirt nebst Sebastian einen Theil der Armee Julians. 23, 3. Julian giebt ihm, als Anverwandten, seinen Purpurrock, um sich, wenn er im Persischen Kriege unglücklich wäre, sogleich als Kaiser geltend zu machen, ebendas. bringt Julians Leichnam nach Tarsus, und verschwindet dann. 25, 9. tritt nun als Gegenkaiser im Orient wirklich auf. 26, 5. sein Leben und Charakter. 26, 6. wird von feigen Leuten an Valens ausgeliefert und enthauptet. 26, 9.

Procop, ein anderer Notar, wird von Jovian bey Antritt seiner Regierung nebst Memorid mit Aufträgen nach Illyricum und Gallien gesandt. 25, 8. 10.

Proculus, Anhänger des Gegenkaisers Silvan. 15, 6.

Prodromus, eine Art von Winden. 22, 15.

Profuturus, Römischer Feldherr unter Valens. 31, 7. 8.

Prophtasia, St. im Lande der Drangianer. 23, 6. (XVIII.)

Prosper, Comes Vicarius (Ursicini) 14, 11. eben dies ist pro Magistro Equitum 15, 13. noch kommt er vor. 17, 5. 14. schlechter Character. 15, 13.

Protagoras, Philosoph aus Abdera. 22, 8.

Probertuides, Unterfeldherr. 27, 8.

Ptolemäus, Geograph. 22, 8.

Ptolemais, St. in Aegypten. 22, 16.

Punische Bücher. 22, 15.

Purpur, durfte niemand außer den Kaisern tragen 14, 9. und das. Valesius 16, 8. an den Fahnen 15, 5. zu küssen dargereicht, eine hohe kaiserliche Gnade. 15, 5.

Pusäus, Persischer Commandant in Anatha, ergiebt sich. 24, 1.

Pygmäer, (ohnstreitig Affen) 21, 12.

Pylä, St. an den Gränzen Ciliciens und Cappadociens. 22, 9.

Pyramiden, Etymologie und Beschreibung. 22, 15.

Pyroses, Persisches Wort (Sieger) 19, 2.

Pyrrhicha, Kriegstanz, Schwerttanz. 16, 5. 18, 7.

Pythagoras, hat seine Weisheit aus Aegypten geholt. 22, 16.

Q.

Quaden, Gränznachbarn der Sarmaten, ihnen an Waffenrüstung und Sitten gleich 17, 12. fallen in die Provinz Valerien ein 16, 10. ingleichem in Pannonien und Mösien, werden aber

H. **Historisches Register.**

aber von Julian bezwungen 17, 12. Bithyer, König — Vitrodor, dessen Sohn — Agilimund, ein kleiner König (Vasall) unterwerfen sich, ebend. fallen unter Valentinian nebst den Sarmaten in Pannonien ein, 26, 4. 29, 6; bey welcher Gelegenheit ein König Gabinius vorkommt, der treulos umgebracht wird. 29, 5.

Quadriburgium, St. in Deutschland (Schenkenschanz) 18, 2.

Quies Dea. 19, 11.

Quintianus, Senator, unter Kaiser Commodus, überfällt diesen mit einem Dolche. 29, 1.

Quintilier, Brüder. Muster brüderlicher Eintracht. 28, 4.

R.

Rabanna, Volk im Seeterlande. 23, 6. (XV.)
Rätien, Land. Mannert Germanien. S. 608. ff.
Rameses, König in Aegypten, dessen Name auf dem Obelisk. 17, 4. vorkommt.
Rando, Alamannischer Prinz 27, 10.
Rauracum, auch Rauraci, damals zu Gallien gehörig (Augst bey Basel) 14, 10. 15, 11. 31, 3.
Redner, Griechische und Römische angeführt. 30, 4.
Regenbogen, Entstehung desselben. 20, 11.
Regulus, seine Gemahlin und Kinder vom Staat unterhalten. 14, 6. (Perizon. Animadvers. S. 28.)
Rehimena, Provinz über dem Tigris. 25, 7.
Reichsapfel, 21, 14. und das. Valesius. 25, 10.

Reman, Römisches Kastell in Mesopotamien. 18, 10.

Remi, St. in Belgica secunda (Rheims) 15, 11 16, 2.

Remigius, Rationarius Abparitionis Armorum Magistri. 15, 5. Magister Officiorum 27, 9. 28, 6. 29, 5. begiebt sich zur Ruhe. 30, 2. erhenkt sich ebendas.

Remora, Tribun, wird den Persern als Geisel gegeben. 25, 7.

Resaina, Stadt im Orient, wo der jüngere Gordian die Perser schlug. 23, 5.

Rha, Fluß (Wolga) an dessen Ufer die Wurzel Rhabarbara wächst. 22, 8.

Rhebas, Fluß, fällt ins schwarze Meer. 22, 8.

Rhein, sein Ursprung, Durchgang durch den Bodensee. 15, 4.

Rhetren (Gesetze) Lycurgs in Sparta. 16, 5.

Rhinocolura, Stadt in Aegypten. 22, 16.

Rhodanus, Fluß in Gallien (Rhone) Beschreibung desselben. 15, 11.

Rhodope, der Berg in Thracien. 21, 10. 27, 4.

Rhodopa, die Landschaft in Thracien. 22, 8. 27, 4.

Rhodus, auch Ophiusa und Pelagia genannt, durch ein Erdbeben entstanden — Goldregen daselbst. 17, 7.

Rhombites, Fl. im Lande der Sauromaten. 22, 8.

Richomeres, Comes Domesticorum. 31, 7. 12.

Rigomagum, Stadt in Germania secunda (Rheinmagen) 16, 3.

Ritu-

II. Historisches Register.

Ritualbücher. 17, 7.

Robur, Kastell bey Basel, von Valentinian angelegt. 30, 3.

Roemnus, Fluß in Persien. 23, 6. (XIV.)

Rogomanis, Fluß in Persien. 23, 6. (IV.)

Rom, die ewige Stadt — ihre Jugend, Mannstraft, Alter und damaliges Sittenverderbniß. 14, 6. vergl. mit 28, 1. 4. die wichtigsten Gebäude darin. 16, 10.

Romanus, Tribun der Scutarier, vom Julian verbannt. 22, 10.

Romanus Comes per Africam 27, 9. seine Ränke gegen die Leptitaner 28, 6. gegen Firmus. 29, 5.

Romulus Augustulus. E. Abschn. 8.

Romulus Curialis (Senator) in Aquileja. 21, 12.

Rothomagi, Stadt in Lugdunensi secunda (Rouen) 15, 11.

Roxolaner, Nation am Mäotischen See. 22, 8.

Rufinus. Apparitionis Praefecturâ Praetorianâ Princeps, 15, 3. als Falsarius enthauptet. 16, 8.

Rufinus, prätorischer Präfect in Gallien und Mutter Bruder des Cäsar Gallus. 14, 10. 11.

Rufinus Vulcatius, vornehmer Römer 21, 12. hernach Präf. Urbi 27, 7. 11. und wird sehr gelobt, s. auch Corsini S. 212.

Rufinus Aradius, Comes Orientis. 23, 1.

Rugier, Krieg Odoacers gegen sie. E. Abschn. 10.

Ruhe als Göttin (Dea Quies) 19, 11.

Rumitalca, Tribun und Hausmarschall bey dem Gegenkaiser Procop. 26, 8.

Rumo, untergeordneter König der Sarmaten. 17, 12.

Ruricius, Präses in Africa, 27, 9. unschuldig hingerichtet. 28, 6.

Rusticianus Sacerdotalis. 28, 6.

Rusticus Julianus, Magister Memoriä, vorher Proconsul in Africa, nachher Stadtpräfect zu Rom. — Seine Anhänger hätten ihn bey Valentinians Kränklichkeit fast zum Kaiser gemacht. 27, 6. (Corsini S. 286.)

Rutupiä, Stadt in Britannien (Richborough) 20, 1, 27, 8.

S.

Saansaan, Persisches Wort, welches König der Könige bedeutet. 19, 2.

Sabaja, eine Art von Bier in Jllyricum. 26, 8.

Sabaria, St. in Pannonien (Stein am Anger) 30, 5.

Sabinian wird an Ursicins Stelle als Magister Equitum in den Orient gesandt — ein alter unthätiger Mann, 18, 5. 6. divertiert sich zu Edessa. 18, 7.

Sabin, vornehmer Bürger in Nisibis. 25, 9.

Sabostius Curialis (Rathsherr) in Aquileja. 21, 12.

Sacä, Volk zu Persien gehörig. 23, 6. (XIII.)

Saccumum, Stadt in Italien, durch ein Erdbeben verschlungen. 17, 7. und das. Gronov.

Saga, St. im Persischen Scythien. 23, 6. (XIV.)

Saganeus, Fluß in Carmanien. 23, 6. (VII.)

II. Historisches Register.

Sagareus, Fluß ebendaselbst. 23, 6. (VII.)
Salamis, Stadt in Cyprus, durch einen Jupiterstempel berühmt. 14, 8.
Salia, Thesaurorum Comes. 29, 1.
Salice, Stadt in Thracien. 31, 7.
Salier, einerley mit Franken, 17, 8. von Julian gedemüthigt. ebendas. Mannert Germ. S. 268.
Saliso, St. in Germanien (Seltz) 16, 12.
Sallustius, Geschichtschreiber, angeführt. 15, 12.
Sallustius, Ammian hatte zwey Männer dieses Namens, beyde prätorische Präfecten. Wie sie zu unterscheiden sind, giebt Ritter in der Prosopographie zu dem Theodos. Codex an, nämlich so: a) Sallustius, prätorischer Präfect in Gallien. 21, 8. 22, 3. Consul mit Julian. (363) 23, 1. warnt Julian vor dem Persischen Feldzuge. 23, 5. b) Sallustius, (mit dem Vornamen Saturninus und Zunamen Secundus) prätorischer Präfect im Orient, kommt in der unglücklichen Schlacht gegen die Perser kaum mit dem Leben davon. 25, 3. ist nach Julians Tode der, den man für den würdigsten Nachfolger anerkennt, er schlägt aber den Antrag aus. 25, 5. Gesandter an den König Sapor, um den Frieden zu vermitteln. 25, 7. sein Nachfolger in der Präfectur Nebridius. 26, 7.
Salmaces, Mauritanischer Prinz. 29, 5.
Salluvii, St. und Völkerschaft in Gallien. 15, 11 Note.
Salvius, Scutarius. 27, 10.

Samosata, St. in Commagene. 14, 8. 20, 11. ehemals Residenz der Könige. 18, 4.

Sanctio, St. in Alamannien. (Seckingen) 21, 3.

Sandan, ein Aethiopier, soll Tarsus erbaut haben. 14, 8. Note.

Sangarius, Fl. fällt ins schwarze Meer. 22, 8.

Santones, St. in Aquitanien. (Saintes) 15, 11.

Sapaudia. (Savoien) 15, 11.

Saphrax, Gothischer Heerführer. 31, 3. 12.

Sapiren, Nation am schwarzen Meere. 22, 8.

Sapor, König in Persien. 16, 9. sein stolzer Brief an Constantius. 17, 5. führte einen Widderkopf im Diadem. 19, 1. fängt unter Valentinian vom neuen Krieg an. 27, 12.

Saracenen, ihre Sitten. 14, 4. heißen auch Scenitä Arabes. 22, 15. 23, 6. Saraceni Assanitä, 24, 2. waren in zwölf Stämme (Tribus) vertheilt, und die Fürsten derselben heißen Phylarchen. 24, 2. erboten sich dem Julian als Hülfstruppen, und wurden angenommen. 23, 3. 5. thaten den Römern gute Dienste bey der Belagerung von Constantinopel. 31, 16. dienten auch einige wider die Römer. 25, 6.

Saramanna, Seestadt in Hyrcanien. 23, 6. (VIII.)

Sargeten, Nation am schwarzen Meere. 22, 8.

Sarmaten, ihre Bewaffnungsart — ritten Wallachen. 17, 12. kommen vor Asiatische 23, 6.

Arctoi, (nördliche) sind bey der Römischen Armee. 25, 6. Liberi (freye) entgegengesetzt den Limiganten. (Sklaven) 17, 13. 29, 6. fallen in Obermösien und das zweyte Pannonien ein. 16, 10. 17, 12. werden aber bezwungen, ebend. neuer Einfall in Pannonien unter Valentinian. 26, 4. 29, 6. Constantin nimmt dreymal hunderttausend derselben in seine Länder auf. E. Abschn. 6. (s. überhaupt Gibbon, B. 4, S. 183. ff.)

Saturnin, ex cura Palatii. 22, 3.

Saturnin, General der Römer gegen die Gothen. 31, 8.

Sauconna, Fl. gewöhnlicher Araris (Saone) 15, 11.

Saukopf, Art militairischer Stellung. 17, 13.

Sauromaces, Römischer Statthalter im Asiatischen Iberien. 27, 12. 30, 2.

Sauromaten, 22, 8. 31, 2.

Saxones, fallen nebst den Scoten und Picten in Britannien ein. 26, 4. 27, 8. später in Gallien. 28, 5. sind sehr geschickt in geschwinden Ueberfällen. 28, 2.

Scarponna, in der Gegend von Metz. (Charpeigne) 27, 2.

Scenitä, Arabes, s. Saracenen.

Schalttage, 26, 1.

Schiffbrücken aus Schläuchen. 25, 6. S. auch Note zu 24, 3.

Schilde, Erhebung neugewählter Fürsten auf denselben. 20, 4. Note. Schwenken derselben gehörte unter die militarischen Uebungen 21, 2. an das Knie gestoßen, ein Zeichen der Freude, an die Lanzen gestoßen, ein Zeichen des Muthes und des Zornes 15, 8. 16, 12. an den Arm gehangen, ein Zeichen der Ergebung. 26, 9.

Schläuche zu Schiffbrücken. 24, 3. 25, 6.

Schwenken des Zipfels des Kriegsmantels, ein Zeichen zum Angriff. 18, 6, u. das. Valef. 19, 5.

Schwert, gilt bey den Alanen für Gott, 31, 2, halten beym Schwören dasselbe an die Kehle, 17, 12. Valef. 21, 5.

Scipio's Tochter aus der öffentlichen Schatzkammer ausgestattet. 14, 6.

Sciron, Räuber der ältern Zeiten. 14, 2. Note.

Scordisker, Thracisches Volk, opfern ihre Gefangenen dem Mars und Bellonen, und brauchen ihre Schädel zu Trinkgefäßen. 27, 4.

Scorpionen, eine Art Wurfmaschinen. 19, 7. 29, 7. 24, 4. 31, 13. Beschreibung derselben. 23, 4.

Scoten und Picten fallen ins Römische Britannien ein. 20, 1. ingl. unter Valentin. 26, 4. 27, 8.

Seudilo, Kommandeur der Scutarier, 14, 10. Tribun — sein Tod. 14, 11.

Scytalá, Schlangengattung in Aegypten. 22, 15.

Scythen, Asiatische. 23, 6. (XIV.) ihre Lebens-Art. 22, 8. Constantius braucht sie als Hülfstruppen gegen die Perser 20, 8. u. das. Valef. auch Julian 23, 2.

Scythopolis, Stadt in Palästina, 19, 12.

Sc

II. Historisches Register. 409

Sebastian, Comes ex Duce Aegypti 23, 3. 25; 8. 26, 6. 27, 10. 30, 5, 8. 31, 11. bleibt im Treffen gegen die Gothen. 31, 13.

Sebennitische Mündung des Nils. 22, 15.

Secundinus, Oedroenä Dux. 24, 1.

Secundus Sallustius, s. Sallustius.

Sedelaucum, St. in Gallien (Saulieu) 16, 2.

Sedrotyra, Stadt in der Provinz Gedrosien. 23, 6. (XX.)

Segestaner, sehr kriegerische Nation im Orient. 19, 2.

Segusio, Stadt in Gallien (Susa) 15, 10.

Sehnen am Fuße, pflegten die Perser ihren gefangenen Feinden abzuschneiden. 19, 6.

Sele, Stadt in Persien (Susiana) 23, 6. (II.)

Seleucien, Hauptst. in Jsaurien. 14, 2. 8. 19, 13.

Seleucien, Stadt in Persien, auch Coche genannt. 24, 5.

Selymbria, Stadt am Propontis. 22, 8.

Semiramis soll zuerst die Entmannung eingeführt haben. 14, 6. Note.

Semper Augustus. 17, 5. Note.

Seniauchus, Tribun. 15, 4. 25, 10.

Senones, Stadt in Lugdunensi prima (Sens) 15, 11. 16, 3.

Septemzodium, Ort in Rom, wo Mark Aurel ein Nymphäum erbauen lassen. 15, 7.

Sequana, Fluß in Gallien (Seine) — Sequaner, Völkerschaft. 15, 11.

Sera, Stadt im Sererlande. 23, 6. (XIV.)

Serapeum, prächtiger Tempel in Alexandrien, nach dem Kapitol in Rom der schönste. 22, 16.

Sarapion, König der Alamannen, Bruders-sohn Chnodomars — sein eigentlicher deutscher Name Agenarich. 16, 12.

Serdica, Stadt (Sophia in Bulgarien) 16, 8. 21, 10. 31, 16.

Serendivi, Nation. 22, 7. Note.

Serenian, ein Pannonier von Geburt 26, 5. vergl 10. ex Duce in Phönice, 14, 7. 11. hatte nachher die Kriegsdienste verlassen, läßt sich aber vom neuen willig finden. 26, 5. wird umgebracht 26, 10. sein schlechter Charakter, ebend.

Serica, Provinz in Persien gehörig. 23, 6. (XV.)
Sericum (halbseidener Zeuch) 23, 6. (XV.)
Serrorum, Montes in Thracien. 27, 5.
Servilius, hat im Seeräuberkriege Cilicien und Isaurien zu Röm. Provinzen gemacht. 14, 8.
Sever, Kaiser, ward vom Centurio Saturnin auf Plautians Anstiften beynahe ermordet. 29, 1.
Sever, Cäsar, unter Galer. E. Abschn. 3. 4.
Sever, wird Magister Equitum an Marcells Stelle in Gallien — sein Lob. 16, 10. kommandirt den linken Flügel in der Schlacht bey Strasburg. 16, 12. hilft dem Julian die Salier besiegen. 17, 8. wird hernach unthätig und furchtsam. 17, 10. kommt aber unter Valentinian wieder als Magister Peditum vor, und einige wünschen sogar, daß er an des immer

kränk-

II. Historisches Register.

kränklichen Valentinians Stelle Kaiser werden möchte. 27, 6. 28, 5.
Sever, Domesticorum Comes, 27, 8.
Severian, Comes in Alamannien, bleibt gegen dieselben im Treffen. 27, 1.
Severin, Pannonischer Mönch. E. Abschn. 10.
Sextius Calvinus, sein Feldzug gegen die Gallier. 15, 12.
Sicinini Basilica in Rom. 27, 3.
Sicinius Dentatus. 25, 3.
Sida, Stadt in Pamphilien. 14, 2.
Sidon, Stadt in Phönice. 14, 8.
Sillographen, 22, 16. Note.
Silvan, eines Franken, Bonitus, Sohn, war vorher Tribun der Armaturen bey Magnenz, gieng aber kurz vor der Schlacht bey Mursa zu Constantius über, ward unter diesem pedestris Militiä Rector, d. i. Magister Peditum (wie er gleich nachher heißt) wirft sich durch die Ränke seiner Feinde am Hofe gezwungen, zum Kaiser auf, wird aber umgebracht. 15, 5.
Silvani Lavacrum in Campanien. 28, 4. Vales.
Simonides, lyrischer Dichter — sein starkes Gedächtniß. 16, 5. Sentenz aus ihm. 14, 6.
Simonides, Philosoph (unter Valentinian) wird lebendig verbrannt. 29, 1.
Simplicius, der Thronbewerbung beschuldigt. 19, 12.
Simplicius, aus Emona, Vicarius Romä, vorher Grammatiker. 28, 1.
Sinchi, Nation am schwarzen Meere. 22, 8.
Sindi, Volk auf einer Halbinsel am Pontus. 22, 8.

Singara, Stadt in Mesopotamien, Schlacht daselbst 18, 5. von Sapor belagert und zerstört 20, 6. an die Perser abgetreten. 25, 7.

Sinistos, so nannten die Burgundier ihren Oberpriester. 28, 5.

Sinope, St. in Paphlagonien. 22, 8.

Sintula, Tribunus Stabuli bey Cäsar Julian. 20, 4. 5.

Sirmium, von Julian eingenommen. 21, 10.

Sisara, Stadt in Mesopotamien. 18, 6.

Sisyra, (Lat. Sisurna) Kleidungsstück. 16, 5. Note.

Sitifis, Stadt in Afrika, in der Landessprache Jgilgis 28, 6. 29, 5.

Sittenverderbniß der Römer zu Ammians Zeiten. 14, 6. 28, 1. 4.

Sizyges, Volk im Sererlande. 23, 6. (XV.)

Smintheus, Apollo. 22, 8.

Socrates, noch kurz vor seinem Tode wißbegierig. 28, 4.

Socunda, Seestadt in Hyrcanien. 23, 6. (VIII.)

Sogdianer, Nation zu Persien gehörig — Sogdische Gebirge. 23, 6. (XII.)

Sole, Stadt in Hyrkanien. 23, 6. (VIII.)

Solicinium, Ort in Deutschland (Schwetzingen) 27, 10. Note. 30, 7.

Soliden, Goldmünzen. 15, 8. 28, 1. E. Abschnitt 13.

Solon, ist in Aegypten gewesen. 22, 16. seine Axonen (Gesetze) 16, 6.

Son=

II. Historisches Register.

Sonnen, zwey am Himmel, woher 20, 3. Sonnenfinsternisse, in welchem Falle sie eintreten, ebendas.

Sophanes, alter Griech. General in den Kriegen mit Xerxes. 24, 6.

Sophokles, Anekdote von ihm. 23, 4.

Sophronius, Notar, dann Präfect in Constantinopel. 26, 7.

Sopiana, Stadt in Valerien (Pannonien) 28, 1. (Mannert setzt sie S. 760. in die Nähe von Fünfkirchen.)

Sosingites, Landsee in Assyrien, wo Harz und Naphtha quillt. 23, 6. (I.)

Sotera, Stadt in der Persischen Provinz Aria 23, 6. (XVI.)

Spanische Pferde. 20, 8.

Sparten, die aus den von Cadmus gesäeten Drachenzähnen entstandenen Menschen 19, 8.

Spectatus, Tribun und Notar. 17, 5. Vales. 14.

Spinturnicien, durch ihre Häßlichkeit lächerliche Affen. 22, 15. Note.

Sporadische Inseln 22, 8.

Sportulá, 14, 6. Note.

Spudasius, Palatinus 29, 1.

Stagira, Stadt in Thracien, Aristoteles Geburtsort. 27, 4. (Buhle Vorrede zu Aristot. S. 81. 82.)

Sternschnuppen, 25, 2.

Stesichorus, lyrischer Dichter. 28, 4.

Sthenelus, Gefährte des Herkules in seinem Zuge gegen die Amazonen. 22, 8.

Stoechadische Inseln. 15, 11. Note.
Strategius, ſ Muſonian.
Strategius, Senator, vorher Hofgardiſt. 26, 6.
Succi, St. Beſchreibung derſelben. 21, 10. 13.
enger Paß daſelbſt. 26, 7. 27, 4.
Suerid, Gothiſcher Magnat. 31, 6.
Surven, fallen in Rätien ein. 16, 10.
Sugabarritanum, Municipium in Mauritanien. 29, 5.
Sugges, Mauritaniſcher Heerführer. 29, 5.
Sumere, Kaſtell am Tigris. 25, 6.
Sunonenſiſcher Landſee in Bithynien. 26, 8.
Suomar, König der Alamannen 16, 12. bittet um Frieden. 17, 10.
Suprâ, eine Art wilder Völker in Perſien. 30, 1.
Surena, Amtsname bey den Perſern (Weſſier) 24, 2. 3. 7. beſ. 30, 2.
Suſa, St. und Suſiana, Land in Perſien. 23, 6. (II.)
Syagrius, Notar, nachher Präfect und Conſul. 28, 2.
Syene, in Aegypten. 12, 15.
Sylla, erneuert die Aufwandgeſetze. 16, 5. wirft eine Fahne unter die Feinde hinüber. 16, 12.
Symmachus, Senator, Geſandter Julians an Conſtantius, 21, 12. Präfectus Urbi — ſein Lob. 27, 3. (Corſini S. 234.)
Symmachus, erſter Senator und Schwiegervater des Boethius, wird hingerichtet. E. Abſchnitt 15.

Symmachus, Bischof zu Rom, unter König Theodorich. E. Abschn. 12.
Symmachus, Scholasticus Judäus. E. Abschnitt 16.
Symplegaden, zwey Klippen, fabelhafte Beschreibung derselben. 22, 8.
Synhorium, Kastell in Klein-Armenien. 16, 7.
Synoden, der Christen. 21, 16.
Syrien 14, 8. damalige Eintheilung in drey Provinzen. 14, 7. Note.
Syringen, unterirdischer Garten in Aegypten, an deren Wänden sich Hieroglyphen befanden. 22, 15.

T.

Taberná, Stadt in Germanien (Rheinzabern) 16, 2.
Tabiana, Insel in Persis. 23, 6. (IV.)
Tänzerinnen, Pantomimen. 14, 6.
Tages, Erfinder der Wahrsagerkunst. 21, 1. von ihm benannte Tagetische Bücher. 17, 10.
Taifalen, Gothischer Stamm an der Donau 17, 13. 31, 3. ihr Nationalcharakter ebend. (Mannert Germanien S. 427.)
Talicus, Fl. in Persien. 23, 6. (XIV.)
Tamsapor, Persischer General. 16, 9. 18, 5. 6.
Tanais, Fl. entspringt auf dem Caucasus, macht die Gränzscheidung zwischen Europa und Asien, und fließt in den Mäotischen See. 22, 8.
Tanaitá Alani. 31, 3.
Tanaitische Mündung des Nils. 22, 15.

Ta-

Tapetenvorhang im Consistorium. 14, 9.
Taphra, St. in Arabien. 23, 6. (VI.)
Tapurische Gebirge in Persien. 23, 6. (XIV.)
Tarquitianische Bücher, (von der Wahrsager-
  kunst) 25, 2.
Tarratius Bassus, Stadtpräfect in Rom. 28,1.
  Corsini S. 290.
Tarsus, Hauptstadt in Cilicien. Ihr Erbauer
  Perseus oder Sandan 14, 8. Note. (s. auch
  Valesii Emendationen S. 62. und das. Bur-
  manns Note und Zusätze S. 255)
Tauri, Nation am schwarzen Meere. 22, 8.
Taurini, (Turin) 15, 8. 10.
Tauriscus, von Hercules bezwungen. 15, 9.
Taurus, Quästor 14, 11. Präfectus Prätorio in
  Italien 21, 6. 9. wird mit Florentius Consul,
  22, 3. nach Vercellum verwiesen. ebendas.
Tauschhandel, ohne dabey zu reden, bey den
  Serern. 23, 6. (XV.) (s. auch Herodotus 4,
  196. Heeren Ideen über Politik, Verkehr und
  Handel &c. S. 138.)
Templum Urbis in Rom. 16, 10. Vales.
Tenedos, Insel. 22, 8.
Teredon, Stadt in Assyrien, wo der Euphrat in
  das Meer fällt. 23, 6. (am Anfange) Note.
Terentius, erst Bäcker, dann Statthalter (Cor-
  rector) in Tuscien. 27, 3. Note.
Terentius, Dux Armeniä, dann Comes rei mi-
  litaris. 27, 12. 30, 1.
Tertullus, Stadtpräfect in Rom. 19, 10. 21, 10.
  (Corsini S. 225.)

Teu=

II. Historisches Register.

Teuchira, auch Arsinoe, St. in Aegypten. 22, 16.
Teutomeres, Protector Domesticus, ein Franke von Geburt. 15, 3.
Thalassius, Präfectus Prätorio Präsens (im Orient) 14, 1. wird aber K. 7. als bereits gestorben angeführt.
Thalassius ex proximo Libellorum, ein tückischer Feind des Gallus. 22, 9. Note.
Thasus, Insel. 22, 8.
Thebä, Hekatompyli in Aegypten 17, 4. 22, 16. von den Carthaginensern und von Cambyses erobert — Obelisken daselbst. 17, 4.
Thebais, Landschaft in Aegypten. 17, 4. 22, 16.
Thebeische Legionen. 14, 11.
Themis, Göttin, lehrt die Menschen die Zukunft. 21, 1.
Themiscyrischer Hain, ehemals Aufenthalt der Amazonen. 22, 8.
Themistocles, Anekdote von ihm. 30, 8.
Theodegotha, Tochter Theoderichs an den Burgundischen Prinzen Sigismund vermählt. E. Abschn. 12.
Theoderich. Sein Vater Walamer, (seine Mutter Basilina. Abschn. 12.) Heerführer der Gothen, wird zuerst von Zeno Isauricus wider Basilisk zu Hülfe gerufen. E. Abschn. 9. von demselben zum Patricier und Consul gemacht, und nun gegen Odoacer nach Italien gesandt, den er nach mehrern Schlachten gänzlich besiegt, und endlich hinrichten läßt. Abschn. 11. Seine Landsleute rufen ihn nun selbst zum König in Italien aus. Abschn. 12. — seine zwey Gemahlinnen — Töchter und Schwestern — seine dreyßigjährige sanfte Regierung, Ge-

Ammian Marcell. 3. B.

rechtigkeitsliebe, Verschönerungen der Städte in Italien. Abschn. 12. verschlimmert sich aber in den letzten Jahren gar sehr, 14, 15. ist ganz ohne wissenschaftliche Kenntnisse, und kann seinen eigenen Namen nicht schreiben. Abschn. 14. stirbt endlich, wie Arius, an der Diarrhöe. Abschn. 16.

Theodora, Constantius Chlorus, Gemahlin E. Abschn. 1.

Theodorus, Notar, wird beschuldigt, nach dem Kaiserthrone zu streben, und — hingerichtet 29, 1.

Theodosia, Stadt in Chersonesus Taurica. 22, 8.

Theodosius, Röm. Tribun, wird als General nach Britannien gesandt. 27, 8. seine Thaten daselbst. 28, 3. dann Magister Equitum. 28, 5. seine Thaten in Africa. 29, 5. (nachher durch Hofränke in Carthago umgebracht.)

Theodosius der jüngere, Dux Mösiä, nachher Kaiser 29, 6.

Theodotus, aus Hierapolis, Präsibalis 22, 14.

Theognis, Dichter, Sentenz aus ihm 29, 1.

Theolaiphus Comes. 21, 15.

Theophanes, Fluß im Sauromatenlande. 22, 8.

Theophilus, Consularis Syriä, wird vom Volke zu Antiochien in Stücken zerrissen. 14, 7. 15, 13.

Theopompus, Geschichtschreiber, angeführt 22, 9.

Thermodon, Fluß am schwarzen Meere 22, 8.

Thervinger, ins Römische Gebiet aufgenommen. 31, 3. 4. 5.

Thilsaphata, Stadt, in Mesopotamien. 25, 8.

Thilutha, Bergfestung auf einer Insel des Euphrats 24, 2.

Thio=

Thiodamas von Lindus, schimpft gewaltig auf Herkules, der ihm einen Stier geraubt hatte. 22, 12. Note.

Thmuis, Stadt in Aegypten 22, 16.

Thracien, Beschreibung des Landes 22, 8. sechs Provinzen darin 27, 4. Kriege mit den ältern Römern 27, 4.

Thucydides, angeführt. 23, 6.

Thule, Insel. 18, 6.

Thynia, District in Bithynien 22, 8.

Tiare, Kopfschmuck bey den Persern, durften nur die Großen am Hofe tragen 18, 5. Abnehmen derselben, eine Art von Begrüßung 18, 8.

Tibarener, Nation am schwarzen Meere. 22, 8.

Tiber, tritt gewaltig aus (371.) 29, 6.

Tibris, Fl. der ins schwarze Meer fällt 22, 8.

Ticinum, Stadt in Italien (Pavia) 15, 8.

Tigavia, Stadt in Mauritanien 29, 5.

Tigris, Fluß, geht eine Strecke unter der Erde hin 23, 6. (I.)

Timagenes, ein Grieche, hat die Geschichte Galliens geschrieben, ihm folgt Ammian. 15, 9. Note.

Tingitanum, Castellum in Mauritanien. 29, 5.

Tios, Stadt am schwarzen Meere. 22, 8.

Tipata, Stadt in Mauritanien 29, 5.

Tiphys, Steuermann der Argonauten 22, 8.

Tiposa, Stadt in Mauritanien 29, 5.

Tisias, alter Griech. Redner. 30, 4. Vales.

Tochari, Bactrianische Völkerschaft 23, 6. (XI.)

Tolosa, St. im Narbonens. Gebiete (Toulouse) 5. 11.

Tomi, Stadt im Thracien. 22, 8. 27, 4.

Tomyris, Scythische Königin. 23, 6.

Totordanes, Fl. im Sauromaterland. 22, 8.

Toriandria, St. von den Franken auf römischen Grund und Boden angelegt. 17, 8.

Tragonice, St. in Persis. 23, 6. (IV.)

II. Historisches Register.

Trajan, Kaiser, macht Arabien zur Römischen Provinz. 14, 8. pflegte seinen Namen an alte Denkmaale zu setzen. 27, 3.

Trajan, Comes in Armenien. 29, 1. 30, 1. ist glücklich gegen die Gothen. 31, 7. Magister Armorum. 31, 12. bleibt im Treffen gegen die Gothen. 31, 13.

Transcellensis, Mons in Mauritanien. 29, 5.

Transjugitaner Sarmaten. 17, 12.

Transtigritani. 18, 9. 19, 9. 21, 6. 22, 7. 25, 7. u. das. Valef.

Trapezus, Insel. 22, 8.

Träume, was davon zu halten. 21, 1. Die Atlanteer Träumen gar nicht. 15, 3.

Tres Taberna, St. in Germanien. (Rheinzabern) 16, 11. 17, 1.

Treviri, St. in Belgica prima. (Trier) 15, 11. 16, 3. oft Aufenthalt der Kaiser. 15, 11. 27, 10.

Tribunci, Römische Schanze in Deutschland. 16, 12.

Tricassä, St. Tricassini, Volk in Lugdunensi secunda. (Troyes) 15, 11. 16, 2.

Tricastini, 15, 10. s. Mannert Gallien. S. 89.

Tricesimä, St. in Deutschland. (Kellen) 18, 2. 20, 10.

Tricorische Wälder in Gallien (bey Briacon) 15, 10.

Trier, zuweilen Residenz der Kaiser. 15, 11. 27, 10.

Trieterica, alle drey Jahre zurückkehrendes Fest. 22, 8.

Tripolis, in Africa, von den Austurianern angegriffen, und von dem Römischen Statthalter selbst gemißhandelt. 28, 6. vergl. 30, 2.

Triptolems Wagen, 22, 8.

Tris

II. Historisches Register.

Triwane, Oberkammerherr bey König Theoderich. E. Abschn. 14.
Troas, Landschaft. 22, 8.
Trochilus, kleiner Vogel in Aegypten. 22, 15.
Troglodyten. 22, 8.
Tubusuptum, St. in Mauritanien. 29, 5.
Tufa, General Odoacers. E. Abschn. 11.
Tullianus Carcer, in Rom. 28, 1. am Ende.
Tungri, St. im damaligen Gallien. (Tongern) 15, 11. 17, 8.
Turgana, Insel in Arabien, wo Serapis einen großen Tempel hatte. 23, 6. (VI.)
Turini, St. in Lugdunensi secunda (Touraine) 15, 11.
Tuscia Annonaria. 27, 3.
Tyana, St. in Cappadocien. 25, 10.
Tyndenser, Mauritanische Völkerschaft. 29, 5.
Tyras, Fl. (Dniester) 22, 8.
Tyrus, St. am schwarzen Meere, eine Colonie der Phönicier. 22, 8.
Tyrus, Stadt in Phönice. 14, 8.

U.

Ultra, Sohn des Persischen Magnaten Aspaturas. 27, 12.
Ur, Stadt in Persien. 25, 8.
Urbicius, Dux Mesopotamiä. 30, 2.
Urbis, Templum zu Rom. 16, 10.
Urius, König der Alamannen. 16, 12. 18, 2.
Ursacius, Magister Officiorum unter Valentinian, beleidigt durch seine Grobheit die Alamannen. 26, 5.
Ursicin, König der Alamannen. 16, 12. 18, 2.
Ursicin, Magister Equitum im Orient, guter Soldat und Feldherr. 14, 9. wird durch Hofkabale zurückberufen. 14, 11. und der beleidigten Majestät angeklagt. 15, 2. nach Gallien

gegen

gegen Silvan gesandt. 15, 5. wo er auch bey Julians Ankunft noch einige Zeit bleibt. 16, 2. wird dann wieder als Magister Equitum in den Orient gesandt. 16, 10. vom neuen nach höhern Dingen zu streben beschuldigt. 18, 4. bekommt an Sabinian einen Nachfolger, und wird in den Occident zurückentboten, um an Barbatto's Stelle Magister Peditum, eigentlich aber gestürzt zu werden. 18, 5. auf der Hinreise bekommt er Befehl, in Mesopotamien zu bleiben, doch ohne Unterbediente, und ohne thätig seyn zu dürfen. 18, 6. erbietet sich, Amida zu entsetzen, was doch Sabinian nicht zugiebt. 19, 3. wird nach Hofe entboten, über Amidas Zerstörung zur Verantwortung gezogen, und seines Amtes entsetzt. 20, 2. ein Sohn von ihm Potentius. 31, 13.

Ursicin, Vicar zu Rom. 28, 1.

Ursinus, Nebenbuhler des Damasus um das Bißthum zu Rom. 27, 3. muß aber dem Damasus weichen. 27, 9.

Ursulus, Comes Largitionum, 20, 11. widersetzt sich freymüthig der Hoftabale, 16, 8. wird unverdienter Weise ums Leben gebracht, 22, 3.

Usafer, Sarmatischer Prinz. 17, 12.

Uscudama, mit Hadrianopel einerley. 14, 11. 27, 4.

V.

Vaccatum, Kastell in Persien, 29, 6.

Vadomarius, König der Alamannen (in der Gegend von Kauraci) 18, 2. streift ins Gallische Gebiet herüber 14, 10. Constantius gesteht ihm Frieden zu 16, 12, 18, 2. soll ihn hernach selbst wider Julian verhetzt haben. 21, 3. Julian läßt ihn gefangen nehmen, und schickt ihn nach

II. Historisches Register.

Spanien 21, 4, er kommt wieder vor als Feldherr des Vaiens gegen Prokop. 26, 8. 29, 1.
Vagabanta, St. in Mesopotamien. 29, 1.
Valens, Thessalonicus, Gegenkaiser unter Gallienus. 21, 16.
Valens, von Licin zum Cäsar angenommen, muß auf Constantius Befehl in den Privatstand zurücktreten. E. Abschnitt 3.
Valens, Kaiser, ein Pannonier von Geburt 26, 7. wird von seinem Bruder Valentinian zum Mitregenten (August) angenommen, und bekommt den Orient angewiesen 26, 4. ist aber von seinem Bruder sehr abhängig 27, 4. nimmt seine Residenz zu Constantinopel, und wird nebst dem Bruder Consul (365.) 26, 5. sein Schwiegervater Petronius macht durch seine Habsucht den Schwiegersohn verhaßt 26, 6. bekommt an Prokopius einen Gegenkaiser 26, 5. 6. den er mit vieler Mühe besiegt, und dann gegen dessen Anhänger sehr grausam verfährt 26, 7 — 10. bekriegt die Gothen, weil sie den Prokop unterstützt hatten, und macht nach drey Feldzügen mit ihnen Frieden 27, 5. glücklicher Feldzug gegen die Isaurier 27, 9. Sapor thut einen neuen Einfall in die Römische Gränzen (371) in dem aber nichts entscheidendes vorfällt 29, 1. grausame Inquisition gegen vorgebliche Zauberer und neugierige Erforscher des künftigen Regenten 29, 1. Sapor läßt über Armenien und Iberien neue Vorschläge thun, und einen neuen Krieg unterbricht nur der Einfall der Gothen 30, 2. Einbruch der Gothen 31, 2. ff. Valens weiset ihnen Wohnsitze in Thracien an 4. sie werden einigemal von seinen Generalen geschlagen, aber ihre Uebermacht bleibt immer zu stark 7, 8. endlich bricht er selbst auf und liefert aus unzeitiger Eifersucht auf Gra-

tians Glück in Gallien, ohne die Ankunft des
selben zu erwarten, eine Schlacht, verliert sie,
und ist seitdem nirgends zu finden 11—13. verschiedene Meynungen über seinen Tod 13. sein
Charakter 14.
Valens Jovinus, Feldherr der Reiterey. 28, 3.
s. Jovin.
Valentia, Stadt im Viennensischen Gebiete
(Valence) 14, 10. 15, 11.
Valentia, eine der Römischen Provinzen in Britannien 28, 3. Valef.
Valentinian, Kaiser, ein Pannonier von Geburt 30, 7. dienet anfangs in Gallien 16, 11.
kommt dann als Schola Scutariorum secundä
Rector vor 25, 10. wird Kaiser 26, 1. 2. nimmt
seinen Bruder Valens zum Mitregenten (August) an, doch so, daß er ihn mehr als Cäsar
zu behandeln Lust hat. 26, 4. Bezieht seine
Residenz zu Mailand, und tritt das Consulat
an (365.) 26, 5. seiner Kränklichkeit wegen
nimmt er seinen Sohn Gratian zum Mitregenten (im Occident) an 27, 6. läßt Kriege führen:
von Jovin gegen die Alamannen. 27, 1. 2.
gegen die Scoten und Picten durch Theodos.
27, 8. zieht nebst Gratian selbst gegen die
Alamannen zu Felde, zeigt persönliche Tapferkeit, und behält endlich die Oberhand. 27,
10. läßt von Rätien an bis an die Meerenge
des Oceans Schanzen, Thürme u. s. w. anlegen. 28, 2. auch dergleichen an der Donau.
29, 6. treibt die Sachsen zurück. läßt sie aber auf
eine unedle Art nach abgeschlossenem Vergleiche
auf dem Heimzuge überfallen — macht dann
mit den Burgundiern einen Vertrag, den Alamannen in den Rücken zu gehen, unterstützt
sie aber hernach nicht. 28, 5. doch schlägt Theodos die Alamannen, und viele derselben werden

den nach Italien an den Po verpflanzt, ebendaf. — mißlungener Versuch, den König der
Alamannen, Macrian, in seine Gewalt zu bekommen. 29, 4. Einfall der Quaden in Alamannien. 29, 6. auf die Nachricht von dem Einfalle der Göthen in Illyricum, macht er mit
König Macrian Frieden. 30, 3. Feldzug gegen
die Quaden und Sarmaten. 30, 5. bey Anhörung quadischer um Frieden bittender Gesandten bekommt er einen Blutsturz, und stirbt kurz
darauf. 30, 6.

Seine Thaten kurz zusammengezogen. 30, 7.
den Staat ließ er sich sehr angelegen seyn. 29,
4. begünstigte zuerst die Officiere zu sehr gegen
die gemeinen Soldaten. 27, 9. — Sein moralischer Charakter: Grausamkeit. 27, 7. 28,
1. 2. 29, 3. 30, 6. hielt zwey Bärinnen, die
er mit Menschenfleisch fütterte. 29, 3. — Habsucht, Neid. 30, 8. — seine gute Seite. 30,
9. sein Leichnam wird nach Constantinopel gebracht. 30, 10.

Valentinian, des vorigen Sohn, wird als vier-
jähriges Kind zum Kaiser ausgerufen. 30, 10.

Valentin, ein Tribun, und nachher Dux Illyrici. 18, 3.

Valentin, (von dem vorhergehenden verschieden)
sucht Unruhen in Britannien zu stiften. 28, 3.
30, 7.

Valeria, Dioclerians Tochter, nach ihr eine
Provinz in Pannonien benannt. 19, 11.

Valeria, District in Pannonien, nach Diocle-
tians Tochter benannt. 19, 11. und daf. Vales. auch 16, 10. 17, 12. 28, 1. 3. Valesius.
29, 6.

Valerianus, Domesticorum omnium primus.
27, 10.

Valerian, Comes Stabuli bey Valens. 31, 13.

Valerius, Poplicola, auf öffentliche Kosten begraben. 14, 6.
Vangiones, St. in Germania prima. (Worms) 15, 11. 16, 2.
Vardanes, Erbauer von Ktesiphon. 23, 6.
Varronian, Comes, Kaiser Jovians Vater. 25, 5. 10.
Varronian, Sohn Kaiser Jovians, wird als Kind zum Consul gemacht. 25, 10.
Vasata, St. und Völkerschaft in Gallien. (Bazas) 15, 11.
Vatrachites, Fl. in Persis. 23, 6. (IV.)
Vecturionen, Völkerschaft der Picten. 27, 8.
Velia, St. in Lucanien, von Phocäern erbaut. 15, 9.
Ventidius, Unterfeldherr Antons des Triumvir, sein glücklicher Feldzug gegen die Perser. 23, 5.
Venus Urania, heißt Dea Cölestis. 22, 13.
Venustus, Vicarius Hispaniä. 23, 1. und das. Valesius ex Vicario. 28, 1.
Venustus, Largitionum Apparitor. 26, 8.
Verennianus, Protector Domesticus. 18, 8.
Verinianus scheint (auch nach Chifletius Meynung) mit dem vorhergehenden einerley zu seyn. 15, 5.
Verissimus, Comes. 16, 6.
Verschnittene (Eunuchen) ihr Ursprung von Semiramis, 14, 6. ihr gewöhnlicher moralischer Charakter, nebst einigen Ausnahmen. 16, 7. ihnen sollen giftige Ausdünstungen aus der Erde unschädlich seyn. 23, 6. Castration verbietet Domitian. 18, 4. s. auch Eunuchen.
Vertá, Volk im Orient auf Seiten der Perser bey der Belagerung von Amida. 19, 2. 5.
Vestralpus, König der Alamannen. 16, 12. 18, 2.
Vetranio, Kaiser, 15, 1. an ihm wird Gumoar zum Verräther. 21, 8.

Vetra=

II. Historisches Register.

Petranio, Feldherr Julians, bleibt im Treffen. 25, 1.

Victohalen, Gothischer Völkerstamm. 17, 12. Mannert Germanien, S. 428.

Victor (Aurel.) der Historiker, Pannoniä secundä Consularis, Julian läßt ihm eine eherne Bildsäule setzen — nachher Präfectus Urbi. 21, 10. Corsini S. 287.

Victor, ein Sarmate von Geburt, 31, 12. Julians General, kommandirt die Arriergarde, 24, 1. kommt vor mit der Benennung Comes und Dux, 24, 4. 24, 6. Magister Equitum. 27, 5. 31, 7.

Victor, Tribun, wird den Persern als Geisel gegeben. 25, 7.

Victorin, vertrauter Freund des grausamen Maximin. 28, 1.

Vicus Alexandri, 3000 Schritte von Rom gelegen. 17, 4.

Viderich (Vitherich) Sohn des Königs der Ostgothen Vithimir. 31, 3. 4.

Viduar, König der Quaden. 17, 12.

Viennensis, Provinz Galliens — Vienna. Stadt darin. 15, 11.

Vincentius, Tribunus Scutariorum, 22, 11. Vicarius Africä, 29, 5.

Virgantia (richtiger Brigantium) Bergkastell auf den Alpen, (Briançon) 15, 10.

Virgil, Stellen aus ihm. 15, 9. 19, 9. 31, 4.

Virta, Gränzfestung in Mesopotamien, die Alexander der Große erbaut haben soll (Tecrit heut zu Tage) 20, 7.

Vitalian, Domesticus, nachher Comes. 25, 10.

Pitaxá, (Persisches Wort,) einerley mit den Römischen Magistris Equitum. 23, 6.

Pithicabius, Vadomars Sohn, König der Alamannen, 27, 10. 30, 7. wo er Vithigab heißt.

Vi-

Vithimir, König der Ostgothen. 31, 3. 4.
Vitrodurus, königlicher Prinz der Quaden, Vionars Sohn. 17, 12.
Viventius, Stadtpräfect in Rom, 27, 3. (soll mit Juventius oben einerley seyn. Corsini S. 237. 249.)
Vocontier. 15, 10. Note.
Vologessia, Stadt in Assyrien. 23, 6. (I.)
Vorbedeutungen und Vorgefühl der Zukunft, was davon zu halten. 21, 1.
Vorhang über das Theater gespannt, hat Catulus zuerst in Rom eingeführt. 14, 6. Vorhang im Staatsrathe (Consistorium) 14, 9. 18, 1. Vales.
Vulcatius, s. Rufinus.
Vulcanus, auch Vulcana und Vulcania, Insel mit feuerspeyendem Berge in Tyrrhenien 17, 7. und das. Vales. und Gronov.

W.

Wahrsagerkunst, vertheidigt Ammian. 21, 1.
Wasserorgeln, 14, 6.
Weltkugel, in der Hand der Fürsten, 21, 14. 25, 10.
Wettfahrer, ausschweifende Vorliebe für dieselben 14, 6. am Ende 15, 7. 28, 4. waren der Zauberey verdächtig, 26, 4. 29, 3.

X.

Xystarchen, sonst Gymnasiarchen, trugen Kronen und Purpurröcke. 21, 1. und das. Valesius.

Z.

Zabdicener, Volk in Mesopotamien. 20, 7. 25, 7.
Zagra, Gebirg in Medien. 23, 6. (III.)

II. Historisches Register.

Zaitha, St. im Orient (so viel als Oelbaum) wo des jungen Gordians Grabmaal. 23, 5.
Zamma, Mauritanischer Königssohn, 29, 5.
Zariaspes, Fl. in Bactrien. 23, 6. (XI.
Zauberey, strenge Untersuchung dagegen. 26, 3. 28, 1. 29, 1. Zaubertisch. 29, 1.
Zeno, der Stoiker, spie einem Cyprischen Tyrannen die abgebissene Zunge ins Gesicht. 14, 9. Note.
Zeno, Isauricus, Kaiser im Orient. E. Abschn. 7. 9.
Zeugma, St. in Commagene, wo eine Brücke über den Euphrat gieng. 18, 8.
Zianner, Legio Ziannorum. 25, 1.
Ziata, Kastell in Mesopotamien. 19, 6.
Zinafer, untergeordneter König der Sarmaten. 17, 12.
Zizais, königlicher Prinz der Sarmaten. 17, 12. nachher wirklicher König der freyen Sarmaten. 17, 13.
Zombis, St. in Persien (Medien) 23, 6. (III.)
Zopyrus, 18, 5.
Zoroaster, 23, 6. (III.)
Zwieback, (Buccellatum) bekamen die Soldaten. 17, 8.

Druckfehler und Verbesserungen
des ersten Bandes.

Vorr. S. XI. Z. 7. v. u. werden die Wörter zu seyn gestrichen. S. 5. Note Z. 7. l. Thebanerkriege. S. 6. Note * Col. 2. Z. 3. der — gleichen. S. 7. Note Z. 3. l. unten. S. 10. Z. 9. v. u. für Felsenstücke l. Steinmassen. S. 11. Z. 8. Pamphylien. S. 16. Z. 7. v. u. Macedoniern. S. 17. Note *** vor der Freundschaft. S. 33. Note: Lotusesser. S. 35. Note Z. 3. sybaritischen. S. 39. Note Col. 2. Z. 1. aufrührt. S. 41. Z. 3. (Purpur-)Gewand. Z. 16. auf dem. Z. 17. den Schuldl. Z. 3. v. u. Parthischen. S. 47. Z. 11. wird vorn und gestrichen. S. 48. Z. 3. für wird l. sind. Note: Handb. der. S. 50. Z. 7. Neapolis. S. 52. Z. 7. für auch l. aus. S. 53. Note: Casaubon. S. 55. Note Z. 7. Glossem. S. 66. Z. 13. für indem l. in denen. S. 71. Note *** Abrastea. S. 73. Note: für vermischten l. zerstreuten. S. 80. Note Z. 2. dann. S. 83. Note Macelli. S. 87. Z. 4. v. u. für noch l. nahe. S. 89. Z. 1. v. u. hielte. S. 90. Z. 11. für denn l. dann. S. 91. Note amnem, und die Puncte hinter amnem und nunc werden getilgt. S. 93. Z. 14. Eilfertigkeit. Z. 17. Lanzenstöße. S. 95. Note 2. Ueber dergl. S. 96. Z. 3. ließ. S. 97. Z. 5. v. u. Armat. ebend. Note Z. 11. v. u. glücklichern. S. 120. Z. 17. dir. S. 123. Z. 14. für mit l. in. ebend. Note Col. 2. Z. 1. genauen. S. 124. Z. 11. ungestümen. S. 126. Note: Cavaillon. S. 128. Note: Gewöhnlicher. S. 129. Note Z. 3. v. u. Poeninischen. S. 131. Z. 10. Sitten. S. 139. Note: Beynahmen. S. 151. Z. 13. Censorius. S. 158. Z. 7. für zugesichert l. zugeführt. S. 164. Z. 12. v. u. Nothbrange. S. 167. Z. 6. Anicier Z. 14. Krieger. S. 168. Z. 10. v. u. Eusenern. S. 182. u. 183. Chnodomar. S. 190. Z. 13. der sämmtl. S. 191. Note: Mithous. S. 196. Note Z. 2. v. u. auch. S. 202. Z. 8. ist noch einmal zu streichen. S. 204. Z. 8. den General. S. 211. Z. 3. hinter Walde (dem Spessart.) ebend. bitte ich die ganze Note für ungeschrieben zu achten, und dafür zu setzen: Mannert setzt es, Germanien S. 565. nach Höchst bey Mainz. S. 212. Z. 8. v. u. ein Beb. S. 217. Z. 4. v. u. Heerführern. S. 219. Z. 9. für scharfe l. schmale. ebend. Z. 3. v. u. Naturkundigen. S. 229. Note: Brüder. S. 233. Z. 13. fehlt nicht vor eindringen. S. 234. Z. 16. Seisichthon. ebend.

Note: Erderschütterer. S. 249. Z. 13. völlig. S. 257. Z. 16. Armen. S. 258. Z. 14. v. u. von dichten. S. 268. Z. 12. nur. S. 270. Note, sind die Worte: ist mit Colonie—und, wegzustreichen, und für jenen bitte ich ihren zu setzen. S. 278. Z. 13. Barbatio. S. 288. Z. 6. v. u. Hebrus. ebend. Z. 3. v. u. ist der vor Zurücklassung zu streichen. S. 298. Z. 8. v. u. bey Nisibis. S. 305. Z. 16. tückische. S. 343. Z. 13. Ende zu machen. S. 350. Z. 9. Ponticus. S. 351. Note: Libanius. S. 353. Z. 1. verfuhr. S. 356. Inhalt vorletzte Z. für von l. vor. S. 364. Z. 3. Himmelskörper. ebend. Z. 12. anstatt: es scheint, als ob sie ihren Standort verrücken — besser so: ihren Standort zu verrücken scheinen. S. 378. Z. 4. v. u. Parthischen. S. 380. Z. 8. v. u. für der l. den. S. 385. Z. 14. für ob l. bot. S. 391. Z. 8. gesichert sind. ebend. Z. 13. weiß.

Im zweiten Bande.

S. 8. Z. 14. für seiner l. ihrer. ebend. Note, letzte Zeile Constantine. S. 11. Z. 9. v. u. Grammatik. S. 14. Z. 2. (ingl. S. 17. Z. 12. v. u.) Libino. S. 16. Z. 7. v. u. ersah. S. 24. Z. 4. v. u. für nur l. neue. S. 28. Z. 5. v. u. Rauraci. S. 29. Z. 8. v. u. Ungelegenheit. S. 34. Z. 2. Aemus. S. 46. Z. 4. v. u. zurückkamen. S. 53. Z. 6. für denn l. dann. S. 54. Note 2. Symbol — Herrschaft — und Z. 25. — S. 56. Note: Abentheurer. S. 75. Z. 14. v. u. für Einwohner l. Einnehmer. S. 76. Z. 9. tapferen. S. 85. Z. 5. ward. S. 88. Z. 11. hinter anwächst fehlt die Zahl 3. — S. 91. Z. 7. Dindyma. Note 13. Ziegenfluß. S. 93. Note Z. 4. ist nicht zu tilgen. S. 96. Z. 9. Tilios. S. 99. Note Z. 1. daß. S. 103. Z. 14. unbändigste. S. 111. Z. 5. Chalcedon. S. 115. Z. 12. v. u. Kappadocien. S. 144. Note Col. 2. Z. 7. für 1791. l. 1781. u. Z. 4. v. u. Piramiden. S. 149. Z. 5. Hochgestimtem. S. 162. Z. 2. u. Z. 4. v. u. funfzig. S. 167. Z. 7. fehlt vor ein wird. S. 172. Z. 4. die an ihr. S. 184. Z. 12. bewaffnet. S. 188. Z. 10. wird auch gestrichen. S. 198. Z. 8. Brisoana. S. 200. Z. 11. Taphra. S. 202. Z. 15. Drgomanes. S. 204. Z. 10. Lithinos. Z. 13. Imavischen. S. 209. Z. 4. Artabius. S. 217. Z. 5. für 28. l. 3. 8. Z. 12. Epirotische. S. 223. Z. 3. Tage. S. 224. Z. 2. hin-

ter Phylarch Komma weg. S. 225. Ktesiphon. S. 227.
Z. 14. aus — gebrannten. S. 244. Z. 2. Abwendung.
S. 246. Z. 11. v. u. aushob. S. 248. Note: folgendem.
S. 249. Z. 4. v. u. Pirisabora. S. 253. Z. 4. v. u. einen.
S. 255. Z. 14. v. u. Sertorius. ebend. Z. 6. v. u. vor
flüchtigen wird den gestrichen. S. 257. Z. 7. v. u. an
der Schulter. S. 258. Z. 11. v. u. Bürger. S. 259.
Z. 9. (ingleichen S. 271.) Generale. S. 271. Z. 10.
Hasdrubal. S. 277. Z. 13. für fiel l. fielen. ebend. Z. 3.
v. u. hinter Gardisten *. S. 279. Z. 2. v. u. Waffen—
klang. S. 280. Z. 2. funfzig. ebend. Note 2. Zonaras.
S. 281. Z. 11. v. n. für jede l. jeder. S. 283. Z. 3. v. u.
schränke. Z. 1. ersetze. S. 287. Z. 11. v. u. Rechtsachen.
S. 292. Z. 6. für da l. das. S. 297. Z. 2. Schritten.
S. 299. Z. 11. Anatolius. S. 300. Z. 12. Aufträge.
S. 333. Note: unter dem Mantel. S. 334. Z. 10. hoffte.
S. 350. Z. 7. u. 6. v. u. hätten — bedrohten. S. 359.
Z. 16. für Beute l. Bürde. S. 361. Note: Phönices.
S. 369. Z. 3. Constantius. S. 370. Z. 3. mit gesenkten
Fahnen. S. 373. Z. 5. v. u. beyden (utrisque) S. 389.
Z. 2. v. u. Constantinianischen. S. 391. Z. 1 . Sincinius.
S. 397. Z. 10. für lichter l. kühler. S. 417. Z. 10. zu
sehr erschlafft. S. 427. Z. 2. für er auch l. auch Er.
S. 432. Note: Kloß. S. 437. Z. 1. Dra. S. 443. Z. 10.
keine Zeitrechnung. S. 453. Z. 3. v. u. wird das Wört-
lein den vor Fehler gestrichen. S. 455. Z. 6. v. u. Vor-
fechter. S. 474. Z. 10. nur ein Prof. Z. 15. für Journal
l. Juvenal. S. 480. Z. 9. Kresphon. S. 481. Z. 6. v. u.
für schreibt l. schreit. ebend. Z. 4. v. u. für gewesen wären l. blos waren.

www.ingramcontent.com/pod-product-compliance
Lightning Source LLC
Chambersburg PA
CBHW020540300426
44111CB00008B/743